dtv
premium

Claudia Seifert

Das Leben war bescheiden schön

Ein Rückblick von Frauen, die
zwischen den Kriegen geboren
wurden

Mit zahlreichen Abbildungen

Deutscher Taschenbuch Verlag

Von Claudia Seifert
sind im Deutschen Taschenbuch Verlag erschienen:

Wenn du lächelst, bist du schöner! Kindheit in den 50er und 60er
Jahren (dtv 24411)
Aus Kindern werden Leute, aus Mädchen werden Bräute. Die 50er
und 60er Jahre (dtv 24525)

FSC
Mix
Produktgruppe aus vorbildlich
bewirtschafteten Wäldern und
anderen kontrollierten Herkünften
Zert.-Nr. GFA-COC-1298
www.fsc.org
© 1996 Forest Stewardship Council

Der Inhalt dieses Buches wurde auf einem nach den
Richtlinien des Forest Stewardship Council zertifizierten
Papier der Papierfabrik Munkedal gedruckt.

Originalausgabe
2. Auflage Januar 2009
Deutscher Taschenbuch Verlag GmbH & Co. KG, München
www.dtv.de
© 2008 Deutscher Taschenbuch Verlag GmbH & Co. KG,
München
Dieses Werk wurde vermittelt durch die Literarische Agentur Thomas Schlück
GmbH, 30827 Garbsen.
Das Werk ist urheberrechtlich geschützt. Sämtliche, auch auszugsweise
Verwertungen bleiben vorbehalten.
Umschlagkonzept: Balk & Brumshagen
Umschlagbild: Claudia Danners unter Verwendung eines Fotos von
ullstein bild/Friedrich Seidenstücker
Satz: Greiner & Reichel, Köln
Gesetzt aus der Candida und der Futura (allgemeiner Teil)
sowie der Monotype Typewriter (Zeitzeugentexte)
Druck und Bindung: Kösel, Krugzell
Gedruckt auf säurefreiem, chlorfrei gebleichtem Papier
Printed in Germany · ISBN 978-3-423-24683-5

Inhalt

Wir mussten oft die Zähne zusammenbeißen

Großeltern – die meisten von uns hegen für sie zärtliche Gefühle. Der Großvater brachte uns vielleicht das Schaukeln bei und die Großmutter nahm uns zum Vorlesen auf den Schoß und machte die köstlichsten Bratäpfel, während wir im Fernsehen ›Warten aufs Christkind‹ verfolgten, damals in den 60er Jahren. Großmütter und Großväter sind den Enkeln seltsam vertraut, immer irgendwie nah. Sie sind feste Konstanten im Familienleben.

Und viele von uns hatten des Öfteren mal das Bedürfnis, uns zu Füßen von Opa oder Oma zu setzen und ihnen Löcher in den Bauch zu fragen. Ihren Geschichten aus der Vergangenheit zu lauschen, diese ganze lange Zeit auszuforschen: wie das Leben früher war, wie ihre Kindheit, ihre Jugend war, die erste Liebe, ihre Träume von einst. Und als sie erwachsen wurden, woran haben sie geglaubt, worauf haben sie gehofft für ihr Leben?

Unsere Großväter sind noch mit dem alten preußischen Gebot aufgewachsen, Weinen sei etwas für Mädchen, Gefühle für Frauen, Taten für Männer. Auf das Erlebnis hätten sie vermutlich gerne verzichtet, aber gerade die Erfahrung der Härte hat ihnen der Krieg nicht erspart. Großväter erzählen oftmals nicht von sich selbst, sondern von anderen – vom Kriegskameraden, vom Pfarrer, vom Lehrer, vom Freund oder auch vom eigenen Land. So als hätte das eigene Leben, die eigenen Empfindungen keinen besonderen Wert gehabt. Die Innenschau der Familie war schon immer eher die Sache der Frauen. Deshalb sollen hier Frauen zu Wort kommen, ihr Leben, ihr Jahrhundert erzählen.

Unsere Großmütter haben wir als Kinder geliebt, wenn sie nachsichtig über ihre Brille blinzelten, sie besetzen bis heute in unserem Kopf dieses große sentimentale Bedürfnis nach der heilen Familie. Aber Hand aufs Herz, wer von uns kommt denn aus einer heilen Familie? Lauert nicht in fast jeder deutschen Familie der große dunkle Schatten des noch immer nicht gänzlich aufgearbeiteten Faschismus? Unsere Familiengeschichten haben weiße Flecken. Zwischen uns und unseren Altvorderen liegt vermintes Terrain und schneidet uns von der davorliegenden Geschichte

11

Repräsentative Idylle beim Fotografen, etwa 1924

ab. Der Krieg, die Nazis, Auschwitz und all das Grauen, für das dieses Wort steht. Die Zeit davor ist in unseren familiären Erinnerungen selten wirklich fassbar, in vielen Fällen wie ausgelöscht – die Nachrichtenkette aus der Familiengeschichte ist unterbrochen.

Geht es nach Kommerz und Werbung, sind wirklich alte Menschen in unserer Gesellschaft von geringem Marktwert. Das betrifft nicht die flotten »best ager« um die 60, sondern die jenseits der 70 und 80. Sie gelten als nicht mehr hip, stören im normalen Leben durch langsames Autofahren und Einkaufen zur falschen Zeit – und sie werden immer mehr. Großmütter haben für die Enkel stets Süßes in der Tasche und weinen leicht, wenn die Sprache auf verstorbene Familienmitglieder kommt. Ihre Finanzen regelt der Sohn respektive Schwiegersohn, sie werden auf mancherlei Gebiet teilentmündigt durch ihre Kinder; die Rentnerinnen lassen das mit sich geschehen, sie sind ja alt und führen ein ihrem Alter entsprechend verkleinertes Leben. Nach dem gängigen Klischee werden alte Frauen verniedlicht und reduziert darauf, Oma zu sein. Aber auch die Alten reisen durch die Welt, so lange es die Gesundheit zulässt, wehren sich bei Aldi und Co. schon mal mit Ellenbogen und Krücke gegen allzu forsche Jüngere, die schneller sein wollen beim Sonderangebot. Häufig fragen sie eigentlich nicht, sondern fordern: einen Sitzplatz in der Straßenbahn, das Vorrecht, als Erste auf eine Rolltreppe zu gehen, die anderen, die Hektischen unter uns nerven zu dürfen, wenn sie mit zittrigen Fingern aus viel zu kleinen Börsen an der Supermarktkasse wieder einmal die Münzen einzeln herausklauben. Sie beschäftigen ihre Umwelt, fordern Aufmerksamkeit und Geduld, Rücksicht

1900–1905 Preußen verbietet Verbreitung sozialdemokratischer Schriften in der Armee und Beteiligung von Militärangehörigen an sozialdemokratischen Versammlungen. ++ Boxeraufstand in China und »Hunnenrede« Kaiser Wilhelms II.: Er fordert rücksichtslosen Rachefeldzug gegen aufständische Chinesen. ++ Zehnstündige tägliche Mindestruhezeit wird festgesetzt für Lehrlinge und Gehilfen in Geschäften. ++ Sozialdemokraten fordern im Reichstag Durchsetzung des Verbots der Sklaverei in den deutschen Kolonien. ++ Neu gewählter Reichstag setzt sich nicht entsprechend dem Wahlergebnis zusammen, aufgrund der Wahlkreiseinteilung spiegelt sich die Zahl der absoluten Stimmen nicht in den Mandaten. Ver-

und Nachsicht. Und oftmals zeigen gerade sie von alldem überraschend wenig.

In unserer Gesellschaft hat jeder seine Macke, darf sie, in Maßen, soweit er niemand anderem damit richtig auf die Nerven geht, auch haben. Kinder sind ungestüm, Jugendliche laut, Männer haben es gern eilig und oft wichtig, Frauen sind ungeduldig und manchmal enervierend mütterlich. Nur die Alten sollen unauffällig sein und sich anspruchslos einreihen in das große Geschehen, das immer schneller an ihnen vorüberläuft. Sie sollen klaglos alles hinnehmen, sie sollen am besten genauso unauffällig funktionieren, wie sie es ihr Leben lang getan haben, so wie sie immer schon funktioniert haben. So wie wir es schließlich von ihnen gewöhnt sind. Aber vielleicht wollen sie auch endlich mal an der Reihe sein? Vielleicht haben sie einfach keine Lust mehr, immer nur alles zu akzeptieren. Vielleicht ist es irgendwann mal genug, ständig das Beste gegeben zu haben – für ihre Eltern, ihren Mann, ihre Kinder, für alles und jeden, selbst für Deutschland –, aber immer am wenigsten für sich selbst.

Wir teilen die Vergangenheit gemeinhin ein in »vor dem Krieg« und »nach dem Krieg.« Die Biografien dieser Menschen kennen diese Trennung nicht, in ihr Leben war das alles komplett hineingepackt, das ganze 20. Jahrhundert mit all seinen Katastrophen. Die Frauen, die in diesem Buch zu Wort kommen, wurden zwischen den Kriegen geboren oder wie Erna Knabe bereits drei Jahre vor dem Ersten Weltkrieg. Sie haben mir ihr Leben erzählt. Natürlich auch nur in Ausschnitten, und das, was in dieses Buch gefunden hat, ist wiederum nur ein Teil des Ausschnitts. Vieles erscheint auf den ersten Blick wenig dramatisch. Sie erlebten

such, die Sozialdemokraten auszubooten. ++ Bondelswarts- Aufstand, sog. »Hottentotten«-Aufstand, gegen die deutschen Kolonialherrscher in Deutschsüdwestafrika, heute Namibia; im darauffolgenden Jahr Herero- und Nama-Aufstand. Von ehemals 80 000 Herero sind nach deutschen »Maßnahmen« noch 12 000 am Leben. Guerillakrieg zieht sich über mehrere Jahre hin ++ Bergarbeiterstreik im Ruhrgebiet. ++ Reichstag verabschiedet Gesetz über Erhöhung der Friedenspräsenzstärke des deutschen Heeres: In vier Jahren soll Landstreitmacht um 10 000 Mann auf insgesamt rund 500 000 aufgestockt werden.

eine mehr oder weniger behütete Kindheit und Jugend, haben sich irgendwann verliebt, die meisten haben geheiratet, Kinder bekommen und großgezogen – wie es eben so geschieht im Laufe eines Lebens. Aber die Banalität des kleinen menschlichen Le-

Lebensabschnitte der Frau, Bilderbogen, etwa 1900

bens steht neben dem schier Unfassbaren, der verrückten Politik des letzten Jahrhunderts. Die Lebensspanne dieser Zwischenkriegsgeneration überdauerte drei, wenn nicht vier Staatssysteme, zwei Wirtschaftskrisen und mindestens einen verheerenden Krieg. Für sie war der Kaiser noch ein durchaus lebendiger Mann, sie waren dabei, als das Deutsche Reich die ersten Schritte in Demokratie machte, sie jubelten Hitler zu, wählten Adenauer und bekamen Brandt, sie zahlten in Rentenmark, in Reichsmark, D-Mark und Euro. Das Leben dieser Frauen, unserer Großmütter, unserer Urgroßmütter, denn so manche ist ja bereits Urgroßmutter, wurde von den Tragödien des letzten Jahrhunderts bestimmt, gezeichnet und in nicht wenigen Fällen zerstört. Dafür

14

sind sie erstaunlich gelassen, auch wenn sie oftmals unduldsam scheinen.

Was diese Frauen über die Jahrzehnte vor allem aufbringen mussten, war die Fähigkeit, viel auszuhalten, sich nicht irremachen zu lassen und immer wieder neu Hoffnung zu schöpfen. Und wenn man sie heute fragt, wie denn ihr Leben so war, antworten sie stereotyp: Wir mussten eben oft die Zähne zusammenbeißen.

Viele von uns haben ihre Großeltern gefragt nach ihrer Vergangenheit. Oftmals waren die Antworten unbefriedigend. Oder es waren immer wieder dieselben. Ein langes Leben lässt sich nur unzureichend in Worte fassen. Nur bruchstückhaft lässt sich Gewesenes wieder beleben. Und oftmals blieb es bei Geschichten, die viel zu wenig erzählten. In kleine Dosen verpackt, manchmal zusätzlich mit Erziehungswert versehen oder kurz gebündelt in Form von lustigen Anekdoten.

Man mutmaßte mehr als man wusste und die eigenen Familienmitglieder gerieten wie alle anderen ihrer Generation unter Generalverdacht: Wer schweigt, hat etwas zu verbergen. Auch wenn es da vielleicht gar nichts zu verheimlichen gab. Aber sie ließen uns nicht wirklich an ihr Leben heran und irgendwann ließen wir sie einfach so sein, wie sie waren.

Kaiser Wilhelm II.

Und fragten nicht weiter. Und oft genug scheint es, als wären unsere direkten Vorfahren Fremde ohne persönliche Geschichte.

Wer also sind sie, wer waren sie, was hat sie geprägt in den zurückliegenden Jahrzehnten? Nach dem Krieg bauten die »Alten« Deutschland mit einer ungeheuren Zähigkeit wieder auf. Damals waren sie so alt oder gar jünger, als wir Enkel und Urenkel es heute sind. Sie hatten ihre Jugend, ihren Glauben, ihren Optimismus bereits eingebüßt. Nun galt es anzupacken, etwas zu tun wurde wichtiger als nachzudenken, Aktionismus sollte gegen Grübeln, gegen die bösen Erinnerungen helfen. Viele alte Leute leben noch heute nach dieser Maxime, auch wenn manches mittlerweile in einem anderen Tempo verläuft. Sie sind nach einem langen

und bewegten Leben in stillem Fahrwasser gelandet. Wenn man
sie so sieht, könnte man dem Irrtum aufsitzen, das sei nie anders
gewesen.

»Die Angst vor dem Weltuntergang geht um.«

ELISABETH COSMANN,
geboren 1918 im Hessischen

Das erste Wort, das ich hörte, war »Krieg« und dann ein
langes Seufzen. Es war schrecklich.

Als ich älter wurde, war mir klar, wir hätten den Krieg
1870/71 nicht gewinnen dürfen. Der war unser Unglück. Denn
damit hat die Vorherrschaft des Militärs in Deutschland begonnen. Das müsste man im Film sehen, aber das müsste ein
Film sein, der nicht schwindelt, sondern ganz ehrlich ist.
Diese Allgegenwart des Militärs damals war unwahrschein-

lich. Es war alles militärisch, die Polizisten, die Lehrer, die Väter, die Männer im Allgemeinen, alles bis hin zur Mode. Diese Marineanzüge! Einen Gendarm zum Beispiel, hätten wir uns nie getraut, nach dem Weg zu fragen. Das war ein Gendarm, eine Amtsperson, vor dem haben wir wahnsinnige Angst gehabt. Die Männer waren alle irgendwie Amtspersonen. Die Stellung der Männer war absolut und da man auf allen amtlichen Stellen nur auf Männer traf, hatte man dieses Gefühl der Angst von Kindesbeinen an.

Zwischen Hurra und Heil!

Marthel, eigentlich Martha Maria Weber, kam im denkwürdigen Jahr 1900 zur Welt, zur Jahrhundertwende. Denken wir ein ganzes Jahrhundert zurück, dann stellen sich im Kopf Bilder ein: Damen mit wagenradgroßen Hüten auf dem Kopf, der Kaiser in Galauniform hoch zu Ross und albern hopsende Pferdchen und Soldaten bei einer Parade – die falsche Abspielgeschwindigkeit der Filmstreifen nimmt dem kaiserlichen Gedöns heute meist erfrischend den Ernst. Damals schien die Welt noch in Ordnung. Der Kaiser bestimmte, wo es langging im Deutschen Reich, in Berlin tagte ohne viel Kompetenz ein Parlament, das dank eigenwilliger Wahlordnung und Dreiklassenwahlrecht die Mehrheiten im Land einfach ignorierte, und die Wirtschaft boomte.

Marthel und ihre Generation wurden in eine Zeit hineingeboren, als die Menschen an einem Wendepunkt standen. In Deutschland herrschte eine beunruhigende Mischung zwischen Endzeitstimmung und Aufbruchwillen, als ob alle untergründig spürten, dass etwas Entscheidendes zu Ende gehen würde – Fin de Siècle. Silvester 1900 war es eiskalt, Mitte Dezember 1899 waren bei beständigem Schneefall -17 Grad und mehr gemessen worden, Berlin versank in Schnee und Eis. Aber dennoch wurde gefeiert. Der Kaiser, Wilhelm II., ganz machtbewusster Potentat, befahl den Beginn des neuen Jahrhunderts nicht am 1. Januar 1901 feiern zu lassen, wie es der Rest der Welt tat und wie es hundert Jahre zuvor gemacht worden war, sondern bereits am 1. Januar 1900 – wohl, um allen einen Schritt voraus zu sein.

Die Kälte und die Schneemassen verursachten ein Verkehrschaos, der elektrischen Straßenbahn froren die Leitungen ein, sie blieb im Schnee stecken – die neue Technik versagte. »Was hätte die ›Elektrische‹ bei den jüngsten Schneefällen ohne Pferde angefangen?«, fragte die ›Berliner Illustrirte Zeitung‹ am 7. Januar 1900. Auch dem Auto traute man noch keine große Wintertauglichkeit zu: »Das Automobil hat sich im Schnee ebensowenig bewährt wie die Akkumulatorenwagen: die beiden automobilen Postpaket-Bestellwagen mußten außer Betrieb gesetzt werden, weil die Räder sich hilflos auf dem glatten Schnee bewegten,

Plakat zum Film von Fritz Lang, 1929

ohne die Wagen vorwärts zu bringen. Bewährt hat sich dagegen die Thiensche Motordroschke und der vor kurzem in Betrieb gestellte elektrische Hotel-Omnibus, die beide mit Gummireifen versehen sind. Es scheint jedoch zweifelhaft, ob Gummireifen auch für automobile Lastwagen verwendbar sind«, mutmaßte ›Der Bär‹, die ›Ilustrierte Wochenschrift für Geschichte und modernes Leben‹. Dennoch wurden 1903 in Berlin bereits 581 Millionen Mal Personen durch Omnibusse, Straßenbahnen, Stadt- und Ringbahn befördert. Das Straßenbild beherrschten noch Kutschen, aber es wurden schnell immer mehr Autos und Lastwagen. Das Gefühl für Raum und Zeit veränderte sich und verunsicherte die Menschen, denen das neue Tempo suspekt war.

Die Wohnungen, zumindest die der Wohlhabenden, prangten in kalter Pracht, dunkle Polsterbezüge wetteiferten mit schweren Gardinen, die Wände verschwanden hinter gemusterten Tapeten oder Teppichen, davor prunkten Bilder in schweren Rahmen. Auf Säulen aus Holz oder Porzellan balancierten goldgefasste Töpfe, Vasen und Pokale, Schränke und Buffets waren Monstren, raumgreifend thronten sie in den Zimmern, boten in ihren unendlichen

1900–1905 In der Reichshauptstadt Berlin leben rund 2 Millionen Einwohner. ++ Deutschland verfügt über rund 1000 Fernsprecheinrichtungen mit fast 200 000 Anschlüssen. ++ Staatliche Zensurbehörden wachen über »Sittlichkeit und Moral« in der deutschen Literatur. ++ Max Liebermann eröffnet zweite Ausstellung der Berliner Secession; verhilft dem Impressionismus in Deutschland zum Durchbruch. ++ Elbe-Trave-Kanal wird eröffnet. ++ Künstlervereinigung »Die Brücke« in Dresden gegründet. ++ Luftschiffer Graf Ferdinand von Zeppelin startet am Bodensee erste Versuchsfahrt mit lenkbarem Luftschiff: »LZ1« ist 128 m lang und erreicht Geschwindigkeit von 32,4 km/h. ++ Physiker Martin Leo Arons wird wegen Zugehörigkeit zur Sozialdemokratie von Lehrtätigkeit an Berliner Universität suspendiert. ++ Telegramm zwischen Wilhelm II. und US-Präsident William McKinley über deutsches Transatlantik-Telegrafenkabel. ++ Erster Flug mit Hilfe von Motorkraft der Gebrüder Whitehead in USA.

Tiefen Platz für Familiengeheimnisse, Silber und Porzellan. Ein- oder zweimal im Jahr wurden die Vorhänge und Teppiche ins Freie gewuchtet zum Ausklopfen, die Böden wurden abgeschabt, abgelaugt, gewischt, gewachst und gebohnert. Die Schränke mit Hilfe dienstbarer Geister ausgeräumt und oben, unten und innen abgestaubt. Wer sich keine Dienstboten leisten konnte, möglicherweise kein Geld besaß für diese Art bürgerlichen Wohnens, lebte in übervölkerten Vorstädten, beengt auf schmalem Raum, gerade mal mit einer Kochgelegenheit, Wasser und Klosett auf halber Treppe oder im Hof. Oder man wohnte mehr oder weniger beengt auf dem Land – und da waren die sanitären und hygienischen Verhältnisse auch nicht besser.

Kein schöner Land in dieser Zeit
Als wie das uns're weit und breit
Wo wir uns finden
Wohl unter Linden
Zur Abendzeit

Anton Wilhelm Florentin von Zuccalmaglio 1838

Ab der Jahrhundertwende eroberte elektrisches Licht Städte, Gemeinden und Haushalte. Überall gingen Elektrizitätswerke in Betrieb, in Berlin zog sich bereits 1906 ein dichtes Netz von Kraftwerken und Verteilern über einen Großteil des Berliner Stadtgebiets. Auf dem Land jedoch dauerte der Anschluss an das Stromnetz oftmals noch viele Jahre. Nicht wenigen Menschen erschien die Elektrizität anfangs nicht als eine echte Verbesserung der Lebensumstände, sondern als eher gefährliches Unternehmen. Oft

++ Erstmals Nobelpreise: Wilhelm C. Röntgen für Physik, Emil von Behring für Medizin. ++ Einheitliche Rechtschreibregeln nach der 1901 beschlossenen Reform im Deutschen Reich, in Österreich-Ungarn und der Schweiz. ++ Erstes Teilstück der Berliner U-Bahn zwischen Warschauer Straße und Zoologischer Garten fertig. ++ Internationaler Frauenkongress in Berlin mit Teilnehmerinnen aus 25 Ländern – Gruppen, die am Abend in Restaurants essen möchten, werden abgewiesen, da ohne Mann. ++ Erste deutsche Boulevard-Zeitung, ›B. Z. am Mittag‹ in Berlin. ++ In Berlin wird öffentlicher Autobusverkehr am Tag aufgenommen; nachts weiterhin Pferdebusse. ++ Österreichische Pazifistin Bertha von Suttner, »Friedens-Bertha«, erhält Friedensnobelpreis. ++ Friedrich Nietzsche stirbt in Weimar, Giuseppe Verdi in Mailand. ++ Thomas Mann schreibt ›Tonio Kröger‹, Heinrich Mann ›Professor Unrat oder das Ende eines Tyrannen‹. ++ Gründung des Deutschen Fußball Bundes, DFB.

genug steckte ein Kurzschluss eine Leitung in Brand. Dementsprechend zurückhaltend waren viele gegenüber dieser technischen Neuerung und blieben erst mal beim bekannten Leuchtgas oder der guten alten Petroleumlampe. Vor allem die alten Menschen werden überwiegend skeptisch gegenüber den Neuerungen gewesen sein.

Alt zu sein nach der Jahrhundertwende hieß etwas anderes als heute. Man hatte im Schnitt mit Mitte bis Ende 20 geheiratet, fünfzehn bis zwanzig Jahre später waren die Kinder aus dem Haus, und die meisten hatten dann noch eine Lebenserwartung von zehn bis fünfzehn Jahren. Eine Lebensphase als Rentner, die uns heute selbstverständlich ist, war damals unbekannt. Nur rund fünf Prozent der deutschen Bevölkerung erlebten das Rentenalter, das seit 1889 auf 70 Jahre festgelegt war - damit war der Grundstein erstmals gelegt für eine arbeitsfreie Phase am Lebensende. Davor hatte für die meisten ein sehr arbeitsreiches Leben gelegen. Drei Viertel der Deutschen hatten als Jugendliche einen Beruf erlernt - nur sechs Prozent besuchten weiterführende Schulen. Jungen gingen in die Lehre, Mädchen wurden entweder in einer Werkstatt oder Fabrik angelernt, »gingen in Stellung« oder halfen der Mutter bei der Heimarbeit oder in der elterlichen Landwirtschaft. Das, was sie zuvor während ihrer Volksschulzeit gelernt hatten, war oftmals kaum über die Grundkenntnisse in Lesen, Schreiben und Rechnen hinausgegangen. Vor allem, wenn die Bedienung der knappen Familienkasse, oder auf dem Land, immer die Ernte vorging.

Leben oder himmeln gehen

Besitzen Sie Fotos von Ihren Großeltern als Kind? In den meisten Familien existierten, wenn überhaupt, nur wenige Bilder. Und die verbrannten oft im letzten Krieg oder gingen auf der Flucht verloren. Wer um 1900 herum Bilder haben wollte von seiner Familie, musste zum Fotografen gehen – denn wer besaß schon einen Fotoapparat? Ein Motiv war besonders en vogue: unter bräunlicher Patina liegen noch heute unsere Altvorderen nackt auf einem Eisbärenfell.

Auch von Marthel, der Großmutter meines Freundes Wolfgang, gibt es solch ein Foto. Es sieht so aus, als hätte es jemand lange in der Geldbörse mit sich herumgetragen. Es ist zerknittert, viel ist nicht mehr zu erkennen. Wäre das Bild bereits in Farbe, hätte das pausbäckige Baby mit den schütteren Löckchen vermutlich rosa überhauchte Wangen und auch der Popo, der sich so vorwitzig

Langstein–Rott, Atlas der Hygiene des Säuglings und Kleinkindes.   Tafel 68.

Milchflasche und Sauger.

Die Milchflasche ist nur dann zweckmäßig, wenn sie leicht vollständig zu säubern ist und eine genaue Abmessung des Inhaltes gestattet.

Der Sauger sei am besten ein einfaches, leicht zu reinigendes Gummihütchen. Ein gesundes Kind braucht zur Beruhigung keinen Schnuller; jedenfalls muß dieser sauber und ohne Inhalt sein.

Verlag von Julius Springer, Berlin W 9.

»*Die Milchflasche ist nur dann zweckmäßig, wenn sie leicht zu säubern ist.*«

nach oben rundet, wäre wohl zartrosa. Aber das Bild ist schwarz-weiß und Marthel lächelt nicht. Damals lächelten die Kinder auf Fotos nicht, auch die Erwachsenen schauten ernst in die Kamera, feierlich und würdig.

Allzu rosig war für Marthel der Start ins Leben nicht. Vor ihr waren zwei Geschwister gestorben; eines wohl bereits vor der Geburt. Sie erfuhr darüber nie Genaueres, über eine Fehlgeburt wurde nicht gesprochen wie heute, schon gar nicht zu den eigenen Kindern. Das andere starb als Kleinkind. Woran wusste man auch da nicht. Kinder starben einfach, das war normal. Wurde ein Kleinkind krank, mussten die Eltern immer gleich das Schlimmste

befürchten. Auf Antibiotika wie Penicillin und andere Wunder-
mittel, die uns heute schnell auf die Beine bringen, konnten die
Ärzte noch nicht zurückgreifen. Die Mediziner warnten noch nicht
vor »plötzlichem Kindstod«, sondern kämpften gegen schlechte
Ernährung, nicht kindgemäßes Aufwachsen und mangelnde Hygiene. In zahlreichen Städten und Gemeinden informierten Mütterberatungen über die richtige Behandlung von Säuglingen und die Notwendigkeit, das Kind an die Brust zu legen. Denn eine der Hauptursachen des Säuglingstods war die niedrige Akzeptanz des Stillens: In den Städten an Rhein und Ruhr wurden beispielsweise um 1910 rund zwei Drittel der Säuglinge gestillt, in Hannover-Linden dagegen waren es weniger als die Hälfte und in Niederbayern sogar nur ein Viertel. Für die anderen wurden Milchhöfe und Milchküchen eingerichtet, die einwandfreie Milch bereithielten und über die Notwendigkeit informierten, Gummisauger und Glasflaschen für Säuglinge gründlich zu reinigen. In den

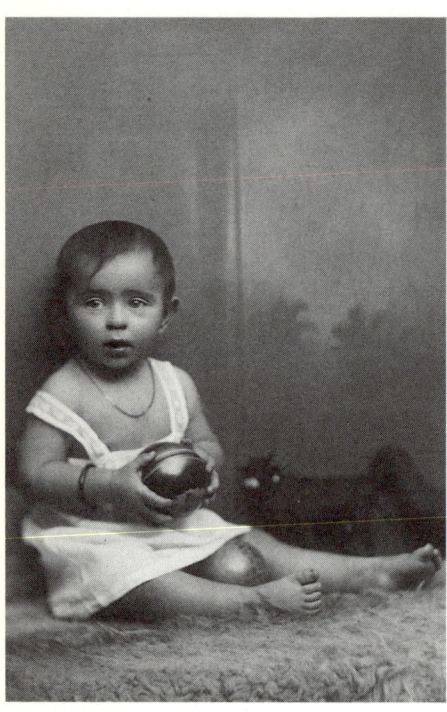

Familienbilder werden noch nicht selbst geknipst

1906–1910 In Hamburg erster politischer Streik in der Geschichte Deutschlands: 80 000 Arbeiter streiken gegen Einschränkung ihres Wahlrechts. Trotzdem wird Stimmenanteil niedrig verdienender Bürger weiter reduziert. ++ Allgemeiner Deutscher Frauenverein fordert zehnstündigen Maximalarbeitstag für Arbeiterinnen. ++ Neues Vereinsgesetz erlaubt Frauen Mitgliedschaft in politischen Parteien und Vereinen. ++ SPD lässt Frauen als gleichberechtigte Parteimitglieder zu. ++ Reform des Dreiklassenwahlrechts in Preußen – alles bleibt beim Alten, lediglich Wählern mit

heißen Sommermonaten war das Frischhalten der Säuglings-
milch ein großes Problem – einen Kühlschrank oder Eiskasten,
wie das damals hieß, hatte noch so gut wie niemand; dann erreichte die Säuglingssterblichkeit ihren Höchststand.

Ob ein Säugling überleb-
te oder nicht, kam oft genug
einem Lotteriespiel gleich
und je mehr Kinder in einer
Familie zur Welt kamen,
umso mehr starben. Wer beispielsweise als elftes oder
weiteres Kind in eine Berg-
arbeiter- oder Landarbeiter-
familie hineingeboren wurde, hatte eine Überlebens-
chance von weniger als 50
Prozent. Um 1900 überleb-
ten von fünf Säuglingen nur
vier ihr erstes Lebensjahr,
für uneheliche Kinder war
die Lage noch schlechter. Im
landwirtschaftlich geprägten Bayern ließ man Kinder
»himmeln gehen«. Sie mussten getauft werden in der
ersten Woche nach der Ge-
burt, denn ungetaufte Kinder, die verlorenen Seelen,
konnten nicht in den Him-
mel kommen.

Taufe um 1900

Hochschulabschluss, ehemaligen Offizieren und »Kulturträgern« soll Auf-
rücken in höhere Wahlrechtsklasse ermöglicht werden. Frauen bleiben
weiterhin von Wahlen ausgeschlossen. ++ Gustav Krupp von Bohlen und
Halbach wird Vorsitzender des Aufsichtsrats der Krupp-Werke in Essen.
Mit Alfred Hugenberg, damals Firmenmitglied und später rechtsnationa-
ler Politiker, ist er sich einig, dass sozialdemokratische und gewerkschaft-
liche Bestrebungen notfalls mit Polizeigewalt zu unterdrücken sind.

Arbeit mit Familienanschluss

Marthel hatte Glück, sie kam im Februar zur Welt und war und blieb gesund. Ihre Eltern hatten wenig Geld, der Vater arbeitete in der Lederfabrik, aber um die nun fünfköpfige Familie durchzubringen, Marthel war die Drittgeborene, musste auch die Mutter dazuverdienen. Für den Vater waren noch Arbeitszeiten von 62 Stunden in der Woche normal, bis 1914 verringerten sie sich auf fortschrittliche 57 Stunden. Marthels Mutter half im Haushalt des Lederfabrikanten. Abhängige Beschäftigung mit Familienanschluss würde man das heute nennen. Die Mutter hatte die Volksschule besucht und anschließend war sie, wie damals üblich, in Stellung gegangen. Sie hatte früh angefangen, so etwas wie ein unregelmäßiges Tagebuch zu führen. Oftmals waren es nur Notizen, wenn jemand gestorben war, oder sie vermerkte den 27. Oktober 1914 als den Tag, an dem ihr Mann zum Kriegsdienst eingezogen wurde. Manchmal machte sie auch ausführlichere Einträge, so wie zu Marthels Geburt, als sie wohl sehr glücklich war, wieder ein Kind zur Welt gebracht zu haben. Da schrieb sie, dass das Kind noch vor der Hebamme da war, so schnell sei die Geburt gegangen.

Die Tochter muss die Kladden schon früh gekannt haben und sie hat die Gewohnheit ihrer Mutter übernommen, hat in Schulheften die besonderen Ereignisse ihrer Familie festgehalten. Mein Freund Wolfgang zeigte mir die Hefte seiner Großmutter und Urgroßmutter eines Tages – es sind sieben insgesamt. Sie sind chronologisch unvollständig, etliche gingen im Laufe der Jahre wohl verloren. Und vieles ist kaum leserlich, da beide Frauen mit Bleistift schrieben, der allmählich verschmierte und verblasste. Es sind keine Tagebücher im herkömmlichen Sinn, es geht so gut wie nie um Gefühle, um Befindlichkeiten oder Befürchtungen in diesen mehr als stürmischen Zeiten, es sind nüchterne Notizen in steiler altdeutscher Schrift, die über mehrere Jahrzehnte ihre Familienangelegenheiten protokollierten.

Der erste Haushalt von Marthels Mutter war der des Lederfabrikanten und ihr Glück gewesen. Das Fabrikantenehepaar hatte etliche Kinder und führte nicht nur ein großes Haus mit vielen Gästen auch unter der Woche, sondern verspürte anscheinend Verantwortung für seine Angestellten. Marthels Mutter war über viele Jahre im Haus für die Wäsche zuständig. Sie bekam regelmäßig nicht nur Flickwäsche mit nach Hause, damit sie die in der Nähe ihrer eigenen Töchter – und man kann vermuten, als verantwortungsvolle Mutter mit Blick auf die Zukunft der Töchter, mit deren Mithilfe –, erledigen konnte, sondern in Abständen zuverlässig Päckchen aus der Küche, wenn nach Festen etwas übrig geblieben war. Und vor Feiertagen stand ihr wie allen anderen Angestellten ein fest bemessenes Lebensmittelpaket zu. Auch abgetragene Wäsche »erbte« sie anscheinend des Öfteren. Marthels Mutter hatte es ganz gut getroffen. Anderen erging es damals weit schlechter. Nicht selten behielt der Dienstherr unter einem Vorwand den fälligen, oft kargen Lohn ein, behandelte die Hausangestellte wie eine Sklavin und verwehrte selbst die wenigen Stunden Ausgang, die ihr sonntags zustanden.

»Praktische Geschenke erleichtern die nie endende Hausarbeit.«

Sich zu wehren, war kaum möglich, ihre Stellung war rechtlos und Widerstand zu leisten wäre nur den wenigsten in den Sinn gekommen. Wer nicht im elterlichen Betrieb mithalf oder in einem Haushalt untergekommen war, verdingte sich als angelernte Hilfskraft in der Industrie. Bilder, die wir heute aus den Sweatshops Asiens kennen – junge Frauen, die in ungelüfteten, schlecht beleuchteten Räumen unter erbärmlichen Bedingungen 10 Stunden und mehr am Tag T-Shirts nähen oder Webstühle bedienen – das waren die Arbeitsbedingungen für Millionen von Frauen um die Jahrhundertwende. Als Lumpenproletariat wurden sie von Zille und Kollwitz verewigt.

Marthels Mutter hatte anscheinend wenig Grund zur Klage. Von den Eltern wechselte sie in den Haushalt des Sohnes, der nunmehr die Fabrik leitete, und blieb dort bis zu ihrem Tod.

Aber so weit sind wir noch nicht. Marthel hatte die Volksschule besucht, war mit Schiefertafel und Griffel im Ranzen in die Schule gelaufen und war eine sehr gute Schülerin gewesen. Das brachte ihr, auch durch die mütterliche Fürsprache der Lederfabrikanten-Gattin, so ist es in der Familie überliefert, einen Platz als Bürogehilfin im Fabrikkontor ein. Hier lernte sie ab 1913 Stenografie und Schreiben an der Schreibmaschine und arbeitete sich in wenigen Jahren hoch zur, wie es in der Widmung zu ihrem Abschiedsgeschenk viele Jahre später hieß, hoch geschätzten Schreibdame. Die Firma bewahrte Marthel vor dem kriegsbe-

Auf der Stube – Männlichkeit militärisch, 1910

dingten Einsatz in der Rüstungsproduktion während des Ersten Weltkriegs. Und obwohl die Fabrik in den Inflationsjahren kränkelte, überstand sie die Krise und hörte erst nach dem Zweiten Weltkrieg auf zu existieren. Marthel blieb ihr treu, bis sie ihr erstes Kind bekam, 1927.

1914 erfolgte mit dem Beginn des Krieges und der totalen Mobilmachung der große Einschnitt in die Geschichte und die Leben der Zeitgenossen. Im August 1914 trafen die alte und die neue Zeit aufeinander: Anfangs zogen die Soldaten in den Krieg wie zu einem Ausflug ins Zeltlager. Französische Wehrpflichtige mit roten Hosen, ungarische mit quastenbesetztem Rock, die deutschen mit Blumen in den Gewehrläufen – zu Weihnachten wollten sie wieder zu Hause sein. Ein englischer Soldat verglich den Krieg mit einem Picknick in freier Natur – nur besser, schöner sei er, weil all das überflüssige Beiwerk, das normalerweise dazugehöre, Gott sei Dank wegfalle. Welch ein Erwachen in welch einem Inferno erwartete sie.

Zwanzig Monate nach der Einberufung ihres Mannes erhielt Marthels Mutter Post, man würde bedauern, ihr Gatte sei in Erfüllung seiner vaterländischen Pflicht in der Schlacht um Reims heldenhaft für Kaiser und Vaterland gefallen. Berichten von Kameraden zufolge war er verblutet. Beerdigen konnten die Frauen den Mann und Vater nicht. Sein Körper blieb auf dem französischen Schlachtfeld. Ihn nach Hause zu holen, kein Gedanke daran. Er war einer von insgesamt zehn Millionen Toten, die ihr Leben in diesem ersten globalen Gemetzel des 20. Jahrhunderts ließen.

Die ehrenvolle Vorstellung, Mann gegen Mann zu kämpfen und dabei unter Umständen aufrecht sein Leben fürs Vaterland zu lassen – mit diesem Glorienbild waren die Männer anfangs noch in die Schlacht gelockt worden –, galt nicht mehr. Maschinengewehre, Kampfflugzeuge, Panzer, U-Boote, diese geballte Maschinenkraft, diese bis dahin unvorstellbare Mechanisierung des Krieges eröffnete eine neue nie zuvor da gewesene Dimension. Sie veränderte das Denken und die Moral. Vor dem Übermaß an Granaten, Schnellfeuerwaffen, Fliegerbomben war das Schicksal des Einzelnen unplanbar und unwichtig geworden – der einzelne Mensch musste wertlos erscheinen.

1906–1910 Affäre um »Hauptmann von Köpenick« sorgt für Aufsehen und Hohn in deutscher Öffentlichkeit. ++ Eröffnung erster öffentlicher Badeanstalt am Wannsee bei Berlin – Proteste wegen »Unsittlichkeit«. ++ Banknoten werden als gesetzliche Zahlungsmittel anerkannt. ++ Ab Wintersemester 1908/09 sind Frauen im gesamten Deutschen Reich zum Studium zugelassen. ++ Französischer Flugpionier Louis Blériot überquert als erster Mensch mit Motorflugzeug Ärmelkanal. ++ Uraufführung der Oper ›Elektra‹ von Richard Strauss in Dresden, in Berlin begeistert Sophokles-Tragödie ›Ödipus‹ inszeniert von Max Reinhardt. ++ Zeppelin »LZ 7«, erstes Passagierluftschiff der Welt, braucht von Friedrichshafen am Bodensee nach Düsseldorf neun Stunden. ++ Postschecks werden eingeführt. ++ Melitta Bentz erfindet Kaffeefilter.

Die Kämpfe blieben außerhalb des Deutschen Reichs, wenn auch immer mal frontnahe Städte wie Freiburg unter Luftbombardements gerieten. Im Großen und Ganzen blieb Deutschland vom Krieg verschont. Damals verwüstete er die Nachbarländer, den Franzosen und Belgiern blieb er als »Grande Guerre« zwischen 1914 und 1918 – mit den Schlachthäusern Verdun und Flandern – bis heute in Erinnerung. Aber der Krieg kam dennoch in die deutschen Wohnungen: Über zwei Millionen Väter, Großväter, Brüder und Onkel kehrten aus dem großen Schlachten nicht mehr nach Hause zurück, und fast drei Millionen Soldaten taten das mehr tot als lebendig und verstörten die Daheimgebliebenen mit ihren entsetzlichen Verstümmelungen, ihrer nicht heilen wollenden Schwermut.

Waldeslust! Waldeslust!
Oh wie einsam schlägt die Brust!
Kommt einst der Tod herbei,
Ist mir das einerlei,
Legt mich zur kühlen Ruh
Und singt dazu!

Volkstümliches Lied, um 1850

Hunger an der Heimatfront

»Die Grenzen schirmt der Männer Stahl – Zum Kampf mit tausendfacher Qual – Steht auf, ihr deutschen Frauen!« dichtete die frauenbewegte Helene Lange. Die Männer ließen ihr Leben auf dem »Feld der Ehre«, die Frauen sollten an der »Heimatfront«, wie das bald pathetisch hieß, ihr Bestes geben. Die Heimatfront wurde zwar nicht zerstört, war aber hungrig und litt entsetzlichen

1911–1915 Zweiter Nobelpreis für Marie Curie – nach Physik 1903, der für Chemie 1911. ++ Untergang der Titanic. ++ Neuregelung der Handwerkerausbildung ermöglicht 1913 weiblichen Lehrlingen Zulassung zur Meisterprüfung. ++ Erstmalig Fließband zur Automontage in Ford-Werk in Detroit. ++ Einweihung von Völkerschlachtdenkmal in Leipzig durch Kaiser Wilhelm II. ++ Glockenturm »Campanile« in Venedig wieder aufgebaut – war 10 Jahre zuvor eingestürzt. ++ Albert Einstein wird Direktor des Kaiser-Wilhelm-Instituts für Physik in Berlin und veröffentlicht »Relativitätstheorie«. ++ Eröffnung von Nord-Ostsee-Kanal und Panama-Kanal. ++ »Balkanexpress« erstmals von Berlin nach Konstantinopel, heute Istanbul. ++ Erste Ausstellung von »Der Blaue Reiter« in München: Künstler-

Mangel. Man hatte zum Krieg geblasen, sich aber um seine Vorbereitung nicht gekümmert. Vor allem in den großen Städten war die Not bald existenziell. Bereits im Oktober 1914 waren die Munitionsvorräte der Armee aufgebraucht und die Nahrungsmittelversorgung für die Bevölkerung war überhaupt nicht organisiert, die Vorräte bereits in den ersten Kriegsmonaten aufgegessen – das muss man sich mal vorstellen! Die dachten wirklich, sie sind in ein paar Wochen mal eben mit Frankreich fertig, so wie das letzte Mal vierzig Jahre zuvor, 1871. Doch als dem nicht so war, bekam die Produktion von Gewehren und Munition selbstverständlich Vorrang vor Konsumgütern und Lebensmitteln. Selbstredend machte sich auch die Blockade der deutschen Häfen durch die Alliierten bemerkbar, die eingezogenen Männer fehlten in der Industrie und in der Landwirtschaft und schließlich griffen die verschiedensten Ämter auf Reichs- und Länderebenen in die Lebensmittelverteilung und Preisgestaltung ein, oft genug bürokratisch und menschenverachtend auf ihre Amtsautorität bedacht. All dies geschah mit fürchterlichen Folgen für die Zivilbevölkerung.

Wir gehen immer davon aus, dass unsere Eltern und Großeltern das Aushalten, das Hungern und Ertragen, das Lebensmittel nicht wegwerfen können erst im und nach dem Zweiten Weltkrieg gelernt haben, in den schlechten Jahren. Aber sie hatten das bereits lange vorher geübt. Denn bald nach Kriegsbeginn begann die Zeit der »Polonaisen«, wie die Berliner sarkastisch die immer länger werdenden Schlangen vor den Läden und Markthallen nannten. Schon in der Nacht stellten sich die Frauen an

vereinigung von Wassily Kandinsky und Franz Marc initiiert. ++ 141 Intellektuelle verurteilen Annexion selbstständiger Völker, darunter Albert Einstein. ++ Gerhart Hauptmann erhält Nobelpreis für Literatur. ++ Uraufführung von Gustav Mahlers ›Symphonie Nr. 9‹ und ›Gurrelieder‹ von Arnold Schönberg. ++ Waldemar Bonsels veröffentlicht ›Die Biene Maja und ihre Abenteuer‹, Carl Sternheim das Lustspiel ›Die Hose‹, Thomas Mann ›Der Tod in Venedig‹ und Kurt Tucholsky ›Rheinsberg‹. ++ Uraufführung des ›Rosenkavalier‹ von Richard Strauss in Dresden. ++ Elbtunnel in Hamburg fertig. ++ Erste Internationale Automobil-Ausstellung in Berlin. ++ Frauenbewegung bekämpft Abstempelung als »Fräulein«, Anrede »Frau« soll unabhängig vom Familienstand gebräuchlich werden.

und wurden nicht selten im Morgengrauen, wenn sie zur Arbeit mussten, von ihren Kindern abgelöst, um bei Ladenöffnung das eine wöchentliche Ei oder vielleicht einen halben Hering zu ergattern. Immer mehr gab es nur auf Karte: Erwachsene sollten 750 g Kartoffeln pro Tag und 125 Gramm Butter pro Woche erhalten, Kinder bis zu 14 Jahren 62,5 Gramm, die Reichsfleischkarte verschaffte jedem, sofern es welches gab, 250 Gramm Fleisch pro Woche. Aber oft genug gab es einfach nichts und was es gab, bestand aus Ersatzstoffen. Butter war dann aus gefärbtem Quark, Salatöl aus Pflanzenschleim, Puddingpulver aus Leimsorten und Pfeffer aus Asche. Alles hieß Ersatz und »Wagenschmiere ist mitunter eine herrliche Sache gegenüber dem, was man uns als Margarine anbietet«, empörte sich der Berliner Stadtrat Wurm auf einer Magistratssitzung.

Unsere Urgroßmütter hatten schon ab 1915 Rasen- und Parkanlagen der Städte mit Kohl und Kartoffeln bepflanzt, Hamsterfahrten aufs Land unternommen oder im Hinterhof oder Balkon Hühner und Kaninchen gehalten und im Keller ein Schwein. Als besonders entsetzlich blieb der »Steckrübenwinter« 1916/17 in Erinnerung. Es war kalt, die Versorgung mit Kohlen klappte nicht. Alle im Deutschen Reich vorhandenen Kohlrüben, das waren Futterrüben, wurden zur Sicherung der Volksernährung beschlagnahmt. Besonders betroffen waren die etwa zwei Millionen Bürger Berlins. Die Stadt war explodiert, allein zwischen 1870 und 1900 hatte sich die Einwohnerzahl mehr als verdoppelt. Berlin lebte fast ausschließlich von der Steckrübe, und wenn es günstig lief, von den sogenannten »Kälberzähnen«, groben Graupen. Brot, Mus, Marmelade, Kaffee, Frikadellen, selbst Koteletts bestanden aus Kohlrüben, die Morgen-, Mittags- und Abendsuppe aus Wasser und Rüben ohne Mehl und Fett. Es gab kaum etwas, was sich nicht aus Kohlrüben zusammenmixen ließ, selbst Bier und Pudding wurde daraus gemacht. Die Qualität der Lebensmittel wurde so schlecht, dass so mancher das Essen trotz Hunger nur unter Ekel hinunterwürgen konnte. Da half es auch nichts, dass im Winter 1916/17 ein preußisches Ministerium die Bevölkerung auf die Schmackhaftigkeit abgeschossener Krähen aufmerksam machte.

»Polonaise« in Berlin, 1917

Vor allem die Frauen, die durch die harte Arbeit in der Rüstungsindustrie, zu der sie kriegsbedingt herangezogen wurden, ohnehin angestrengt waren, litten unter der katastrophalen Lebensmittelnot. Unterernährung und Anfälligkeit für Infektionskrankheiten oder Tuberkulose waren an der Tagesordnung – Erwachsene verloren im Schnitt 20 Prozent ihres Gewichts. Allein in Berlin wurden 135 Pockenerkrankte gemeldet und zahlreiche Fälle von Hungertyphus. Etwa 700 000 bis 750 000 Menschen starben in Deutschland während des Ersten Weltkrieges letztlich an Hunger. Damals kamen mehr Menschen in Deutschland durch Hunger und die Folgen um als von 1939 bis 1945 durch die alliierten Flächenbombardements, die 600 000 Tote forderten. Diese

Erfahrung prägte sich Marthel und ihrer Generation für immer ein.

Spätestens ab 1916 stand das Land unter dem Oberbefehl der Militärs. Durch den ungünstigen Kriegsverlauf in die Enge getrieben, wurde alles und jedes allein unter dem Aspekt kriegstauglich oder kriegsschädlich beurteilt. Militärs entschieden, welcher Facharbeiter ›uk‹, unabkömmlich gestellt wurde. Alles sollte nur dem einen Ziel dienen – und Geld musste her: Fünf-Pfennig-Münzen aus Kupfer wurden für Kriegszwecke eingezogen und durch solche aus Aluminium ersetzt, die »Kaiser-Glocke« des Kölner Doms, die mit 543 Zentnern eine der schwersten der Welt war, wurde zur Metallverwertung eingeschmolzen. Und die Privatleute wurden aufgerufen, Gold für Eisen zu spenden. Es gab nichts zu essen, und das, was eventuell den Hunger vertreiben konnte, wurde teurer: Die Tabaksteuer wurde angehoben, Zigaretten verteuerten sich um 100 Prozent.

> Das deutsche Volk ist eine Schweinebande.
>
> Wilhelm II. im holländischen Exil nach 1918

Was auf dem zivilen Sektor nicht funktionierte, klappte für das Militär: Gleich 1914 wurde eine Kriegsrohstoffabteilung im Kriegsministerium gebildet, die bald effektiv arbeitete und in massiver Konkurrenz zur zivilen Verwaltung stand. Als Leiter wurde ihr eigentlicher Initiator Walther Rathenau berufen, der spätere Außenminister. Die privaten Rüstungsunternehmen und der staatliche Militärsektor waren zu einer Verteilungsorganisation verschmolzen worden. Diesem »industriellen Beirat« gehörten einige der führenden Unternehmer des Reiches an. Das Ganze

1911–1915 Deutschland tauscht Zustimmung zu französischem Besitz von Marokko gegen Land in Französisch-Kongo. ++ 200 000 Menschen demonstrieren in Berlin gegen Kriegsgefahr. ++ 75 Prozent des Staatshaushalts sind Rüstungsausgaben. Kriegsflotte wird ausgebaut. ++ Bayerische Landesregierung weigert sich, gewählte SPD-Bürgermeister in Amt zu bestätigen. ++ Deutsche Kriegsflotte macht Manöver vor Helgoland – Demonstration der Kriegsbereitschaft. ++ Deutsch-Konservative erklären Bekämpfung der Sozialdemokratie zum vorrangigen Ziel. ++ Attentat auf Erzherzog Franz Ferdinand und Gemahlin in Sarajevo. ++ Antikriegsdemonstration im Berliner Lustgarten. ++ Deutsche Generalmobilmachung und Kriegserklärung an Russland und Frankreich. Einmarsch deutscher

war eine Mischform aus Selbst- und Staatsverwaltung, aus Plan- und Marktwirtschaft. Die Lenkung lag beim Staat, alles war dem nationalen Interesse untergeordnet, aber Eigentum, Kapitaleinsatz und Gewinnstreben blieben bei den Unternehmen. Und bei der Vergabe von Heeresaufträgen bevorzugten die Mitglieder des Beirats unverhohlen die eigenen Betriebe. So trugen neun von zehn deutschen Soldaten Helme von Röchling, dem Unternehmen von Hermann Röchling, einem Mitglied des Beirats. Übrigens erst ab 1916, davor waren die Truppen noch mit Pickelhauben in den Krieg gezogen.

Mit Trommelklang und Pfeifengetön

Meistens sind es solche Bilder, die uns zum Ersten Weltkrieg einfallen: Blumengeschmückte Mädchen laufen strahlend zu freudigen Freiwilligen in Uniform und stecken ihnen Sommerblumen in die Gewehrläufe. Eine ungeheure Euphorie und Gewissheit auf den baldigen Sieg spricht aus diesen Bildern vom August 1914. Es war eine außerordentlich effektive Propaganda, die solche Bilder bis heute wirken lässt. Und in fast jeder Familie gibt oder gab es einen Großvater oder Großonkel, die – oftmals überraschend unreflektiert bis ins hohe Alter –, begeistert von dem alles zusammenschweißenden Zusammengehörigkeitsgefühl unter den Kriegsteilnehmern, den Kameraden von damals schwärmten.

Beidem darf getrost misstraut werden. Die Kameradschaft beschränkte sich zumeist genau auf die soziale Kaste, aus der man

Truppen in Belgien – Beginn des Ersten Weltkriegs. ++ Unternehmer und Wirtschaftsverbände fordern expansive deutsche Kriegspolitik und weitreichende Kriegsziele, Hochschullehrer, Beamte und Künstler folgen. ++ »Reichswollwoche«: Sammlung warmer Unterwäsche für deutsche Truppen. ++ Autoverkehr wird eingeschränkt, Hafervorräte beschlagnahmt. ++ Hunger an der Heimatfront. ++ Deutsche Truppen verwenden in Schlacht bei Ypern erstmals Giftgas. ++ Verkaufsverbot von Milch und Fleisch an Dienstagen und Freitagen. ++ Verbot von Preiswucher und Höchstpreise für Gemüse, Obst, Honig. ++ Bezugskarten für Milch, später auch für Butter, Fleisch, Kartoffeln.

im zivilen Leben gekommen war, und wurde nach dem Krieg vor allem deshalb so lange konserviert, weil es das Einzige gewesen war, was einigermaßen menschlich geblieben war in diesem menschenverachtenden Schlachten. Die Mobilmachung 1914

Überstunden, Samstags- und Nachtarbeit für Arbeiterinnen in einer Munitionsfabrik, 1916

hatten allem Anschein nach vor allem bürgerlich-akademische Großstädter begrüßt – was auch immer sie sich davon erhofften. Den ersehnten Nervenkitzel in einem die nationalistischen Sinne erweckenden Abenteuer, im »kurzen Waffengang« gegen den Erbfeind Frankreich und den Rest der Welt, die Überwindung der sozialen und politischen Widersprüche im Land oder auch nur das herbeigesehnte Entrinnen aus der sterilen Enge des wilhelminischen Alltags. Sie hatten ihren Eid auf den Kaiser geleistet – »Wer auf Preußens Fahne schwört, der hat nichts mehr, was ihm selbst gehört!« –, und waren seinem Waffenrasseln gefolgt. Was sie allerdings nicht vorhersahen, war, dass sie die Enge der wilhelminischen Gesellschaft gegen noch engere militärische Fesseln und letztlich gegen ein völlig neues unbekanntes Deutschland eintauschen würden. In der Arbeiterschaft und in den Dörfern auf dem Land herrschten bei Kriegsbeginn vielfach realistischere Einschätzungen: Ihnen war es vor dem Krieg schon nicht allzu rosig ergangen, er konnte ihre Situation nur noch verschlechtern. Und so war es dann ja auch. Der kolportierte kriegstrunkene Taumel im Sommer 1914 war vor allem geschickte Agitation. Den »Geist von 1914«, das »August-Erlebnis« beschwor die Heeresleitung während des ganzen Krieges, und die unverbesserlichen Militaristen blieben dabei auch nach der Niederlage – gegen besseres Wissen glaubten sie an den ungerechtfertigt verlorenen Krieg, noch lange und verlautbarten die Mär lautstark und über Jahre.

O Tannenbaum, O Tannenbaum,
der Kaiser hat in 'n Sack gehau'n.
Da kauft er sich 'nen Henkelmann
und fängt bei Krupp in Essen an!

Spottlied aus dem Ruhrgebiet auf den abgedankten Kaiser, 1918

Aber nun war erstmal nationales Hochgefühl verlangt und Patriotismus wurde zur Schau getragen. Man hatte nichts zu essen, aber man sprach national: Aus der Sauce Hollandaise wurde die Holländertunke, aus einem Ragout ein Mischgericht, aus einem Grillroom ein Rostraum. Auch klangvolle Namen von Zigarettenmarken, die bis dato echt englische Lebensart verkauft hatten, wurden hastig eingedeutscht: »House of Lords« nannte sich bald »Herrenhaus« und der »Duke of Edinburgh« fand sich als »Flaggengala« wieder. Selbst das mondäne »Gibson Girl«, eine Marke für die modisch extravagante und emanzipierte Frau, suchte im schwarz-weiß-roten Rahmen patriotischer Gesinnung unter dem Namen »Manoli Wimpel« seine Käuferinnen.

Mit diesen Albernheiten standen die Deutschen nicht allein: Das englische Königshaus tilgte anlässlich der Thronbesteigung Georgs V. 1917 die Verbindung zum Hause Sachsen-Coburg-Gotha und nannte sich fortan nach dem Hauptsitz der Familie »Windsor«. Ironischerweise bekämpften sich deutsche und englische Schiffe in der Seeschlacht am Skagerrak 1916 mit denselben Granatenzündern von Krupp. Und ›God save the King‹ und ›Heil Dir im Siegerkranz‹ wurden jeweils überzeugt und patriotisch mit dem Willen zum nationalen Ausdruck nach derselben Melodie angestimmt.

Frauen an die Räder!

Das Land stand im Krieg und alles wurde der militärischen Notwendigkeit untergeordnet. Hindenburg und sein Erster Generalquartiermeister Ludendorff übernahmen ab 29. August 1916 die Oberste Heeresleitung – der Beginn einer faktischen Militärdiktatur. Ab da galt in Deutschland der militärische Belagerungszustand mit Pressezensur, der Kontrolle von Versammlungen, willkürlichen Verhaftungen und Standgerichten. Ziel war die völlige Militarisierung, die totale Mobilmachung der Heimatfront, und die sollte in der Tat total sein: Der »Hindenburg-Plan« sah vor, die letzten Reserven an Menschen und Material an den Fronten einzusetzen, jeden wehrtauglichen Mann aus den Fabriken in die Armee abzuziehen und dennoch die kriegswichtige Produktion noch weiter hochzufahren. Jugendliche sollten nun vom 16. Lebensjahr an militärisch ausgebildet werden, alle Männer zwischen 17 und 60, die nicht eingezogen waren, sollten in kriegswichtigen Betrieben arbeiten, die Pflichtzeit für den Soldatendienst sollte bis zum 50. Lebensjahr ausgedehnt werden.

Wie auch später im Zweiten Weltkrieg, hatten die Frauen bereits im ersten großen Krieg erhebliche Leistungen zu erbringen. Für sie bestand die »nationale Verpflichtung«, dort einzuspringen, wo Not am Mann war. In der Industrie wurden Frauen und Mädchen scharenweise eingestellt und übernahmen Männeraufgaben – oft genug weniger aus patriotischer Gesinnung, denn aus wirtschaftlicher Not. »Wir haben 5 000 Arbeiter z. Zt, darunter 1200 weibliche. Unsere Mädels gewinnen den Krieg, sie sind tadellos willig«, schrieb der Rüstungsfabrikant Hugo Stinnes im Juli 1915 begeistert an seinen Sohn Edmund. Wenn es nach Hindenburg und Ludendorff gegangen wäre, hätten durchweg alle Mädchen und Frauen »vaterländischen Hilfsdienst« geleistet. »Es gibt ungezählte Tausende von kinderlosen Kriegerfrauen, die nur dem Staate Geld kosten. Ebenso laufen Tausende von Frauen und Mädchen herum, die nichts tun oder höchstens unnützen Berufen nachgehen«, untermauerte Hindenburg im September 1916 gegenüber seinem Reichskanzler Bethmann Hollweg sein Begehr. Die Regierung lehnte den Vorschlag in dieser Konsequenz ab. Nichtsdestotrotz wurden Tausende Frauen in Rüstungsbetrieben und für militärische Zwecke eingesetzt.

Die Frauen schufteten für die Hälfte des Männerlohns. Oftmals hatten sie Mühe, ihre Kinder während der Arbeitszeit unterzubringen, nicht selten ging es darum, sie überhaupt durchzubringen in den Hungerjahren. Im optimalen Fall wurden Kinder

Etappenhelferinnen hinter der Front, 1917

in sogenannten Kriegskindergärten versorgt, aber auch da war die Ernährung nicht besser als anderswo. Kriegerwitwen mussten oft genug für ihren Lebensunterhalt selber sorgen. Sie bekamen Rente nur, wenn mindestens 100 Pflichtwochen lang Beitragsmarken geklebt worden waren. Zudem war die Höhe der Rente vom Dienstgrad des Gefallenen abhängig. So erhielt die Frau eines getöteten gemeinen Soldaten gerade mal 33 Mark. Das entspricht in etwa dem Sozialhilfesatz von 345 Euro heute, der, wie man weiß und leicht nachvollziehen kann, für eine Person nicht ausreicht. Die Nazis hatten daraus gelernt: Als sie die Männer zwanzig Jahre später in den nächsten mörderischen Krieg schickten, wurde die Versorgung der Frauen zu Hause zur Chef-

39

sache – Unruhe an der Heimatfront und Sorgen der Soldaten um die Daheimgebliebenen sollten unter allen Umständen vermieden werden.

ERNA KNABE,
geboren 1911 in Wiesenau bei Frankfurt an der Oder

Es ist Winter und ich laufe von unserem Haus weg. Der Schnee liegt hoch, so hoch, dass er mir bis weit über den Kopf reicht. So ist meine Erinnerung. Der Schnee war aber gar nicht so hoch, ich war nur erst drei Jahre alt. Meine Mutter stand vor dem Haus, wie immer dunkel gekleidet, im langen Rock, schwarz, und davor eine derbe Schürze in Blaudruck. Die Frauen trugen alle Schürzen, lange Röcke, lange Ärmel, Kopftuch und ein Tuch um die Schultern. Als Ersatz für Jacken. Jacken hatten wir damals nicht. Und an den Füßen hatten wir Holzpantoffeln.

Im Winter sind wir den Haskesberg – eigentlich war es nur ein größerer Hügel – hinaufgelaufen mit unseren Holzpantoffeln, haben oben die Pantoffeln ausgezogen und uns draufgesetzt und sind runtergeschlittert. Später hat mir mein Vater dann einen Schlitten gebaut, aus Eisen. Der war so schwer, den konnte ich kaum den Berg hochziehen.

Ich bin in der Landwirtschaft groß geworden und war bis zu meiner Heirat zu Hause. Meinen Eltern habe ich den Haushalt gemacht, mit Wäsche und allem, bereits als Kind. Damals holten wir das Wasser noch an der Plumpe. In der Küche stand ein niedriger Schrank mit zwei Wassereimern und die wurden, wenn sie leer waren, an der Plumpe wieder gefüllt. Die Plumpe war draußen auf dem Hof und das Klosett auch. Nachts und manchmal im Winter ging man besser auf den Nachttopf.

Mein Vater kam ursprünglich aus Ostpreußen. Aber er hat in Frankfurt an der Oder gedient und war dann in Wiesenau in einer Gaststätte in Stellung. Dort hat er meine Mutter kennengelernt und geheiratet. Eine Zeit lang hat er dann als Arbeiter in der Grube bei Fürstenberg gearbeitet. Im Ersten Weltkrieg wurde er Soldat. Die meiste Zeit war er nicht da und ich kannte ihn kaum. Einmal kam er auf Urlaub nach Hause, ich kann mich zumindest nur an dieses eine Mal erinnern und auch nur an eine Situation: Ich war fünf oder sechs Jahre alt und habe wohl irgendetwas gesagt, was ihn geärgert hat, und ich bekam von ihm ziemlich Dresche. Das muss also 1916 oder '17 gewesen sein.

Unser Herd hatte vier Feuerstellen mit einzelnen Ringen, die je nach Größe des Topfes weggenommen oder dazugelegt wurden, sodass der Topf direkt im Feuer stand. Gefeuert wurde mit Holz. Das hat mein Vater von draußen aus dem Wald hereingeholt und mit der Kreissäge geschnitten, aber gespalten hat er es nicht. Das mussten wir Frauen mit dem Beil machen. Sonnabends wurden die Töpfe aus dem Herd genommen und an der Plumpe mit Sand blank gescheuert. Jede Woche wieder, jede Woche neu. Die Lebensmittel wurden zum Kühlen in den Keller gebracht, einen Kühlschrank hatten wir noch nicht.

Volksgenossen! Um nach jahrelanger Vernichtung aufzubauen, hat das Volk die Macht der Zivil- und Militärbehörden gestürzt und die Regierung selbst in die Hand genommen. Die Bayerische Republik wird hierdurch proklamiert. Die oberste Behörde ist der von der Bevölkerung gewählte Arbeiter-, Soldaten- und Bauernrat, der provisorisch eingesetzt ist, bis eine endgültige Volksvertretung geschaffen werden wird. Er hat gesetzgeberische Gewalt. Die ganze Garnison hat sich der republikanischen Regierung zur Verfügung gestellt. Generalkommando und Polizeidirektion stehen unter unserem Befehl. Die Dynastie Wittelsbach ist abgesetzt. Hoch die Republik!

Der Arbeiter- und Soldatenrat – Kurt Eisner

Am Morgen des 8. November 1918 verkünden in München rote und gelbe Plakate den Beginn einer neuen Zeit.

Meine Mutter verkaufte auf den Märkten in Frankfurt und Fürstenberg Gemüse und zu Weihnachten Gänse. Wir hatten immer ungefähr 15 bis 20 Gänse und am Markt unsere Stammkunden. Wir zu Hause bekamen nur Gänsebraten, wenn mal eine Gans nicht wegging. Aber wir haben geschlachtet zu Weihnachten, ein Schwein. Dabei wurde auf dem Schlachttisch, einem langen, niedrigen Tisch, das Fleisch aufgemacht und dann in Holzfässer eingepökelt. Dann gab es frisches Fleisch und selbst gemachte Wurst. Den Schinken haben wir geräuchert und den Sommer über in den Kachelofen gelegt. Die Feuerstelle wurde mit Pergamentpapier ausgeschlagen, da war es schön kühl.

ELISABETH COSMANN,
geboren 1918 im Hessischen

Es hatte sich trotz Erstem Weltkrieg und trotz allem danach gar nichts in der Auffassung der Kindererziehung geändert. Denn das Denken war gleich geblieben: Man kann sich als erwachsener Mensch am Tag höchstens eine Stunde mit einem Kind abgeben, weil Kinder anstrengend sind und weil man sich ja aus seiner intellektuellen Höhe herabbegeben muss auf das Niveau eines Kindes. Die Kinder wurden geschlagen, das war normal, denn man konnte sich ja sonst des kindlichen Übermuts nicht erwehren, die mussten geschlagen werden. Das Kind muss es spüren. Und wir hatten Angst, man hatte ständig ein schlechtes Gewissen. Auch wenn man nichts falsch gemacht hatte. Damals redete man noch nicht mit einem Kind oder ging auf es ein, um zu sehen, welche Philosophie schon angelegt ist. Da hatte man wahnsinnige Vorurteile in Deutschland.

Ich wollte mit fünf unbedingt in die Schule. Was konnte man in einem hessischen Dorf damals schon groß machen, da fand ich Schule interessanter. Der Rektor der Schule hat mich dann genommen, weil sie nach dem Ersten Weltkrieg so wenige Kinder hatten.

Wir hatten einen hervorragenden jungen Lehrer, der sich um alles gekümmert hat. Morgens ist er durch die Reihen gegangen und hat geschaut, ob wir alle saubere Hände hatten. Es gab eine Menge armer, ziemlich verkommener Familien im Dorf und er hat dafür gesorgt, dass die Kinder heimgingen,

1916–1920 Massenstreiks in Berlin, Braunschweig und Bremen. ++ Hindenburg und Ludendorff übernehmen oberste Heeresleitung – Militärdiktatur. ++ Kohlrüben werden zur Ernährung der Bevölkerung beschlagnahmt – Ernährungsnotstand im »Kohlrübenwinter«. ++ Anhaltende Hungersnot im Deutschen Reich, Kürzung von Lebensmittelrationen bis Kriegsende. ++ 135 Pockenerkrankte in Berlin und zahlreiche Fälle von Hungertyphus. ++ Wilhelm II. verspricht Aufhebung des Dreiklassenwahlrechts nach dem Krieg – »Osterbotschaft«. ++ Meutereien deutscher Hochseeflotte. Anführer werden verhaftet. ++ Konrad Adenauer wird Erster Oberbürgermeister in Köln, befürwortet »Westdeutsche Republik«. ++

sich die Hände wuschen und sie vorzeigten. Wenn wir gut gelernt hatten, ist er mit uns rausgegangen in die Natur und hat mit uns den Rechenunterricht draußen gemacht. Dieser umfassend gute Volksschulunterricht war besser, als alles, was später gekommen ist.

Wir kamen ursprünglich aus dem Süden, waren Hugenotten gewesen, also protestantisch. Wir hatten einen französischen Nachnamen, wir hießen Allier. So waren wir die »Ali« und da man auch die Hunde oft »Ali« genannt hat, hießen wir immer wie die Hunde. Den Namen habe ich nachher, als ich geheiratet habe, ganz gerne abgelegt.

Damals spielte die Kirche noch eine große Rolle, wir lebten in einer streng protestantischen Umgebung. Jeden Nachmittag um halb fünf läuteten die Glocken. Wenn wir spielten, haben wir schnell die Hände gefaltet, den Kopf gesenkt, wie sich das gehörte, haben unser Gebet gesagt und dann haben wir weitergespielt. Das machten alle so.

JOHANNA DÜLMEN,
geboren 1922 im Rheinland

Meine Mutter hat 1912 geheiratet. Davor war sie in einem Feinkostgeschäft angestellt. Die jungen Verkäuferinnen schliefen dort auch. Meine Mutter hat erzählt, sie hatten drei Kleider: ein Werktagskleid, ein Kleid für besondere Gelegenheiten unter der Woche und ein Sonntagskleid. Als

»Oktoberrevolution« in Russland ++ Kriegsende 1918 und Waffenstillstand. ++ Amnestie für politische Gefangene. ++ Matrosenaufstand in Kiel. ++ Aufhebung von Versammlungsverbot und Zensur. ++ In Kiel übernehmen Arbeiter- und Soldatenräte die Macht. Aufstand breitet sich auf andere Städte aus. ++ Abdankung Wilhelm II. Scheidemann und Liebknecht rufen Republik aus. Friedrich Ebert wird Reichspräsident. ++ Gründung der Organisation »Stahlhelm. Bund der Frontsoldaten«, Zusammenschluss von Soldaten des Weltkriegs zur Abwehr der Novemberrevolution. ++ Gründung zahlreicher Parteien. Auch antisemitische Deutsche Arbeiterpartei (DAP) – benennt sich 1920 in NSDAP um. ++ Wahl zur Nationalversamm-

eine Mitarbeiterin gestorben war, wollte meine Mutter ihr zu Ehren das Sonntagskleid anziehen. Aber das durfte sie nicht, es hat regelrecht Krach gegeben. Sie musste das Kleid anziehen, das für besondere Gelegenheiten an Wochentagen vorgesehen war.

Meine Mutter war eine bildschöne Frau. Ihren ersten Mann wollte sie gar nicht heiraten, der war bekannt als Fremdgänger, als Tunichtgut. Darüber durfte zu Hause nie gesprochen werden, aber ich nehme an, dass sie ihn heiraten musste, denn meine Schwester ist etliche Jahre älter als ich. Die Mutter hat ihn geheiratet und kriegte das Kind. Aber kurz nach der Hochzeit ging er wohl schon und verlobte sich mit einer anderen. Und dann kam der Krieg, der Erste Weltkrieg. Er war ein gesunder und schöner Mann, aber er wurde nicht eingezogen. Er hatte überall seine Finger drin. Als er doch seinen Einziehungsbefehl bekam, war er nach sechs Wochen wieder da. Die Eltern meiner Mutter hatten ihr gedroht, sie brauche nicht zu kommen, wenn sie geschieden wäre. Sie hätte sich das eingebrockt, nun solle sie das aushalten. Aber sie hat sich dann doch durchgesetzt und sich scheiden lassen.

Dann hat sie meinen Vater kennengelernt. Mein Vater war jung, aber er hatte kein schönes Zuhause gehabt. Meine Mutter hatte eine Wohnung und sie ging arbeiten in einem Ledigenheim für junge Männer. Dort hat sie die Verwaltung gemacht. Ich glaube, sie kannten sich nur ein Jahr, dann haben sie geheiratet. Mein Vater war ein guter Mann, er war nur sehr eifersüchtig.

lung 19.1.1919, Frauen sind erstmals wahlberechtigt. ++ Bei Niederschlagung der »Märzunruhen« 1919 sterben 1200 Menschen. ++ Einführung des Achtstundentags, um die heimkehrenden Soldaten in den Wirtschaftsprozess zu integrieren. ++ Friedensvertrag im Versailler Schloss. ++ Gründung des Allgemeinen Deutschen Gewerkschaftsbundes. ++ Ermordung von Karl Liebknecht und Rosa Luxemburg. Wilhelm Pieck entkommt. Gerichtsverfahren gegen Mörder verläuft im Sande. ++ Rechtsgerichteter Lüttwitz-Kapp-Putsch – scheitert an Generalstreik. ++ Delegierte des Deutschen Hochschulrings fordern Ausschluss jüdischer Studenten. ++ Kämpfe in Oberschlesien, Kattowitz, Katowice zwischen Deutschen und Polen.

Meine Mutter regierte uns mit den Augen. Sie hat nie viel gesagt. Wir saßen beispielsweise beim Frühstück, da kam die Nachbarin und wollte mit meiner Mutter etwas besprechen. Wir standen nicht auf, wir wollten ja wissen, was sie sagen würde. Meine Mutter hat geguckt und geguckt und wir mussten aufstehen und gehen. Mein Bruder ging nicht auf Anhieb, aber ich ging sofort.

Mein Bruder hat einmal für einen Pfennig gelogen und für Gold Schläge bekommen. Es gab damals Brötchen, das Stück für drei Pfennig. Er sollte für eine Nachbarin drei besorgen, bekam also 10 Pfennig und hätte einen Pfennig nach Hause bringen müssen. Er hat aber den Pfennig nicht abgegeben, sondern hat sich davon ein Kaubonbon gekauft, ein rundes Bonbon. Da kriegte man für einen Pfennig zwei Stück und die klebten so toll. Doch die Nachbarin kam wieder herunter und verlangte den Pfennig zurück. Meine Mutter gab ihn ihr und sagte zu meinem Bruder: »Wir sprechen uns noch.« Als die Nachbarin gegangen war, hat meine Mutter ihn verprügelt. Ich kam dazu und habe sie gebeten, »schlag mich, lass den Jungen in Ruhe, du schlägst ihn ja tot!«

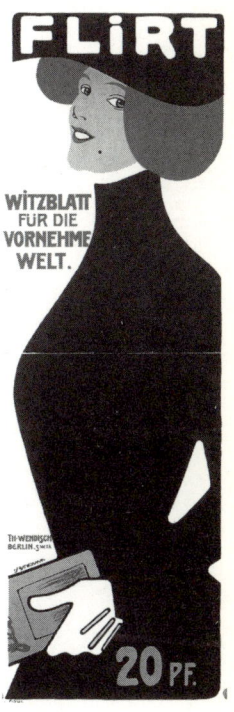

Zeitschriften-Reklame 1912

GISELA BÖHNLEIN,
geboren 1918 in Kattowitz, heute Katowice/Polen

Wir haben damals noch in Oberschlesien gewohnt, in einem Haus mit einem großen Garten. Mein Vater hat eine Fuhre Sand vom Werk anfahren lassen und wir haben noch lange, da war ich schon konfirmiert, im Sandkasten Burgen gebaut. Wenn im Sommer die Werkssirene ging, wussten wir, der Vater würde gleich kommen. Und wenn er kam, hat er uns mit dem Gartenschlauch abgespritzt. Meine Mutter stand mit dem Badetuch dabei und rubbelte uns ab. Auch wenn wir noch nicht ganz trocken waren, zogen wir den Nachtfrack an — wir hatten da noch keine Schlafanzüge –, und dann mussten wir ins Bett.

Meine Eltern haben 1916 geheiratet. Sie sollten ins Elsass umsiedeln, mein Vater war Bankmensch und hatte dort schon eine Wohnung. Doch dann kam der Krieg dazwischen und sie konnten nicht mehr ins Elsass. Mein Vater war aus Breslau und meine Mutter von Königshütte in Oberschlesien, bei Kattowitz. Sie haben dann dort hingeheiratet. Ich bin auch in Kattowitz geboren, als zweites von vier Kindern.

O junge Mädchenherrlichkeit,
Welch neue Schwulitäten!
Bezieht ihr alle weit und breit
Die Universitäten!
Vergebens spähe ich umher
Ich finde keine Hausfrau mehr!
O jerum, jerum, jerum,
O quae mutatio rerum!

Melodie: O alte Burschenherrlichkeit
aus: Liederbuch für Studentinnen.
Straßburg 1910

Wir hätten dann, noch ehe das polnisch wurde, in die polnische Schule gehen müssen und das wollten meine Eltern nicht. Deshalb sind wir nach Hindenburg umgezogen. Wir wohnten dort in Borsigfeld, mein Vater war in der Grube von Borsigfeld in der Verwaltung beschäftigt. Es war ein großes Werk mit einer Hütte, vier Hochöfen und einer Kokerei. Das Borsigwerk gibt es heute noch, die bauen immer noch Lokomotiven.

In Hindenburg sind wir ins Oberlyceum gegangen. Wir mussten mit der Straßenbahn fahren, das war herrlich! Ich war im Schulchor, wir hatten eine sehr gute Musiklehrerin und haben auf Elternabenden und Veranstaltungen gesungen, das war sehr schön. Es war eine reine Mädchenschule. Damals gab es dort keine gemischten Schulen, mein Bruder war im Gymnasium, einer reinen Bubenschule. Wir waren etwa 800 Schülerinnen. Damals waren die Familien noch kinderreicher und Hindenburg lag direkt an der polnischen Grenze, wir hatten viele deutsche Fahrschüler, die jeden Tag über die Grenze kamen von Königshütte und überall her.

ELISABETH COSMANN,
geboren 1918 im Hessischen

Aus Amerika kamen langsam andere Einflüsse und ich kann mich erinnern, wie ich hörte, dass die Amerikaner Kleider für Kinder machen. Die ganze Industrie richtete sich ja nach den Erwachsenen. Eine Kinderindustrie gab es nicht. Was Kinder anhatten, war eine verkleinerte Erwachsenenkleidung. Die Jungens trugen kurze Hosen und Hemden und hatten ihre Matrosenkleidung für Sonn- und Feiertage. Man hatte sowieso Kleidung für Sonn- und Feiertage extra, für die Schule extra. Da kriegte man eine Schürze vorgebunden, damit es sauber aussah. Und die Amerikaner hatten nun die Kinder entdeckt und bei uns gab es zum ersten Mal richtig bunte Kleider. Meine Freundin hatte ein wunderschönes Strickkleid in hellgrün von Bleyle. Zu dieser Firma konnte man das Kleid einschicken und dann setzten sie überall etwas an und man konnte ein Kinderkleid jahrelang anziehen, wenn es sonst noch ganz war. Die Agnes hatte immer das schöne grüne Kleid, das mit ihr mit wuchs.

Und dann kam der Bubikopf. Alles durfte ab, der Rock musste nicht mehr unten an der Straße schlabbern, die Frauen hatten auf einmal Beine. Das können wir uns heute nicht mehr vorstellen, die hatten auf einmal auch einen Hals! Die hatten ja immer bis zum Kinn geschlossen sein müssen, jetzt durften die Blusen ein bisschen ausgeschnitten sein. Endlich änderte sich ein bisschen die Welt und wir Kinder haben das alles gleich sehr begeistert mitgemacht.

Die Frauen waren in meiner Kindheit bis zum Kinn verschnürt, bei den Trachten hatten sie auch noch Deckel auf den Ohren und kehrten mit ihren Röcken die Straße. Bei uns im Hessischen gibt es eine Tracht mit Bändern und großen Krempen über den Ohren. Mein Vater hat sehr früh Bemerkungen gemacht, wie: »Das macht man ja nur, damit die Frauen dumm bleiben, sie hören nichts. Sie haben diese Bänder auf dem Kopf und die Ohren sind zu.« Er war sehr für diese Neuerungen. Als die Säume höher wanderten, hatten die Frauen mit einem Mal Beine!

Die Frauen mussten immer alles aushalten, sie hatten zu funktionieren. Zuerst waren sie niedliche kleine Mädchen und dann waren sie in die Schule gegangen, nicht allzu lang und zu viel. Das schadet nur der Weiblichkeit, wenn sie zu viel das Gehirn anstrengt, denn die Frau sollte vor allen Dingen ein hübsches, charmantes, unterhaltsames Wesen sein. Was braucht ein Mann, der schwer arbeitet? Er möchte eine Unterhaltung haben, aber um Gottes willen, keinen Blaustrumpf!

ERNA KNABE,
geboren 1911 in Wiesenau bei Frankfurt an der Oder

Bücher hat es bei meinen Eltern nicht gegeben. Ich habe viel gelesen, jedes Blatt Zeitung, alles, was ich in die Finger bekam. Wenn ich mit meinen Kühen auf die Wiese ging, habe ich die Stulle immer gleich ausgewickelt und die Zeitungsstücke gelesen. Geschlafen habe ich im Zimmer meiner Großmutter. Sie ging sehr früh ins Bett, also habe ich mit der Taschenlampe unter der Zudecke gelesen.

Ich habe mir immer ein Geschwisterchen gewünscht und habe nachts sogar manchmal davon geträumt. Doch in der Früh bin ich aufgewacht und hatte wieder kein Geschwisterchen. Als ich zehn Jahre alt war, war es endlich so weit, ich habe eine Schwester bekommen — und das war dann so ein Biest.

Zu Weihnachten hatte ich ein Märchenbuch bekommen, ›Tausendundeine Nacht‹. Mutter wusste, dass ich so gerne lese. Aber am ersten Feiertag hat meine Schwester das Märchenbuch total zerrissen. Das war so gemein, weil das Buch etwas ganz Besonderes war.

Als ich in die Schule kam, haben alle zur Einschulung eine Tüte Bonbons bekommen, ich jedoch nicht. Ich bin ganz traurig nach Hause gegangen. Da hat mir meine Mutter Geld gegeben und ich konnte zum Laden laufen und mir auch eine Tüte Bonbons kaufen. Meine Mutter war sehr genau, warum sie mir keine Süßigkeiten geschenkt hatten, weiß ich nicht. Unsere Landwirtschaft war nicht groß, wahrscheinlich haben sie das Geld nicht dafür gehabt. Aber ich muss sie so gerührt haben, dass sie mir dann doch Geld gegeben hat.

Ich bin acht Jahre zur Schule gegangen. Wir waren vierundzwanzig Mädchen und zwölf Jungen und ich war die zweite von den vierundzwanzig Mädchen, wir wurden nach Können eingestuft. Die Lehrerin sagte immer, ich solle nicht barfuß laufen. Aber was sollte ich tun? Ich habe aber jedes Mal, wenn die Sommerferien aus waren, eine neue Schürze bekommen. Am ersten Schultag bin ich jedes Jahr mit einer neuen Schürze in die Schule gegangen.

Meine Großmutter hat die Schule sauber gemacht, ich habe ihr geholfen und habe aufgewischt. Und mein Vater hat Land, das dem Lehrer gehörte, mit bewirtschaftet. In der Schule stand in der Ecke hinten der Spucknapf. Da ging der Lehrer immer hin und hat in die Ecke gespuckt. Und ich musste dann beim Putzen den Spucknapf sauber machen. Was hat mich das geekelt.

Wir hatten vier Pferde, sechs Kühe, Schweine und Federvieh, die musste ich mithelfen zu versorgen. Wenn ich von der Schule nach Hause kam, wurde Mittag gegessen und anschließend das Vieh rausgetrieben. Die Kühe und Gänse musste ich hüten, dazu meine Schwester, meinen Bruder und den Cousin. Die drei wurden in einen Handwagen gesetzt, die habe ich mitgekriegt, weil ich die Älteste war. Die Wiese war eingezäunt und da waren die Kühe und Gänse drinnen und die Kinder. Später holten meine Eltern aus Berlin, aus einem Heim für Behinderte, einen Hütejungen. Ernst war 14 Jahre alt, als er zu uns kam. Er nahm mir viel Arbeit ab, sodass ich meinem Vater dann beim Fuhrgeschäft helfen konnte. Mein Vater übernahm mit dem Pferdegespann Holzlieferungen und Braunkohletransporte. Die Kohle wurde im Nachbarort Bieskow-Finkenherd abgebaut. Das kleine Fuhrgeschäft war vor allem im Winter ein guter Zuverdienst. Und Ernst lebte bis zu seinem 82. Lebensjahr bei uns und wurde auch mit auf der Grabstelle meiner Eltern beerdigt.

ELISABETH COSMANN,
geboren 1918 im Hessischen

In unserem Dorf gab es natürlich Tiere und die Tiere hielten sich nicht an irgendwelche Gesetze, sondern benahmen sich, wie sich eben Tiere benehmen. Einmal beobachtete ich in einem Hof eine Szene, die ich nie vergessen habe: Ein Schwein wollte das andere ermorden. Es sprang ihm auf den Rücken und benahm sich ganz fürchterlich und ich habe gedacht, warum kommt keiner und hilft dem armen Tier da unten? Aber beide überstanden das, gingen auseinander.

Mit den Erwachsenen gab es das Thema überhaupt nicht. Sexualität, die gab es doch gar nicht. Wenn ein Kind sich getraut hätte, eine Frage an einen Erwachsenen zu richten, hätte es eine Ohrfeige gegeben: »Du dummes Ding, das geht dich nichts an!«

Eines Tages stand ich im Geschäft und eine Frau kam herein, sie hatte einen solchen Bauch, so etwas hatte ich noch nie gesehen. Ich bin um die herumgegangen und dann bin ich heimgerannt, ich konnte gar nicht schnell genug rennen, ich habe die Tür aufgerissen und geschrien: »Mutter, ich habe was gesehen, so was hast du noch nie in deinem Leben gesehen.« Zufällig waren mein Vater und mein Bruder auch da, er war fast vier Jahre älter als ich, ich muss ungefähr sieben gewesen sein. Ich konnte mich überhaupt nicht beruhigen: »Was hat die nur, die muss krank sein, die arme Frau!« Und was machte mein Vater? Er drehte sich weg. Das ging ihn nichts an, das merkte ich wohl. Auch mein Bruder drehte sich weg. Ich hatte auch den Eindruck, dass ihre Schultern so zuckten. Meine Mutter sagte zu mir — und das habe ich ihr nie verziehen: »Ach, die hat zu viele Kartoffeln gegessen.« Es war unmöglich, dass eine Mutter ihre kleine Tochter aufgeklärt hätte, das konnte damals keine Mutter. Das musste irgendwoher kommen und mein Bruder, der Bescheid wusste, der lachte im Hintergrund. Ich habe natürlich gleich losgeschrien: »Da werde ich im ganzen Leben nicht so viele Kartoffeln essen!«

Man stellte irgendetwas fest, aber man kriegte die Zusammenhänge nicht klar. Eine Mutter sagte allenfalls: »Kuck mal, du hast ein Schwesterchen gekriegt.« Das hatte dann

der Storch gebracht. Und warum lag die Mutter im Bett? Weil
der Storch sie ins Bein gebissen hatte. Ein Fremder hätte
schon gar nichts gesagt und ein Kind aufgeklärt. Man wäre
sonst vielleicht zu der Mutter einer Freundin gegangen, da

Langsam setzte sich Natürlichkeit durch, 1926

hätte man sich getraut zu fragen, warum siehst du jetzt so
komisch aus. Aber sie hätte auch nichts gesagt, sie hätte
den Mund gehalten und vielleicht nur gesagt: »Du bist aber
ein vorlautes Kind!« Das fiel dann auf einen zurück. Man
stellte nicht so dumme Fragen, Kinder hatten ruhig zu sein.
Aber das Thema schwirrte natürlich in der Luft.

Aufklärungsschriften für Jugendliche gab es nicht. Es
gab nur eine für Ehepaare und die hatten alle, die war irgendwo im Kleiderschrank versteckt. Böse Buben fingen
frühzeitig an zu sagen, du, die haben da was und die machen
auch was. Es war eigentlich schrecklich. Ich bin, wenn kein
Erwachsener dabei war, nicht mehr gerne mit ihnen zusammen

gewesen, weil die alle nur von diesem Thema flüsterten. Und dann kamen die Doktorspiele. Der Doktor war da gewesen und der hatte dem das Thermometer in den Hintern gesteckt und das wurde nachgespielt und dann wurde gleich immer ein Mädchen gefunden. »Du musst deine Hose ausziehen und da legst du dich so hin.« Ich weiß noch, da haben wir einen Stock genommen, da war noch die Rinde dran und das tat weh und die hat geschrien!

Das dritte Reich? NEIN!

Demokratie ohne Demokraten

Bis 1918 standen vier Millionen Frauen in »kriegswirtschaftlicher« Arbeit. Wie gefährlich mitunter die Arbeit in der Rüstungsindustrie war, belegen die Zahlen der amtlichen Unfallstatistik von 1917:

1063 Frauen starben durch Sturz, 944 durch Überfahren, 413 durch Ersticken und 310 durch Explosionen und Schussverletzungen. Die meisten Unfälle ereigneten sich durch das extrem hohe Tempo bei der Akkordarbeit. Viele protestierten im Lauf des Jahres gegen die unzumutbaren Arbeitsbedingungen und Ausbeutung, männliche Arbeiter, die unabkömmlich waren, streikten und demonstrierten gegen die Allmachtallüren der Arbeitgeber, die Lohnverhandlungen boykottierten oder »reklamierte«, von der Front befreite, Arbeiter mit der Drohung, »wenn du nicht spurst, bist du schnell im Schützengraben«, zu überzogenen Arbeitszeiten pressten. Zu Anfang des Krieges waren es Hungerproteste und -demonstrationen gewesen, nun Arbeitsproteste und bald erwuchsen daraus Friedensdemonstrationen. 1918 wurde die Streikwelle immer mächtiger und der Ruf nach Frieden immer lauter. Hunderttausende Arbeiter und Arbeiterinnen waren in ganz Deutschland im Ausstand, allein in Berlin, dem Zentrum der Rüstungsfabriken, waren es 180 000. Revolution lag in der Luft – und brach sich in den kommenden Monaten Bahn.

Der Krieg war verloren. 1918 musste der Kaiser abdanken, blieb aber aus alter Anhänglichkeit bei vielen noch lange im Bilderrahmen an der Wand hängen. Mit der Monarchie brach die alte Welt auseinander. Kaiser und Könige waren in Russland, in Österreich und nun in Deutschland Geschichte geworden und Deutschland wurde Republik, die nun allerdings gleich zweimal ausgerufen wurde: vom Sozialdemokraten Philipp Scheidemann als »deutsche Republik« im Sinne einer parlamentarischen Demokratie und von Karl Liebknecht als sozialistische Räterepublik. Die Entscheidung zwischen diesen beiden Modellen fiel mit der Niederschlagung des Spartakusaufstandes im Januar 1919 in Berlin durch Reichswehr und Freikorps im Bündnis mit dem späteren Reichswehrminister, dem SPD-Mann Gustav Noske: »Einer muss

Wahlplakat der SPD, 1932

ja der Bluthund sein.« Wo auch immer sich danach Räte zur Regierung zusammenfanden, ob in München oder Bremen, sie wurden zusammengeschossen.

Der Kaiser sägte beleidigt Holz im holländischen Exil und die

Bürgerwehren von links ...

Deutschen machten Revolution, zumindest in einigen Teilen des Landes und auch nicht für lange, aber Frieden kehrte dennoch nicht ein. Wegen der ungesicherten politischen Lage in Berlin tagte die Verfassunggebende Nationalversammlung in Weimar, was diesen ersten demokratischen Gehversuchen Deutschlands den Namen »Weimarer Republik« bescherte. Der Start war denkbar schlecht, die unmittelbaren Nachwirkungen des Ersten Weltkriegs drückten der neuen Republik den Stempel auf und am Ende stand der Untergang im Nationalsozialismus. Die Alliierten diktierten den geschlagenen Deutschen die Friedensbedingungen und ließen sie den Vertrag ausgerechnet im Spiegelsaal von Versailles unterschreiben, wo 1871, nach dem Sieg über Frankreich, der preußische König zum Kaiser der Deutschen gekrönt worden war. Elsass und Lothringen kamen wieder zu Frankreich und das Ruhrgebiet und Teile des Rheinlandes wurden von alliierten Truppen besetzt – ein stetiger Unruheherd in den 20er Jah-

… und von rechts

ren. Das Heer sollte auf 100 000 Mann zurückgeführt werden, was bedeutete, dass drei von vier unter Waffen stehenden Soldaten nach Hause geschickt wurden. Viele dieser Soldaten hatten keine richtige Ausbildung, sie waren direkt von der Schulbank in den Krieg gezogen und überall fehlten Arbeitsplätze, um die Leute wieder in das normale Leben einzugliedern. Und dann beschlossen die Weimarer Republikaner im Februar 1919 auch noch, die glorreichen Farben zu wechseln, Schwarz-Rot-Gold, nicht mehr Schwarz-Rot-Weiß sollten die neuen Nationalfarben sein. Ausgerechnet die Farben der Revolutionäre von 1848 – auch dies ein sensibles Thema, das während der Weimarer Jahre laufend im Gespräch gehalten wurde.

Der verlorene Krieg war nicht allein Angelegenheit der Soldaten irgendwo auf einem Schlachtfeld gewesen, sondern hatte, während der Monarchie durch stetig zunehmende Militarisierung systematisch vorbereitet, das zivile Leben militarisiert und war schließlich in den Kriegsjahren endgültig zur Sache des ganzen Volkes geworden. Die Orientierungslosigkeit eines großen Teils der Bevölkerung nach Kriegsende ging tief.

In meiner Badewanne bin ich Kapitän,
kann mit dem Seifennäpfchen Dampfer spielen,
in meiner Badewanne ist es wunderschön,
da fang ich an, die Meere aufzuwühlen.
Ich fühle mich als Mann der Tat
Und drehe an dem Wasserhahn
Und bin ein wilder Seepirat auf weitem Ozean.
In meiner Badewanne bin ich Kapitän,

Text: Ludwig Bernauer, Wilhelm Krug
Musik: Otto Berkowitz

Die Zeit vor 1914, das Kaiserreich mit seinen alten Ordnungen, rückte nach dem Krieg, als die alte Welt untergegangen war, als wohl geordnet ins Gedächtnis, dahin sehnten sich nun mehr als genug Menschen zurück. Vergessen war, dass die letzten Kaiserjahre auch eine Zeit des Umbruchs gewesen waren, des irritierenden Nebeneinander von Tradition und Moderne, von Reichtum und Armut, von Rückständigkeit auf dem Land und Lärm und Hektik in der Stadt. Später wurde Hindenburg Reichspräsident, die Vaterfigur, der »Ersatzkaiser«, aber dieser Vater hielt nicht nur schützend seine Hand über sein Land. Politiker, um Ruhe und Fortschritt besorgt, gingen unheilige Allianzen ein mit nationalen Scharfmachern oder blutrünstigen Kriegsveteranen, und Parteien jeglicher Couleur suchten die Koalition mit Vereinigungen, die oft genug zweifelhafte politische Ziele verfolgten. Die Deutschen wählten ihre Abgeordneten für den Reichstag. Wer heute die endlosen Listen der Wahlen und Regierungen liest – bis 1933 waren es schließlich über 20 –, der wird unweigerlich durch die Vielfalt an Koalitionen, Kabinetten und Präsidialkabinetten verwirrt. Dem Wahlvolk damals blieb von Mal zu Mal nichts übrig, als zu hoffen und zu warten, ob diese Regierung nun stark genug sein würde, um sich gegen die starke Inflation, die schwache Konjunktur und hohe Arbeitslosigkeit zu behaupten. Und nicht zuletzt gegen den Druck der Straße.

All die abgerüsteten Militärs des verlorenen Weltkriegs suchten dringend neue Aufgaben. Rund sechs Millionen deutsche Soldaten und über 800 000 entlassene Kriegsgefangene sollten wieder ins Privat- und Berufsleben eingegliedert werden. Doch die Rückkehr verlief nicht überall reibungslos. Die Industrie musste von Rüstung auf zivile Produktion zurückgerüstet werden, und bis Anfang 1919 war die Arbeitslosenrate bereits auf acht Prozent gestiegen. Die alten Werte, die so lange gezählt hatten, waren plötzlich nicht mehr vorhanden. Die alte Ordnung war untergegangen und Halt fanden viele nun möglicherweise in einer der unzähligen Vereinigungen mit paramilitärischer Struktur. In deren Reihen zählte das, was den Männern durch den Militärdienst und aus vier Jahren Krieg vertraut war: unbedingte Disziplin der Truppe und absoluter Gehorsam gegenüber den Führern, klare Hierarchien und, nicht zu vergessen, eine Uniform. Die zeigte, zu wem man gehörte, und vielleicht noch wichtiger, zu wem man nicht gehörte. Und man konnte sich vom zivilen Bürger absetzen, dessen Leben man nicht unbedingt führen wollte, denn männerbündische Kameradschaft, möglichst militärisch, galt seit 1918 als Ideal. Problematisch war die ideologische Ausrichtung vieler dieser Verbände, egal wie sie sich nannten: Heimwehren oder Wehrverbände, Freikorps oder Kampfbünde. Sie waren monarchistisch, konservativ, national orientiert oder links und die meisten waren im Kern republikfeindlich. Selbst die republikanische Variante, das »Reichsbanner«, verstand sich als paramilitärische Einheit im innenpolitischen Kampf. Sie alle wurden zu einem mächtigen innenpolitischen Machtfaktor, der die Republik nicht zur Ruhe kommen ließ.

Kunst überall – grafische Kunst für Zäune

Daneben schworen die Pazifisten, nie wieder zu den Waffen zu greifen, und versammelten sich unter dem Motto »Nie wieder

Krieg« alljährlich zu Massenkundgebungen. Aggressive Wahl-
agitationen der Parteien und der Traum von der Weltrevolution
gehörten zum alltäglichen Erscheinungsbild der jungen Republik
genauso wie der unversöhnliche militante Chauvinismus.

Im Innern war diese Re-
publik zu Anfang nur ein
Kaiserreich ohne Kaiser. In
der Verwaltung, im Bil-
dungswesen, in Justiz und
Armee dominierten weiter-
hin die alten Mächte. Und
auch vielen, die bereit waren, sich mit der neuen Situation zu arrangieren, fiel
es nicht leicht sich zurecht-
zufinden, sie waren mit dem
Aufbau dieser neuen zivilen Ordnung schlicht überfordert. An
den Rändern des Systems zerrten die Extremisten von links und
rechts, sie benutzten die parlamentarischen Mittel genauso wie
die Regeln der Straße. Schlägertrupps störten Versammlungen
der politischen Gegner, bewaffnete Kolonnen zogen hackenknal-
lend oder arrogant beritten zu Pferde durch die Straßen, und aus
Diskussionen in Wirtshäusern entwickelten sich im Nu Straßen-
krawalle, Tote eingeschlossen. Die Bürgerwehren betrachteten
sich als politische Soldaten, sie waren fein organisiert in Infante-
rie- und Kavallerieeinheiten und verfügten über gut sortierte
Waffenarsenale mit Karabinern, schweren Maschinengewehren
und Minenwerfern. Die Regierungen griffen mal hart durch mit
Verboten oder lavierten taktisch mehr oder weniger geschickt mit
dem politischen Gegner. Die Politik war zunehmend wehrlos, der
militärisch organisierte Teil der Gesellschaft bestimmte immer
stärker, wer regierte oder nicht.

Was macht der Maier am Himalaya?
Wie kommt der Maier, der kleine Maier,
auf den großen Himalaya?
Rauf ja, das kunnt' er.
Ich frag mich aber, wie kommt er runter?
Ich hab so Angst um den Maier, er macht 'nen Rutsch
Und ist futsch!

Text: Fritz Rotter, Otto Stransky
Musik: Anton Profes

Als mein Vater gestorben ist, war ich acht. Meine Mutter
konnte sich gar nicht mehr trösten. Sie hatte es nicht
leicht und sie hatte immer Angst, was aus uns Kindern wird.
Sie war eine harte Frau, die niemals Zärtlichkeiten zeigte.
Ich weiß gar nicht, dass sie mich mal in den Arm genommen
oder geküsst hätte, so was gab es nicht. Mit Kindern sprach
man über fast nichts. Die Leute waren damals anders.

Meine Mutter war groß und hatte eine schlanke Taille. Sie
ging immer zum Friseur, auch wenn es das letzte Geld war,
was sie dort ausgab. Irgendwann hatte sie mit meinem Vater
gesprochen, sie würde gerne einen Bubikopf haben. Der un-
terstützte sie. Dann kam sie abends mit Bubikopf nach Hause. Ich sehe sie noch vor mir, in Stiefeletten, da gab es
schon dünne Absätze, und ihr Kleid war von oben bis unten
geknöpft, über fünfzig Knöpfe. Sie war immer schick und
wunderschön.

Es waren schlechte Zeiten, aber meine Mutter hatte immer
einen Mann an ihrer Seite, einen guten und fürsorglichen
Mann. Er hat die Miete verdient, war auch kellnern, hat keine Arbeit gescheut. Er musste für die Familie sorgen und
das hat er gemacht.

Ich habe von meinem Vater einmal Schläge gekriegt, das
heißt nur einen Schlag. Wenn sonntags Kartoffeln übrig waren, machte die Mutter abends Kartoffelsalat mit Würstchen.
Das war immer so. Sie sagte dann zum Vater, er sollte probieren, doch er wollte nicht, weil er noch satt war. Ich
wollte probieren. Aber Vater sollte probieren und da hatte
ich nicht dazwischenzusprechen. Ich naschte, bekam geschimpft, ich habe mich gewehrt: »Der darf aber!« Ich sah
meinen Vater auf mich zukommen, ich raus und er war fix, er
war ein schlanker Mensch. Ich habe mich aufs Treppengelän-
der gesetzt, bin runtergesaust und weg. Mein Vater hat mich
gesucht und ich habe mich versteckt in einer anderen Haus-
tür. Als ich wieder auftauchte, habe ich einen Schlag gekriegt, da war ich auf dem Boden. So stark war der. Und seine starke Hand habe ich geerbt.

IRMA KÜHN,
geboren 1921, in Spremberg bei Cottbus

Meine Eltern hatten ein Haus, ein Geschäftshaus, unten ein
Geschäft, längs ein Anbau und noch ein Quergebäude, da haben sie eine Werkstatt drinnen gehabt. Früher nannten sie
sich Tapeziermeister und Dekorateur, aber sie haben Pols-
termöbel hergestellt und im Geschäft Gardinen verkauft,
eigentlich alles, was Inneneinrichtung war. Das Haus stand
in der Forsterstraße in Spremberg. Das Geschäft meiner Eltern lief sehr gut, früher sagte man »das erste Haus am
Platze«. Die Spremberger haben gut verdient, dem Städtchen
ging es damals gut, es war ein Textilzentrum. Mein Vater hat
dann immer mehr Leute eingestellt, Näherinnen, die Gardinen nähten, und in der Werkstatt Polsterer und andere,
schlussendlich hatte er zehn Leute.

Sonntags wurde spazieren gegangen und da hat man sich
fein gemacht. Darauf hat meine Mutter Wert gelegt. Ebenso
für Feierlichkeiten, für Feste hat man sich fein gemacht.
Als meine Tante Trudchen, die Tochter meines Patenonkels,
heiratete, wussten wir schon ein halbes Jahr vorher, dass
Hochzeit sein würde. Und ich sollte Blumen streuen. Ich trug
ein wunderbares hellblaues Kleid und Seidenstrümpfe. Jedoch es begann schon nicht gut. Gegenüber von uns war ein
Friseur, der mochte mich gerne, Herr Briedermann. Ich hatte
eigentlich immer Pagenfrisuren, wie man sie früher hatte,
und da bin ich kurz vor der Hochzeit zu ihm gegangen und
habe gesagt: »Herr Briedermann, machen Sie mal heute 'ne
schöne, ich muss ja zur Hochzeit.« Da hat er mir die Haare
ganz, ganz kurz geschnitten. Meine Mutter war entsetzt, doch
ich fand das schön. Jetzt mussten sie mir aber das Kränzchen aufsetzen. Meine Mutter konnte dann ziemlich hart sein
und zischte: »Dass du einem so was antun kannst.« Damit
aber nicht genug, die Feier war in einer Gaststätte, wo unten ein Restaurant war und oben die Hochzeit, und wild, wie
ich war, bin ich die Treppe raufgerannt und hingestürzt
und meine schönen Strümpfe waren adé. Die Folge davon war,
dass meine Mutter mich zur Seite nahm und ich eine anständige Ohrfeige kriegte wegen der Strümpfe. Dass die Knie kaputt waren, das hat sie nicht gesehen.

GISELA BÖHNLEIN,
geboren 1918 in Kattowitz, heute Katowice/Polen

Meine Eltern haben viel für uns getan. Ich habe immer Glück gehabt, ein bisschen, bis heute. Wir haben im Winter jeden Abend nach dem Abendbrot gespielt, wir vier Geschwister und meine Eltern — da gab es noch keinen Fernseher und keine Computer. Auf dem Tisch im Wohnzimmer hat mein Vater einen Kreis gemacht und jeder hatte eine Sonne und einen Strich und dann haben wir gewürfelt, eins bis sechs, und wenn jemand zwischendurch etwas gesagt hat, hieß es, »Du bist Oberst!« Man musste die ganze Zeit still sein und durfte nichts sagen, nur die die dran waren, durften reden. Das haben wir gerne gemacht. Oder wir haben Ratespiele gespielt zum Nachdenken oder »Ich sehe was, was du nicht siehst« und anschließend haben wir geturnt, das war schön. Mein Vater hatte ein

Familienausflug zur Kasseler Wilhelmshöhe, Elisabeth Cosmann mit Eltern und Bruder, 1925

Klavier und wir haben uns jeder von der Eckbank ein Kissen genommen, meine Mutter hatte eine Decke und wir haben unser Turnzeug angehabt oder waren in kurzen Hosen und mein Vater hat gespielt und zugeschaut und meine Mutter hat vorgeturnt. Wir lagen alle auf der Erde, ach toll war das. Ich denke so gerne daran zurück. Abends haben wir gesungen ›Kein schöner Land‹ und ›Guten Abend, gute Nacht‹ am Klavier. Das Lied hatte drei Strophen und die haben wir immer absingen müssen, aber nicht auf Kommando, sondern, weil wir noch nicht ins Bett wollten.

Im Sommer war es ja lange hell, wir wollten nicht schlafen, wir waren alle sehr lebhaft. Mein Bruder hatte zwar nicht sehr viel zu sagen bei uns drei Mädchen, aber er hat immer alles mitgemacht. Auf jeden Fall sind wir drei Mädchen

Erna Knabe mit 17 Jahren

abends ganz brav ins Kinderzimmer, mein Bruder hatte ein Extrazimmer. Und dann sind wir zum Fenster wieder rausgekrochen. Wir hatten Hecken im Garten und Wein, und da drunter sind wir durchgekrochen. Dann haben wir gezählt von eins bis sechs und bei sechs kam der andere auf die Schaukel, der war schon startbereit. Das war so toll und die Spannung, dass wir nicht erwischt werden! Meine Mutter hat sich immer mit Anna, unserer Perle, gewundert, dass die Betten so schnell dreckig sind. Wir waren natürlich immer barfuß und haben bloß gegrinst, aber gesagt haben wir nichts. Das ging eine Weile gut, dann haben meine Eltern uns vom Herrenzimmerfenster aus gesehen, wie wir aus dem Kinderzimmerfenster raus sind und zur Schaukel. Aber sie haben nur gelacht.

Mein Vater hat uns manchmal schon zur Brust genommen und ernst etwas gesagt, aber nicht geschimpft. Auf jeden Fall war das toll. Das werde ich nie vergessen, aber nachdem sie uns erwischt hatten, war das vorbei, das Gerenne abends auf die Schaukel.

Zu Weihnachten kriegte jeder von uns ein Buch. Meine Mutter hat sehr viel gelesen, also haben wir viele Bücher gehabt. Damals war Sophie Reinheimer eine ganze bekannte Kinderbuchautorin. Eines der ersten Bücher von ihr war ›Tannenwalds Kinderstube‹. Es erzählte von Tannenbäumen und Hasen und was die sich gegenseitig zu berichten hatten. Das habe ich mir so gewünscht zu Weihnachten, und eines Tages bekam ich es auch. Jedes Jahr bekamen wir ›Auerbachs Kinderkalender‹, in rotes Leder eingebunden. Jeder Monat

Noch geht das: Feiern bis in die Puppen.

war verziert mit einem Scherenschnitt und auf der anderen Seite standen mal ein Märchen, mal Geschichten für unser Alter, Spiele oder etwas zum Basteln. Eigentlich war der für uns alle gedacht, aber meine Schwester Ursula, bekam ihn immer geschenkt. Und sie war gemein. Sie las ihn langsam und genüsslich mit der Begründung: »Ich bin ja die Älteste.« Als Nächste bekam ich ihn, anschließend meine Schwester Roswitha und schlussendlich ist er bei meinem Bruder gelandet. Inzwischen war es bald schon wieder Weihnachten.

LISA KÜHNE,
geboren 1921 in Hannover

Mein Vater war Kellner gewesen, aber nachdem er 1918 aus dem Krieg zurückgekommen war, hatte er Schwierigkeiten mit der Gesundheit und konnte nicht mehr kellnern. Aber er hatte auf den Dörfern ringsum sehr viele Bekannte, und die haben ihn immer geholt, wenn Feste waren, Konfirmation oder Hochzeit. Da musste dann der Karl kommen und kellnern. Und als alle arbeitslos wurden, in der schlimmen Zeit, hat er gesagt: »Die Bauern geben nicht gern das Geld her, aber Speck und Eier haben sie.« Das war natürlich eine tolle Sache und nicht mit Geld zu bezahlen.

Ich hatte immer mehr Kontakt zu meiner Oma als zu meiner Mutter. Meine Mutter war oft krank, seelisch krank. Trotzdem bin ich sehr behütet aufgewachsen mit einem Bruder, der sechs Jahre jünger war und meiner Oma, der Mutter meiner Mutter. Sie hat immer bei uns gelebt und sie habe ich sehr geliebt.

Weil meine Oma da war, habe ich nichts zu machen brauchen, obwohl das meinem Vater nicht recht war. Er sagte immer: »Wenn das Mädchen mal heiratet, kann die gar nichts!« Ich habe die Schule gemacht, was sollte ich denn noch tun? Mein Vater war gerecht, aber streng. Er warnte immer, wir sollten nicht über die Stränge schlagen.

Wir hatten keine Reichtümer, meine Kinderzeit war schlicht und einfach. Ich habe die Volksschule gemacht. Wenn man nach der vierten Klasse zur Mittelschule wollte oder aufs Gymnasium, musste man in die Stadt fahren mit dem Rad, das war weit. Das konnte ich nicht mit der Bahn machen, denn das kostete Geld. Dann musste man auch anders gekleidet sein, und das waren alles Sachen, die kosteten Geld, und das hatten wir nicht. Meine Freundinnen konnten das auch nicht. Also habe ich nur die Volksschule besucht.

Mein großer Wunsch als Kind war ein Fahrrad und ich habe dann sehr früh ein Fahrrad bekommen, ein gebrauchtes Kinderrad. Das wurde hergerichtet und meine Mutter bekam ein sehr schönes neues und dann fuhren wir sonntags raus aufs Land. Mein Vater kam aus einer kinderreichen Familie, die wohnten alle in Hannover. Mit denen haben wir uns getroffen, und für uns Kinder war das Höchste, wenn wir eine Brause bekamen! Ich mochte am liebsten Waldmeister. Das war eine schöne Zeit. Ein Fahrrad habe ich gehabt bis zu meinem 82. Lebensjahr, es war mein treuer Begleiter. Das Schönste an meiner Kinderzeit aber war, dass ich sehr gute Freundinnen hatte — und die habe ich heute noch. Die eine ist jetzt schon 86 Jahre alt und wir haben immer Kontakt gehabt, die ganzen Jahre hindurch.

ERNA KNABE,
geboren 1911 in Wiesenau bei
Frankfurt an der Oder

Meine Großmutter hat neben dem Putzen noch Zeitungen ausgetragen und auch dabei habe ich ihr geholfen. Als sie nicht mehr konnte, habe ich alleine weitergemacht. Später bin ich im Winter eine Zeit lang in die Glashütte, in die Schleiferei, zum Arbeiten gegangen. Dort habe ich die geschliffenen Gläser sorgfältig eingewickelt

Erna Knabe im selbst genähten Charleston-Kleid

und verpackt in Kisten. Der Besitzer hat von meinen Eltern Kartoffeln geholt und hat mich dafür im Winter arbeiten lassen. Ich habe dort in der Woche zwölf Mark verdient.

Einen Winter, ein halbes Jahr lang, habe ich bei einer Schneiderin im Nachbarort nähen gelernt. Meine Großmutter hat mir von ihren sechzig Mark Rente zwanzig Mark gegeben für die Schneiderin. Damit ich da lernen konnte, musste ich zwanzig Mark bezahlen. Das war während der Arbeitslosenzeit 1928, ich war sechzehn. Meine Eltern hatten nichts dagegen, dass ich lerne, aber die Arbeit auf dem Bauernhof musste ich trotzdem noch machen. Ohne meine Großmutter hätte ich die Schneiderei gar nicht gelernt. So hatte ich dann doch einen Beruf.

Meine Mutter trug immer lange Röcke, ich war dann durch das Nähen ein bisschen vorne weg mit der Mode. Ich hatte ei-

Frau Cosmanns Familie in hessischer Tracht, 1930

nen Rock, der war vorne kurz und hinten länger. So etwas trägt man heute wieder. So einen Rock habe ich mir gemacht und meine Mutter hat geschimpft.

ELISABETH COSMANN,
geboren 1918 im Hessischen

Solange ich ein Kind war, bis zu meinem zehnten Lebensjahr, war alles wunderbar. Aber dann merkte ich an mir selbst Veränderungen. Ich war unzufrieden, ich war nicht mehr das mit sich selbst zufriedene Kind. Da war diese Art von Nervosität und Unzufriedenheit und manchmal saß ich in der Schule und da gab es ein merkwürdig kribbelndes Gefühl und dann war es wieder weg. Es war so, als ob der liebe Gott da durchlaufen würde, der war ja immer sehr nah, der war ja präsent. Aber man hätte sich nie getraut, mal zu fragen, was ist denn das.

Ich war kein glückliches Kind mehr. Ich war zehn oder elf Jahre alt, als ich schon meine Tage kriegte, so früh. Ich habe noch mit meinen Puppen gespielt und habe ihnen Schulranzen genäht und Heftchen geschrieben. Dann kriegte ich das und wusste nicht, was los ist. Meine Mutter sagte nur: »Ach, um Gottes willen!« Und damit kam Gott ins Spiel und auch im Übrigen sah er alles, Gott sah alles.

Wir waren Jungs und Mädchen in der Klasse und es war die Hölle. Es gab noch keine Camelia, es gab noch nichts zum Wegwerfen. Wir hatten Stoffstücke, weiße, ganz locker gestrickte viereckige Stücke, und die wurden zusammengelegt, die hatten Bändel und die hat man dann gewickelt. Und dann hatte man kleine Gürtelchen. Da gab es kleine Höschen, die dann alles aufhalten sollten für den Fall, dass … Es war schrecklich. Zu Hause gab es überall diesen Eimer, in dem das dann erst mal gleich eingeweicht wurde, damit es weg war. Es war furchtbar. Und dann sah ich meine Mutter stehen mit anderen Frauen und hörte sie sagen: »Jetzt hat die auch schon ihre Tage.« – »Das arme Kind, ja was machen Sie denn da?« Und dann hat meine Mutter irgendetwas geflüstert.

Zudem dachte ich, ich werde ein Riesenweib. Ich war mit einem Mal so groß wie heute, das ging so rapide. Ich konnte nicht mehr lernen und war wahnsinnig schlecht in der Schule. Und dann kriegte man auch noch Bauchweh. Alles war verschoben. Man hatte Todesängste in der Schule, man konnte nicht aufmerksam zuhören. »Wenn ich jetzt aufstehe …«, vor allen Dingen vor den Jungs. Das war eine seelische Strapaze, die man überhaupt nicht beschreiben kann. Wir haben alle furchtbar darunter gelitten. Es war die Stimmung: »Ich will mir das Leben nehmen.«

Meine Mutter merkte es immer vorher schon und sagte zu mir: »Du bist heute so nervös, du kriegst wieder deine

Tage.« Darüber habe ich mich am meisten geärgert, denn ich
wollte nicht, dass die Erwachsenen das merkten, weil ich
mich doch geschämt habe. Ich hätte sie ermorden können! Und
keiner hat gesagt, wozu das sein muss. Kein Mensch hat irgendetwas gesagt, dass man sich entwickelt, dass man langsam in die Pubertät kommt. Ich habe meiner Mutter einmal
den Stuhl unter dem Hintern weggezogen und sie ist auf die
Erde gefallen. Ich konnte nicht mehr. Ich kann das gut verstehen, wenn Kinder sich wehren.

GISELA BÖHNLEIN,
geboren 1918 in Kattowitz, heute Katowice/Polen

Meine Mutter hat immer eine Hilfe gehabt damals, mit uns
vier Kindern brauchte sie die wohl auch. Die Anna war ein
tüchtiges junges Mädchen. Die Grubenarbeiter damals waren
alle arm und eine Frau hat damals gefragt, ob meine Mutter
nicht jemand nimmt von ihren drei Kindern. Und Anna war
eine Perle. Sie kam aus der Volksschule, 15 war sie, glaube
ich. Die haben wir lange gehabt, bis das Borsigwerk stillgelegt wurde.

1916–1920 Gründung der Universum Film AG, UFA, als Propagan-
dainstrument der Obersten Heeresleitung. ++ Hermann Löns, August
Macke, Franz Marc sterben im Krieg, auch der »Rote Baron«, Manfred von
Richthofen. ++ Berlin hat durch Eingemeindung 3,8 Millionen Einwohner,
nach New York und London drittgrößte Stadt. ++ Max Reinhardt eröffnet
mit Uraufführung von Hugo von Hoffmannsthals ›Jedermann‹ erste Salz-
burger Festspiele. ++ Preußisches Kultusministerium verbietet 1920 Tragen von Hakenkreuzen in Schulen als Ausdruck völkisch-antisemitischer
Haltung. ++ Theodor Heuss wird Leiter der neuen Hochschule für Politik.
++ Raoul Hausmann und George Grosz provozieren mit Erster Internationalen Dada-Messe in Berlin. ++ Walter Gropius gründet Bauhaus. ++
Tod von Christian Morgenstern, Karl May, Ferdinand Graf Zeppelin. ++
Von Walter Flex erscheint ›Der Wanderer zwischen beiden Welten‹, von
Heinrich Mann ›Der Untertan‹ ++ Chemiker Franz Fischer gelingt Herstel-
lung von Benzin aus Steinkohle.

Da ist auch mein Vater arbeitslos geworden. Das war keine schöne Zeit, sehr bescheiden. Wir haben sehr viel sparen müssen, meine Mutter hat sehr viel selber genäht, gestrickt und gehäkelt. Mein Vater war fast drei Jahre arbeitslos, das war sehr hart.

Damals gab es von der Winterhilfe Kohlen. Wir aber hatten so ein Kontingent, die Kohle haben wir gar nicht restlos verbrauchen können. Wir haben alle Räume jeden Tag geheizt, aber wir haben trotzdem nicht alles gebraucht. Und die, die Kohle gefördert haben, die armen Bergarbeiter — das war bestimmt die schwerste Arbeit —, die haben gerade so viel gehabt, dass sie so rumkamen. Da haben meine Eltern gesagt, sie sollen sich doch welche holen. Da haben die sich nachts Kohlen geholt.

Mein Vater hat immer gesagt: »Bleibe im Lande und nähre dich redlich.« Da war man noch nicht so mobil wie heute. Aber nach drei Jahren sind wir nach Lübeck gezogen. Da war ich schon 17 oder 18, das war dann die schönste Zeit. Mein Vater hatte dort eine sehr gute Stelle bekommen. Er wurde Chef vom Ein- und Verkauf von einem Werk. Er hat immer gesagt, er kaufe alles von der Stecknadel bis zum Röntgenapparat. Er ist viel unterwegs gewesen, auch, weil man früher persönlich überall hin musste, um etwas zu erreichen. Dann ging es uns langsam gut nach der Arbeitslosenzeit. Wir haben Luft geholt, haben aber auch viel nachholen müssen nach den drei Jahren mit Anzuziehen und wir konnten damals beim Umzug nicht alles mitnehmen. Meine Mutter hatte sehr viel verschenkt, den Gruben- und Bergarbeitern, den Bekannten. Nachdem wir uns wieder gefestigt hatten, war das eine ganz schöne Zeit in Lübeck.

Ich musste mir ja dann auch überlegen, was ich mal machen will. Viel habe ich nicht gedacht. Ich dachte, ich werde irgendwann heiraten, weil ich aus einer Familie kam mit drei Geschwistern und natürlich will man dann selber auch nicht alleine bleiben. Ich habe mir aber keine konkreten Gedanken gemacht. Ich habe eher so gedacht, wenn es kommt, ist es gut, weil man ja doch, wenn man jünger ist, mehrere Bekanntschaften hat. Und meine Eltern haben mir auch keine Vorschriften gemacht.

Ich habe drei Jahre ein Praktikum, anorganische Chemie

gemacht. Damals kam ich auf Metallographie. Der Beruf war ganz neu vor dem Krieg und ich wollte nach Berlin ins Lettehaus, an der FH Metallographie und Chemie studieren. Das hätte mir Spaß gemacht. Aber dann kam der Krieg und da war alles aus, die ganzen Pläne und alles, das ging dann nicht mehr.

Später habe ich das nicht bereut, 1944 habe ich dann geheiratet.

Geschwisterpaar, 20er Jahre

JOHANNA DÜLMEN,
geboren 1922 im Rheinland

Ich wurde nicht aufgeklärt. Wie ich mir das angeeignet habe, weiß ich gar nicht. Ich glaube, erst, als ich schon verheiratet war. Meine Mutter hat schon mal kurz was gesagt und ich habe immer meine Ohren aufgehabt. Aber mit meiner Mutter habe ich darüber nicht gesprochen, das war gar kein Thema, da hätte ich mich geschämt.

Es war am Weihnachtsmorgen, Vater war schon tot, und ich stand auf. Da habe ich gesehen, dass ich Blutflecken am Nachthemd hatte. Ich habe meine Mutter gerufen und sie hat gesagt, »das hast du jetzt jeden Monat«, und damit war der Fall erledigt.

Auch nachher, wenn ich mal einen Bekannten hatte, hat sie nie etwas gesagt. Das ist verrückt. Ich hätte viele haben können, aber die waren alle eine Nummer zu groß für mich. Mit nach Hause nehmen konnte ich sie nicht. Das waren Kollegen oder mal Soldaten, die wollten mit nach Hause kommen, aber das habe ich nicht getan. Und wenn etwas passiert wäre? Ich habe meine Mutter so eingeschätzt, dass sie dann gesagt hätte, da hast du eben Pech gehabt und wir machen das zu dritt, da wird überhaupt nichts gemacht, du trägst das Kind aus, das hast du dir eingebrockt.

Unsere Generation hat es nicht einfach gehabt. Die Älteren hatten das Sagen. Und die Männer. Was der Mann gesagt hat, musste doch gemacht werden, das gab es doch gar nicht anders.

ELISABETH COSMANN,
geboren 1918 im Hessischen

Im Konfirmationsunterricht hatte ich einen sehr frommen Pfarrer, der uns auf der Seele gekniet hat. »Du musst beten, beten und dich an Gott wenden, dann wird dir eine Erleuchtung kommen. Und wenn ihr das erste Mal das Abendmahl bekommt, werdet ihr merken, dass Gott mit seiner Gnade über euch kommt.« Das habe ich natürlich geglaubt. Ich wollte sogar in einen Orden eintreten, ich habe auch immer nachts gebetet. Man ist so empfänglich dafür und man

Sind athletische Sportübungen und weibliche Schönheit miteinander in Einklang zu bringen? Die Sache ist die, daß alle diese Sportsmädel, die im Herren- oder Damensattel reiten, boxen, rudern oder fechten, die Polo, Ball und Golf spielen und im Tennis glänzen, die ihr eigenes Boot oder ihr eigenes Automobil steuern, Reize zur Schau stellen, die zur Bewunderung zwingen. Zugegeben, daß ihre Erscheinung etwas von ihrer zarten Anmut eingebüßt hat; dafür hat sie aber an gesunder Kraft reichlich gewonnen, und wenn die Augen der Sportschönen heute nicht so verträumt in die Welt blicken wie die ihrer sportsfremden Schwestern aus der guten alten Zeit, so besitzen sie dafür in der scharfen Helläugigkeit einen neuen Schönheitsreiz. Statt der Grazie des elegischen Schmachtens zeigt die moderne Sportjungfrau die stolze Freiheit der Bewegung, die sie der Körperbewegung in der freien Luft verdankt, und wenn sie sich starkgliedriger, massiver und breiter als die frühere Generation präsentiert, so hat sie dafür den Vorteil, von ihren Gliedmaßen nicht behindert zu sein und dem Körper in allen Stellungen das harmonische Gleichmaß der Haltung zu wahren.

Pressemitteilung aus dem Jahr 1922

kann so furchtbar leiden in dem Alter. Und eines Tages sind wir konfirmiert worden und ich vergesse nie, dass ich auf diese Klarheit gewartet habe. Ich habe mich immer leicht verschluckt, ich habe noch nie gut schlucken können. Und bei der Konfirmation habe ich mich an diesem Rotwein verschluckt! Ich habe mich so verschluckt, dass ich die ganze Stimmung durcheinandergebracht habe, weil ich so furchtbar habe husten müssen.

Die Konfirmation war ein trauriger Tag. Ich kriegte Sachen, die man später braucht, das heißt, die ein Mädchen braucht, das einmal heiratet. Ich habe Besteck und Ähnliches bekommen. Ich hatte mir aber so sehr irgendein kleines Schmuckstückchen gewünscht. Und dann kam am Nachmittag eine Dame mit einem kleinen Schächtelchen, und ich habe gedacht, das ist es. Ich machte es auf und dann war es ein silberner Fingerhut mit einem violetten Stein. An sich schön, aber ich war 13 Jahre alt — und das war ein unübersehbarer Wink.

JOHANNA DÜLMEN,
geboren 1922 im Rheinland

Als der Vater tot war, war für mich klar, die Mutter soll nicht weinen. Ich habe für mich gesagt, ich will die Mutter nicht noch mal weinen sehen und die Mutter soll mich auch nicht weinen sehen und ich habe nicht geweint. Ich war immer hart im Nehmen und: »Kann ich nicht«, gab es nicht, bei meiner Mutter und bei mir auch nicht, und mehr als ein Danke auch nicht. Wahrscheinlich musste ich diese Stärke haben, weil ich sie von klein auf haben musste. Meine Mutter ist 1891 geboren und mit vierzig hat sie ihren Mann verloren.

Ihre Rente hat nicht gereicht, nicht hinten und nicht vorne. Sie hätte wegen dieser Rente eigentlich nicht arbeiten dürfen, sie sollte zu Hause bleiben. Das war schon zur Nazizeit. Aber meine Mutter ist putzen gegangen, was hätte sie tun sollen. Ich habe immer im Haushalt arbeiten müssen, als »Mädchen«, hat man damals gesagt. Bei uns ging es damals um jede Mark. Und wenn eine Kontrolle kam, haben die Nachbarinnen gesagt, die Mutter sei einkaufen. Und wenn sie dann sagten, sie kämen am nächsten Tag wieder, ist die Mutter natürlich zu Hause geblieben.

Ich habe dann bei einem Nazi gearbeitet. Dieses Ehepaar hat mir großzügig angeboten, sie geben mir acht Mark und ich habe das ganz stolz der Mutter erzählt. Daraufhin hat sie nachgerechnet und gefragt, ob die beiden die zwei Mark, die sie jetzt mehr zahlen, unbedingt beim Finanzamt angeben müssten, sonst nütze uns das nichts. Ich habe die natürlich gefragt, aber der Mann hat gesagt, sie müssten das angeben. Als ich dann mitbekam, dass er bei der SS war, hatte ich keine Lust mehr, dort zu arbeiten und habe aufgehört. Die anderen Mädchen, die ich kannte, mussten das »Landjahr« machen, die meisten sind in die Landwirtschaft gegangen. Ich habe es nicht gemacht, ich habe ja im Haushalt gearbeitet.

ERNA KNABE,
geboren 1911 in Wiesenau bei
Frankfurt an der Oder

Wir waren versprochen. Wir waren als Kinder zusammen, und von der Schule aus haben wir einen Ausflug gemacht. Mein Mann war auch Einzelkind und er hat mir jedes Mal eine Brause gekauft, ich habe von zu Hause kein Geld mitgekriegt, er schon. Verlobung hat es bei uns nicht gegeben, wir gingen sieben Jahre zusammen ohne zu heiraten. Warum, ich weiß es nicht!

Erna Knabes Hochzeit, 1934

Die Hochzeit kam dann erst im Februar 1934. Es war windig und kalt und wir mussten zur Kirche laufen und ich zitterte und hielt ihn am Arm immer fester. Ich war so aufgeregt, ich habe richtig gezittert. Und dann habe ich vier Kinder gekriegt. Drei Mädchen und einen Jungen, bei dem war ich dann schon 39.

Die Männer waren ohne Arbeit. Da verdiente ich mit der Schneiderei den Lebensunterhalt für die Familie. Das war eine schwere Zeit. Als Hitler an die Macht kam, hofften wir alle auf ein besseres Leben. Wir haben ihm zugejubelt. Wie die Nazis im Anmarsch waren, sind wir nach Frankfurt gefahren und zum Bahnhof, wir haben vor Freude geweint, der Hitler ist gekommen. Wir waren froh, dass die Kommunisten weg waren. Damals konnten wir das erste Mal in unserem Leben eine Urlaubsreise machen mit »Kraft durch Freude«. Das böse Erwachen kam dann mit dem Krieg.

»Trommler für die nationale Sache«

In der aufgeheizten Stimmung nach den Aufständen 1918 hatten sich viele auch antisemitisch-völkische Splittergruppen gebildet. Aus einer, der DAP, der Deutschen Arbeiter-Partei, sollte bereits 1920 auf ihrer ersten Massenveranstaltung im Hofbräuhaus in München, die NSDAP hervorgehen. Der spätere »Führer«, Adolf Hitler, machte sich bald unentbehrlich als Redner und Agitator. Vom leitenden Propagandamann stieg er 1921 zum Parteivorsitzenden mit diktatorischen Vollmachten auf. In leidenschaftlichen Reden, zumeist abgehalten in lauten Bierhallen, appellierte Hitler als der zukünftige Heilsbringer und »Trommler für die nationale Sache« mit schlagkräftigen Parolen an die Emotionen seiner Zuhörer, agitierte gegen die »Fesseln von Versailles« und das »internationale Judentum«. Die Partei zog mehr und mehr Anhänger an, die Hallen waren voll, ein Viertel der Zuhörer waren in der Regel Frauen. Die Parteipropaganda bediente sich moderner Mittel, benutzte Zeitschriften, Werbung, die damals noch Reklame hieß, Lautsprecher und Radio. Die Nazis haben von vornherein gesagt, was sie vorhatten, sie haben sich nicht versteckt, sind nicht leise aufgetreten. Von Beginn der 20er Jahre ab agierten sie antisemitisch-völkisch, spätestens mit Wilhelm Frick im thüringischen Innenministerium wurde klar, dass sie antisemitisch, antipazifistisch, militaristisch, hemmungs- und skrupellos waren und keine Zeit verlieren würden, wenn sie erst an der Macht wären.

Zeit voller Gegensätze

Zwischen 1924 und 1929 gab es eine kurze Phase der Ruhe, es war die längste Zeit ohne Wahlen und es waren Jahre wirtschaftlicher Stabilität. Bis dahin hatte den Alltag eines Großteils der Deutschen vorrangig große wirtschaftliche Not bestimmt. Die

Lebensmittelrationierungen waren erst allmählich aufgehoben worden, Hamsterfahrten und Schlangestehen gehörten wie Hunger und soziales Elend für die meisten Großstadtbewohner weiterhin zur mühseligen täglichen Gewohnheit. Mit der Heimkehr der Soldaten, die nicht gleich Arbeit finden konnten, hatte sich die Situation zusätzlich verschärft. Die katastrophale Ernährung machte die Menschen anfällig für Krankheiten, täglich starben Hunderte, darunter vor allem unterernährte Kinder, die für ihr Alter zu klein und mager waren, an Tuberkulose und Rachitis.

Plakat, 1918

Marthel spürte wie ihre Mutter und all die anderen Bürger nun erst richtig, was ihnen der Krieg tatsächlich eingebrockt hatte. Nicht nur war der Vater, der Ernährer, »im Felde« geblieben, der Krieg hatte den Staat auch viel Geld gekostet, ganze 156 Milliarden Mark. Diese sehr abstrakte Summe sagt erst einmal wenig. Aber der Staat hatte dieses Geld nicht gehabt, er hatte es sich geliehen von seinen Bürgern. Die hatten Kriegsanleihen gezeichnet, das heißt, Papiere erworben gegen Privatgeld, aber oftmals auch mit Geld, das quasi nur virtuell vorhanden gewesen war. So war die Summe nur zum Teil gedeckt. Daher hatte in den vier Kriegsjahren, wenn der Staat nicht Bankrott gehen wollte, die Geldmenge erhöht werden müssen. Sie wuchs um satte 285 Prozent. Als der Krieg vorbei war, war das Deutsche Reich schließlich mit 156 Milliarden Mark verschuldet. Dazu addierten sich die im Versailler Vertrag vereinbarten Reparationsleistungen, die 1921 auf 138 Milliarden Goldmark festgesetzt wurden. Aus diesem Desaster sahen Regierung und Reichsbank nur einen Ausweg: die Förderung der Inflation, um Geld billiger und die Schulden bezahlbar zu machen. Ein Vorschlag von Reichswirtschaftsminister Rudolf Schmidt, stattdessen von allen Wohlhabenden 20 Prozent ihres Vermögens zu kassieren, wurde nicht ernsthaft erwogen.

Die Inflation galoppierte und machte Millionen bis dahin von Vermögenszinsen lebender »Rentiers« und kaufkräftiger Bürger arm. Die Preise für Lebensmittel wuchsen ins Unermessliche, ein Kinderkittelchen kostete den unglaublichen Betrag von 24 Millionen Reichsmark, ein Laib Brot eines Tages 10,37 Millionen Mark, ein Kilo Rindfleisch wurde für 76 Millionen Mark verkauft. Die Kinder spielten mit Münzen, leichten scheppernden Aluminium-Münzen mit einem aufgedruckten Geldwert in märchenhaften Millionen Beträgen. Glücklich war, wer tauschen konnte, ein Stück Butter stellte einen reellen Wert dar, im regen Schleichhandel wechselten sämtliche Arten von Wertgegenständen die Besitzer, die dafür Kartoffeln, Mehl oder Zucker mit nach Hause nahmen. Fleisch, Fett, Milch, Eier und Gemüse blieben vom Speiseplan der meisten Familien gestrichen. Am Morgen bekam man Geld ausgezahlt und am Abend kein Brot mehr dafür – das sind die Erinnerungen an diese Jahre. Die kleinen Leute wie Marthels Familie waren die großen Verlierer dieser Zeit. Ob auch Marthels Mutter vaterlandstreu und pflichtbewusst einen Teil ihrer schmalen Barschaft für jetzt wertlose Kriegsanleihen ausgegeben hatte, darf man getrost bezweifeln. Aber den Verfall des Geldwerts und die tagtägliche mühsame Beschaffung des Lebensnotwendigen beklagt sie an mehr als einer Stelle in ihrem Tagebuch. Nur Sachwerte und Immobilien überdauerten den kollektiven Ruin und beides besaß sie nicht.

Die 20er Jahre waren eine Zeit voller Gegensätze: Hunger und existenzielle Not breiter Massen standen neben enormem Reichtum und obszön zur Schau gestelltem, ausschweifendem Luxus. Extrem wie immer in den Großstädten, in milderer Form in kleineren Städten und auf dem Land. Arbeitslosigkeit und Elend

---

7.9.1923: In New York wird der US-Dollar mit 53 Millionen Mark gehandelt.
17.9.1923: Ein Dollar kostet 200 Millionen Mark.
2.10.1923: Ein Dollar kostet 242 Millionen Mark.
10.10.1923: Ein Dollar kostet 2,9 Milliarden Mark.
19.10.1923: Ein Dollar kostet 12 Milliarden Mark.
11.11.1923: Ein Dollar kostet 631 Milliarden Mark.
15.11.1923: Ein Dollar kostet 4,2 Billionen Mark.

Börsenkrach und Inflation 1923

---

führten zu einer Kriminalisierung des Alltags, bei dem im Kampf ums nackte Überleben Diebstähle von Lebensmitteln und Plünderungen von Geschäften mancherorts gravierende Ausmaße annahmen.

Erst allmählich beruhigte sich die Lage. Ab 1924 ging es wieder aufwärts und zwei Jahre später, Deutschland war in den Völkerbund aufgenommen worden, setzte auch international eine Normalisierung ein. Produktion und Export hatten etwa den Vorkriegsstand erreicht und teilweise nun sogar überschritten. Die Arbeiter erstritten zum Teil in stürmischen Streiks reduzierte Arbeitszeiten und höhere Stundenlöhne. Dennoch erreichte der Reallohn der unteren Einkommensschichten aufgrund stetig steigender Lebenshaltungskosten erst 1928 wieder den Stand von 1914.

Ausgerechnet Bananen, Bananen verlangt sie von mir!
Was braucht man beim Küssen von Obst was zu wissen, da ist doch nicht Zeit dafür!
Ich will die Welt liebend vergessen, sie möcht' dabei essen!
Grad ausgerechnet Bananen, Bananen verlangt sie von mir!

›Yes, We Have No Bananas‹
Musik: Frank Silver und Irving Cohn
Deutscher Text: Fritz Löhner-Beda, 1923

Aber auch zwischen Inflation und Währungsreform, 1923/24 unter Kanzler Gustav Stresemann, wurde gespart, vorsichtig Neues angeschafft, wurden Bausparverträge abgeschlossen, Sparkonten eröffnet und auf das kleine Glück gehofft. In die bürgerlichen Wohnviertel und Häuser kamen die Händler, lieferten Milchflaschen und Brötchentüten bis an die Wohnungstüren, samstags auch schon mal der Metzger mit einer Schüssel voll Fleisch, zum Aussuchen. Die Dienstmädchen benutzten die Hintereingänge, die Hintertreppen und lebten oft noch in schmalen Zimmerchen auf der Zwischenetage. Die Distanz zwischen den Klassen, zwischen den Berufsständen war weiterhin schier unüberbrückbar. Klassenbewusst wie zu Kaisers Zeiten präsentierte sich die alte gesellschaftliche Oberschicht aus adligen Großgrundbesitzern und bürgerlichem Unternehmertum, die ungebrochen an ihren Riten und ihrem sozialen Auftreten festhielten.

Für Arbeiter und kleine Handwerker war es immer noch kaum möglich, beruflich aufzusteigen. Nicht weniger bedeutend als die sozialen waren die ideologischen Klassengegensätze, die auf beiden Seiten gepflegt wurden. So wie der Industrielle unter Umständen seinen Reichtum und seine Macht demonstrativ zur

Schau stellte, so lebte der Arbeiter in seiner Welt, eingebunden in einem dichten Netz von Verhaltensweisen, Organisationen und Vereinen – sozialistisch oder kommunistisch von der Wiege bis zur Bahre. Der Arbeiter verstand sich als Proletarier und seine Le-

Zeitschriften-Werbung mit eindeutiger Zielgruppe, 1913

bensweise war die Alternative zur bürgerlichen Gesellschaft mit ihren Alltagsnormen. Dieser proletarische Rahmen schuf Geborgenheit, Sicherheit und sozialen Rückhalt, außerhalb war die Welt feindselig und kalt. Das war lange das soziale Fundament der Sozialdemokratie und der Kommunistischen Partei gewesen. Und es war kein brüchiges Fundament: Immerhin machte fast die Hälfte, nämlich 45 Prozent, der erwerbstätigen Bevölkerung im Deutschen Reich die Arbeiterschaft aus. Heute ist der Proletarier der 20er Jahre längst in der Mottenkiste der Geschichte verschwunden.

Damals war es für die kleinen Angestellten, die Arbeiter und Hilfsarbeiter, die Kriegsveteranen ohne Rente und kleinen Händler kaum möglich, den engen Wohnungen, den feuchten Zimmern in den dunklen Mietskasernen der Großstädte zu entfliehen. Architekten wie Walter Gropius, Leiter des neu gegründeten Bauhauses in Dessau, versuchten dagegen anzugehen. Sie entwarfen Wohnungen und Häuser neuen Typs nach dem Motto: Licht, Luft und Wärme auch für die Ärmsten. In den städtischen Ballungszentren herrschte seit Kriegsende eine verheerende Wohnungsnot. Dazu trugen auch die annähernd 200 000 Flüchtlingsfamilien aus den verlorenen Gebieten Westpreußens bei, Flüchtlinge aus dem besetzten Rheinland, sofern sie sich hatten absetzen können, oder aus dem nun wieder französischen Elsass-Lothringen. Zur Wohnungsnot trug auch wesentlich ein sprunghafter Anstieg der Eheschließungen bei. Zwischen 1918 und 1920 kletterte die Zahl der Trauungen von 350 000 auf 900 000. Zum einen, weil Kinder, während des Krieges gezeugt, legalisiert werden mussten und nun in Friedenszeiten endlich geheiratet werden konnte, und nicht zuletzt, weil in den Städten anders als auf dem Land die Herkunft oder der soziale Stand nicht mehr unbedingt eine Ehe verhindern konnten.

Soweit diese riesige Stadt aus Stein besteht, ist sie fast noch wie einst. Hinsichtlich der Bewohner gleicht sie längst einem Irrenhaus. Im Osten residiert das Verbrechen, im Zentrum die Gaunerei, im Norden das Elend, im Westen die Unzucht und in allen Himmelsrichtungen wohnt der Untergang.
Berlin, in den Augen von Fabian

Hier hatte Deutschland kein Fieber. Hier hatte es Untertemperatur.
Die deutsche Kleinstadt, in den Augen von Fabian

Aus dem Roman ›Fabian‹ von Erich Kästner

Rapidité!

Und nun fahren wir aufs Land. Stellen Sie sich vor, Sie stehen in einem kleinen Dorf, die Straße ist nicht asphaltiert, am Rand verläuft ein Graben, dem ein unangenehmer Geruch entsteigt. Kanalisation gibt es noch keine, die kam zumeist erst in den 50er oder gar 60er Jahren. Es ist still um Sie herum. Kein Auto fährt weit und breit. Gänse queren schnatternd den Weg, auf dem Dorfteich tummeln sich Enten in ihrer Grütze. Frauen in langen Röcken und hoch geschlossenen Blusen, lange Schürzen um den Bauch, fegen Hauseingänge, hängen auf der Wiese Wäsche zum

Trocknen auf. Die Farbe der Kleidung ist dunkel, blau, braun, grün, die älteren tragen schwarz. Kinder kommen Ihnen entgegen, ein Stöckchen in der Hand, mit dem sie einen Reifen antreiben, andere umringen offensichtlich neidisch ein Mädchen, das

Automobile versprechen Geschwindigkeit und Zukunft

auf einem Dreirädchen sitzt. Dessen Gestell und Räder sind aus dünnem Metall und eigenartig hoch und wackelig. Ein offenes Fuhrwerk rumpelt über die Straße, gezogen von Pferden, auf dem Wagen ein Mann in einer schäbigen Hose und Joppe, einen Hut auf dem Kopf. Ein Erdal-Reklame-Mann kommt und nun ist endlich was los: Er lädt vor dem Gasthaus seine Taschen ab und geht auf Stelzen. Mit einer Glocke klingelt er die Dorfbewohner zusammen, ein großer Spaß für die Kinder. Er verteilt Geschenke, Brummkreisel und Jojos, kleine Schachteln mit Schuhcreme und Fähnchen. Die Kinder strahlen und die Frauen füllen ihre Vorräte an Stiefelfett und Bohnerwachs wieder auf.

So schön konnte Landleben sein. Aber es ist natürlich ein idealisiertes Bild. Weniger geschönt hieß das beispielsweise auf einem kleinen Bauernhof, immer am Rand des Existenzminimums zu leben, mit sehr viel körperlicher Arbeit und wenig Zeit für Zwischenmenschliches. Alles musste der Arbeit untergeordnet werden. Dieses Leben war hart, bis zu 18-stündige Arbeitszeiten nicht selten. Die Straßen waren Schotterbahnen und die verwandelten sich bei Regen in Schlamm. Die Feldarbeit war immer noch zumeist Handarbeit, oft genug waren die Männer und Frauen zerstochen und zerkratzt von Stoppeln bei der Getreidemahd und verkrustet von der wochenlangen Rumrutscherei auf den Knien bei der Kartoffelernte. War die Kornernte unter Dach und Fach und Verschnaufpause bis zur Kartoffelernte, kam die Dreschmaschine an die Reihe. Sie wurde mit Pferden gefahren und mit einer Dampfmaschine angetrieben. Und immer war Gemeinschaftsarbeit angesagt, Landarbeit brauchte viele Helfer. Die ersten, Ende der 20er Jahre, entwickelten Mähdrescher vermochten die während der Erntezeit eingesetzten Schnitterkolonnen noch nicht zu verdrängen und Dampfpflüge oder Melkmaschinen konnten sich bestenfalls große Gutswirtschaften leisten.

Von Jacques Tati gibt es einen Film mit dem Titel ›Die Schule der Briefträger‹. Hauptfigur ist ein rasender Postbote mit dem Fahrrad, der im Geschwindigkeitsrausch seine Post kaum schnell genug verteilen kann. Er erkennt als Zeichen der Zeit die Schnelligkeit, »Rapidité«. Der Film spielt in den 30ern oder 40ern, aber auch die 20er Jahre tickten im schnellen Takt von Zeit und Geld. Bereits vor dem Krieg hatte die Landflucht vor allem der besitzlosen Landbevölkerung in die Städte eingesetzt, der vielen schlecht bezahlten und nicht selten wie Leibeigene gehaltenen »Mädchen«, Lohnarbeiter und Helfer. Und nach dem Krieg beschleunigte sich diese Entwicklung noch. Die Stadt bot in der Industrie höhere Löhne und vor allem für Frauen neue »saubere« Tätigkeiten. Mit der Wirtschaft ging es aufwärts, die Alliierten hatten 1924 eine Neuregelung der Reparationsleistungen und einen Kredit von 800 Millionen Mark zur Anschubfinanzierung der maroden deutschen Industrie beschlossen, den »Dawes-Plan«. Der Konsum zog an, für die neuen Warenhäuser wurden Verkäuferinnen gebraucht. In den Fabriken verordnete Fließbandarbeit den Menschen einen neuen Takt, viele Frauen starteten ihre Arbeitskarriere in den neuen Produktionszweigen der Metall-, Elektro-

und pharmazeutischen Industrie. »Zeit sparen heißt, das Leben verlängern«, lautete ein Motto in den 20er Jahren. Rationalisierung sollte den Weg zum Erfolg weisen. Arbeitgeber stellten in den Büros lieber Frauen als Männer ein – sie wären besser geschaffen für die Arbeit an den Kontier- und Schreibmaschinen. Natürlich nicht nur wegen ihres »feineren Fingerspitzengefühls«, sondern doch wohl vor allem, weil sie durchschnittlich 10 bis 20 Prozent weniger verdienten als Männer. Ihre Aufstiegschancen waren gleich null und da die Möglichkeit der Selbstversorgung etwa aus dem eigenen Garten im Dorf in der Stadt wegfiel, mussten viele Frauen zusätzlich Heimarbeit annehmen. Für sich und die Familie mussten sie vieles selber machen, was gekauft zu viel Geld gekostet hätte: Kleider selber nähen, einkochen und auf dem Balkon oder im Hinterhof Hühner oder Kaninchen halten. Aufstiegsträume gehörten dennoch zum Leben der neuen Schicht der Angestellten wie das Bedürfnis nach Abwechslung.

Funkexperiment, 1924

Mit den neuen »Angestelltenromanen« konnte sich die »Typistin«, wie das damals hieß, in ihrer Freizeit mit dem ›Mädchen an der Orga Privat‹, so der Titel eines Romans von Rudolf Braune aus dem Jahr 1930, von ihrer zumeist monotonen Tätigkeit an der Schreibmaschine wegträumen. Ein großer Markt, schließlich waren Mitte der 20er Jahre 1,6 Millionen Frauen berufstätig, immerhin mehr als ein Drittel aller Frauen.

Seit November 1918 war den Arbeitern und Arbeiterinnen der Achtstundentag, eine der ältesten Forderungen der Arbeiterbewegung, tariflich zugesichert. Nach 1923 erschienen zwar elastischere Arbeitszeitregelungen notwendig zur Produktionssteigerung und Überwindung der Krise in der deutschen Industrie und

Wirtschaft. Dennoch hatten die Arbeiter durch die kürzeren Arbeitstage abends Zeit für neue, moderne Freizeitbeschäftigungen. Arbeitergesangsvereine, Arbeiter-Turn- und Sportvereine oder Rad- und Kraftfahrerbünde mit klingenden Namen wie »Lokomotive« oder »Solidarität« boten Heimat nach Feierabend und Abwechslung zu den engen Wohnungen – wie die besonders in der Arbeiterschaft beliebte Taubenzucht. Das kleine Glück lag vielfach auch im eigenen Schrebergarten und der hatte Konjunktur.

Rationalisierung sollte auch den Haushalt erobern. Jedoch war Hausarbeit in den 20er Jahren in den meisten Fällen vor allem noch Handarbeit. War eine Frau berufstätig, kam sie oft erst nach 18 Uhr nach Hause, allein der Weg dauerte – ohne Bus, ohne Auto und oft genug ohne Fahrrad, sondern unter Umständen kilometerweit zu Fuß. Zu Hause hieß es, Abendessen zubereiten für die Familie und das Essen vorbereiten für den nächsten Tag. Lebensmittel zu konservieren ohne Kühlschrank, bedeutete mühsame Vorratshaltung und genaue Kenntnisse, wie Nahrungsmittel haltbar gemacht werden können. Einkochen, einlegen, salzen, trocknen – wer von uns heute weiß so etwas noch? Wir gehen in den Supermarkt und holen uns das, was fehlt aus dem Kühlregal, und zu Hause bleibt es im Kühlschrank tagelang frisch. Das gleiche beschwerliche Vorgehen galt in Bezug auf Wäsche waschen. Da stand keine Waschmaschine im Bad. Einmal die Woche oder alle 14 Tage war Waschtag, dann endete ein Wochentag oder bei Hausfrauen, die zusätzlich arbeiten gingen, auch mal der Samstagabend erst nach 23 Uhr. Kessel einheizen, Wäsche einweichen, auf dem Waschbrett rubbeln, spülen, auswringen. Die Stoffe waren alles andere als pflegeleicht, oft störrisch, nass sehr schwer, und mussten doch auf den Speicher oder in den Hof geschleppt werden zum Aufhängen.

Wo man geht, wo man sitzt und steht,
ist von Radio heut' nur die Red'.
Vom Kellerloch bis hoch zur Mansard'
Ist alles drin vernarrt.
Manche Maid, wenn schon Schlafenszeit,
steigt ins Bettchen empfangsbereit,
und sie genießt mit dem Ohr ihren Lieblingstenor
horizontal ideal.
Die schöne Adrienne, tschintaratatatatataradio,
hat eine Hochantenne, tschintaratatatatataradio,
aus aller Herren Länder, tschintaratatatatataradio,
empfängt sie von den Sendern, traratraratraradio.
Die schöne Adrienne hat eine Hochantenne,

Text: Wauwau, Musik: Hermann Leopoldi, 1925

Und am nächsten Tag musste die Wäsche fertig gemacht werden, getrocknet, gebügelt, zusammengelegt, verstaut. Die meisten Hausfrauen bügelten mit einem auf dem Herd oder im Kamin erhitzten einfachen Eisen. Aber auch für die wenigen, die sich verschiedene Geräte leisten konnten, wurde die Hausarbeit nicht leichter, da die Anpassung an neue Richtlinien der Hygiene und Inneneinrichtung wiederum eher mehr Zeit beanspruchte.

Elektrizität, das hieß Moderne und Fortschritt

In einer Zeit, die sich als dynamisch und rationell verstand, erschien die Hausarbeit zunehmend als nicht leistungsfähig genug und unwirtschaftlich zeitintensiv. Sinnvollere Arbeitseinteilung und moderne Hilfsmittel sollten mehr Zeit erbringen für Entspannung und Lebensgenuss. Dafür sollten die neuen elektrischen Geräte sorgen. Jetzt könne die moderne Frau »Dame – und doch Hausfrau« sein, suggerierte die Werbung für den AEG-Staubsauger »Vampyr«. Die Architektin Schütte-Lihotzky entwickelte die fortschrittliche »Frankfurter Küche« mit kurzen Wegen und rationell geplantem Stauraum. Die Palette des industriellen Warenangebots reichte bald von Bügeleisen und Spezial-Bügelgeräten für Hosen und Krawatten über Haartrockner bis hin zu heute kurios anmutenden Geräten wie dem elektrischen Gänserupfer oder dem elektrischen Bierwärmer. Durch Zulassung der Ratenzahlung wurde seit Mitte der 20er Jahre versucht, den Verkauf der kostspieligen Elektrogeräte voranzutreiben. In Berlin stieg die Zahl stromversorgter Haushalte zwischen 1925 und 1930 von gut 27 auf 76 Prozent. Doch obwohl die Stromindustrie, allen voran die AEG, den flächendeckenden Großeinsatz von elektrischen Geräten auf zahlreichen Werbekarten propagierte, war die flächendeckende Versorgung mit Elektrizität vor allem auf dem Land noch nicht überall möglich.

Für Arbeiterfrauen und kleine Angestellte blieben solche technischen Neuerungen reine Utopie. Die meisten von ihnen sperrten sich zudem gegen die neumodischen Ratschläge zur Arbeitsersparnis, die ihnen von Hausfrauenverbänden zuteil wurden. In ihren beengten Wohnungen stellte sich das Problem unnützer langer Wege ohnehin nicht. Angesichts geringer Haushaltsbudgets und ihrer knappen Zeit waren sie sowieso gezwungen, möglichst rationell zu arbeiten. Und wer wenig Geld besaß, den plagten andere Notwendigkeiten. Der wurde eventuell zum »Trockenwohner«, bewohnte eine Wohnung in einem der zahlreichen Neubauten umsonst oder gegen geringe Miete. Denn er sollte sie trocken heizen, was jedoch viele aus Geldmangel nicht konnten. Daher litten sie wegen der ewigen Feuchtigkeit an Dauererkältung – »die haben die Motten«, Tuberkulose, sagten respektlos die Berliner – , Dauerhusten und Rheuma.

Für Frauen sollten nun mehr Türen offen stehen. Seit 1919 durften sie wählen und gewählt werden. Das Abitur wurde nun auch für Mädchen ein zuverlässig einkalkulierbarer Abschluss, Studium inbegriffen. Doch trotz größerer Möglichkeiten zur Selbstständigkeit blieb der Lebensschwerpunkt der meisten Frauen in den Weimarer Jahren nach wie vor im Haushalt und in der Familie, vor allem in den Dörfern. Frauen in akademischen oder freien Berufen, die tatsächlich Karriere machten, waren damals selten. Sie aber waren das Vorbild für das von der Werbung propagierte Leitbild der modisch gekleideten »neuen Frau.« Die präsentierte sich im modernen, kurz geschnittenen Bubikopf und verstand es, sich männliche Symbole wie Rauchen und exotische Sportarten wie Tennis, Fliegen oder Autofahren anzueignen.

Ihr Drang nach einer bewussten Lebensplanung sollte dabei einhergehen mit einer modernen Einstellung zur Sexualität sowie dem Wunsch nach Geburtenregelung und legalem Schwangerschaftsabbruch. Doch »Kindersegen« bedeutete häufig vor allem »Kinderlast«. Jedes Neugeborene wurde irgendwann, wo die Finanzdecke dünn war, vor allem zu einem Esser mehr am Tisch – »bereits im Mutterleib hungert der kleine Proletarier«, dichtete hierzu die ›Zeitung für die werktätige Frau‹ –, der die Sorgen und die ohnehin schon starke Arbeitsbelastung der Mütter vergrößerte. Abtreibungen waren natürlich verboten, aufgeklärt waren die wenigsten jungen Frauen, auch ältere wurden immer wieder von Schwangerschaften überrascht und der Verkauf von Verhütungsmitteln war untersagt. Geburtenregelung war mehr oder weniger Glückssache. Jährlich unterzogen sich in der Weimarer Republik bis zu einer Million Frauen einer lebensgefährlichen Abtreibung, zumeist vorgenommen von Laien und häufig nicht nur einmal. Ab Mitte der 20er Jahre wurde für einen Verstoß gegen den § 218 immerhin die Gefängnisstrafe gemildert und der Schwangerschaftsabbruch aus medizinischen Gründen wurde legalisiert.

Joséphine Baker 1925; anstößige Lebensfreude

Vom Kommissbrot zum Volksempfänger

Nach der Inflation stellte die Industrie auf die wesentlich kostengünstigere Fließbandproduktion um und Deutschland wurde mobil. Auf der Verkehrsausstellung 1924 in Berlin stellte die Firma Hanomag einen einfachen Kleinwagen vor, der bald »Kommissbrot« hieß und mit ganzen zehn Pferdestärken lief. Das preiswerte und sparsame Auto sollte auch neuen Käuferschichten den Erwerb eines Automobils ermöglichen. In den Folgejahren wurden die Deutschen zu Automobilisten: Bis 1932 erhöhte sich der Bestand im Deutschen Reich von rund 132 000 auf fast eine halbe Million. Die Anzahl der Lastkraftwagen stieg im selben Zeitraum von etwa 30 000 auf über 150 000. Pferdefuhrwerke ade, sie konnten gemessen an Wirtschaftlichkeit und Schnelligkeit mit den Lkws nicht mithalten, waren aber auf dem Land noch bis in die 40er Jahre ganz selbstverständlich im Einsatz. Wer damals seine Pferde nicht durch den Krieg verloren hatte, war 1945 nicht selten für dieses natürliche Fortbewegungs- und Transportmittel dankbar.

Automobile und Motorräder versprachen Unabhängigkeit und Flexibilität – man muss die begeisterten Beschreibungen der ersten Automobilisten lesen, die über die Alpen kurvten! Welch Rausch endlich erfüllter Mobilität! Doch auf dem Land weigerte sich so manch älterer Mensch, selbst Fahrrad fahren zu lernen – da sehe man ja vor lauter Geschwindigkeit nichts mehr von der Natur.

Aus dem Äther kamen auf einmal Töne. ›Adieu mein kleiner Gardeoffizier‹ oder ›Donnerwetter, wir sind Kerle‹, gesungen vom Schauspieler Hubert von Meyerinck, waren jetzt auch zu Hause zu empfangen. Der Radioapparat aber war ein Möbel mit enormen Ausmaßen – der kleinere Volksempfänger der Nazis kam erst später –, eroberte die guten Stuben und Küchen und wurde von allen Familienmitgliedern sorgsam behandelt. Er durfte auch nicht wie heute in so vielen Wohnungen den ganzen Tag laufen, er kostete ja Strom und auch der war oftmals noch neu, sondern er wurde zu bestimmten Zeiten eingeschaltet. Und dann versammelte sich die ganze Familie oft zusammen mit Nachbarn und Freunden davor. Zwischen 1923 und 1933 stieg die Zahl der Rundfunkgeräte in Deutschland von rund zehntausend auf fünf Millionen an. Der Rundfunk ließ die Republik tanzen und richtete sich weder nach Einkommen noch sozialer Schicht. Er brachte die sich schnell abwechselnden Schlager und neuesten Modetänze in alle Stuben: Charleston, Fishwalk und Castlewalk, Turkey-trot, Black Bottom oder Shimmy. Das Radio half, Musik zu etablieren, die weithin geschmäht wurde: Jazzrhythmen aus dem schwarzen Amerika galten vielen Konservativen als »Pinkel-« oder »Maschinenmusik«. Joseph Schmidt, der allseits beliebte Tenor, hatte zwischen 1929 und 1933 fast 40 Rundfunkopern eingespielt und sie liefen pausenlos im Radio. Bevor die Nazis ihm und vielen anderen den Zutritt zum Funkhaus und weitere Auftritte in Deutschland verwehrten. Die Nationalsozialisten begriffen schnell die Propagandawirkung des Rundfunks – und nutzten das Medium als Waffe bereits in ihren Wahlkämpfen vor 1933.

Der gerade erfundene Lautsprecher ermöglichte die Übertragung von Großveranstaltungen. Sportereignisse und Konzerte konnten einem Massenpublikum übermittelt werden. Das große Freizeitvergnügen aber war das Kino. Bereits vor dem Ersten Weltkrieg hatten in Deutschland zahlreiche Lichtspielhäuser Stummfilme gezeigt. Nach der großen Depression, Mitte der 20er

Jahre, suchten täglich etwa zwei Millionen Menschen im Kino Abenteuer und Romantik. Deutschland war der europäische Staat mit den meisten Kinosälen. Ganze 5000 warteten auf Zuschauer. Der Film wurde zum Massenmedium, die Kinos zeigten Vorfilme, Spielfilme aller Art, gelegentlich Natur- oder Reisefilme und stets die Wochenschau. Allein die UFA, die Universal-Film AG in Babelsberg bei Potsdam, produzierte in den 20er und 30er Jahren mehr Filme als alle anderen europäischen Staaten zusammen. Cineasten kennen die Filme aus dieser Zeit: Friedrich Wilhelm Murnaus unheimlicher ›Nosferatu‹ oder ›Faust‹, Robert Wienes ›Kabinett des Dr. Caligari‹ in schrägen, expressionistischen Kulissenwelten, Fritz Langs Vorläufer aller Science-Fiction-Filme ›Metropolis‹. In Berlin wurde im Oktober 1923 der erste Tonfilm in Deutschland vorgeführt: ›Das Leben auf dem Dorfe‹ war wochenlang ausverkauft. Es folgten Filme wie ›M – eine Stadt sucht einen Mörder‹ mit dem unvergessenen Peter Lorre oder Josef von Sternbergs Klassiker ›Der blaue Engel‹ mit Marlene Dietrich.

Aber auch bizarre Blüten trieb die Filmkunst wie etwa Wilhelm Pragers ›Wege zur Kraft und Schönheit‹, eine Ästhetisierung nackter Körper in antiken Kulissen. Die Freikörper-Kultur zog die Massen ins Kino und die Huldigung an den sportlich gestählten, gesunden Menschen wurde 1925 zum Kassenschlager. Der Film erhielt schließlich das Prädikat »volksbildend«.

Daneben erlebte das Theater eine Blüte. Finanzkräftiges Publikum vor allem aus dem Bürgertum füllte in den Großstädten die Theater und Opernhäuser oder besuchte eine der oft frech-frivolen Revuen. 1927 gastierte Josephine Baker mit ihrer »Charleston Jazzband« in Berlin und erregte mit ihrem »wilden« Tanzstil außerordentliches Aufsehen. In Wien wurde der Gottseibeiuns beschworen und Sondergottesdienste »als Buße für schwere Verstö-

Beine, Beine, Beine, Tiller-Girls in einer Revue 1925

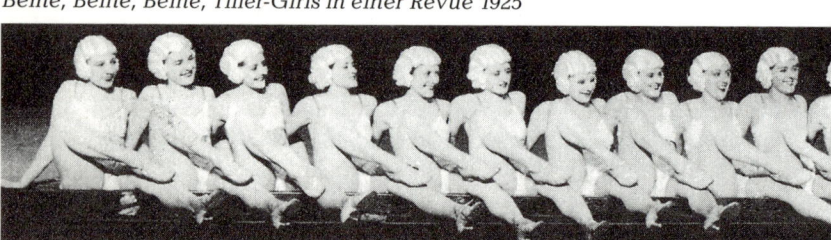

ße gegen die Moral, begangen von Josephine Baker«, abgehalten. Und die Münchner ließen sie erst gar nicht auftreten, wegen einer zu erwartenden »Verletzung des öffentlichen Anstands«.

Auch im Theater fanden die Revolutionen von 1919 ihr Echo, die öffentliche Hand übernahm vielfach den Betrieb und häufig standen neue sozialkritische Dramen auf dem Spielplan. Erwin Piscator machte mit Ernst Tollers ›Masse Mensch‹ oder Georg Kaisers ›Gas‹, in spröden von Leitern und Treppen dominierten Bühnenbildern, zum Teil mit eingeblendeten Filmausschnitten, von sich reden. Dabei wurde das auf der Bühne thematisiert, was die Menschen am meisten beschäftigte: Hunger, Elend der Massen und Pazifismus. Daneben machten Max Reinhardt mit drei großen Bühnen und Leopold Jessner das damalige Berlin zur Welthauptstadt des Theaters mit bis heute legendären Schauspielern wie Elisabeth Bergner, Lil Dagover oder Tilla Durieux, Albert Bassermann, Heinrich George, dem Vater von Götz George, oder Emil Jannings. Bertolt Brechts ›Dreigroschenoper‹, ab 1928 am Berliner Theater am Schiffbauerdamm, wurde zum größten Theatererfolg der Weimarer Republik. Ab 1930 trat der Tonfilm seinen Siegeszug an. Tausende von Berufsmusikern, die bisher in den Kinos die Stummfilmvorführungen musikalisch begleitet hatten, vergrößerten das Heer der Arbeitslosen.

Aber all diese Neuerungen, die auch die Liberalität beförderten, spielten sich vor allem in den Städten ab – auf dem Land, in den Dörfern und Kleinstädten blieb das Leben davon ziemlich unberührt, ging die Entwicklung sehr langsam vor sich. Journale und Zeitungen, die über das Leben in der großen weiten Welt und vor allem aus der sündigen Kapitale Berlin berichteten, erreichten zwar auch die Landbevölkerung, aber der Unterschied zwischen dem eigenen Alltag und dem in der Zeitschrift abgebildeten war

oft so groß, dass dieses andere Leben wie aus einer anderen Welt und schier fantastisch scheinen musste. In Berlin und anderen Großstädten erschienen Zeitungen dreimal täglich, im Deutschen Reich konkurrierten 3400 verschiedene Tageszeitungen um die Leser. Der Renner aber waren die illustrierten Zeitschriften mit ihren Bildreportagen aus »aller Welt«. Die Verlage entdeckten auch die Frauen als Konsumentinnen, Magazine wie ›Die Dame‹ oder ›Scherl's Magazin‹ informierten über die neueste Mode, das topaktuelle Make-up. Schnittmusterzeitschriften boten die Schnitte an, um modische Kleider selbst zu nähen. Kleider von der Stange gab es kaum, wer sich neu einkleiden wollte, musste eine Schneiderin bemühen oder selbst zur Nadel greifen. Die weniger Vermögenden konnten so zumindest das Gefühl haben, sich äußerlich kaum zu unterscheiden von den Damen der höheren Gesellschaftsschichten.

»Es war der berühmte Tanz auf dem Vulkan. Zu keiner Zeit hatte es ein solch kreatives Verlangen unter den deutschen Künstlern und Denkern gegeben. Die Kultur stand in voller Blüte, während das Land in den Abgrund taumelte«, schrieb die Ärztin Charlotte Wolff in ihrer Autobiografie. Expressionismus, Futuris-

Ich hab das Fräul'n Helen baden sehn
Das war schön!
Da kann man Waden sehn,
rund und schön im Wasser steh'n!
Man fühlt erst dann sich recht als Mann,
wenn man beim Badengehn' Waden sehn
kann!
Ich hab das Fräul'n Helen baden sehn

Text: Fritz Grünbaum
Musik: Fred Raymond, 1925

1921–1925 »Deutschlandlied« wird Nationalhymne. ++ Erste Olympische Spiele der Frauen in Monte Carlo, Internationales Olympisches Komitee schließt Frauen weiterhin von Olympischen Spielen aus. ++ 1923 erstmals Muttertag in Deutschland. ++ Baubeginn für Rhein-Main-Donau-Kanal. ++ Eröffnung der ersten deutschen Autorennstrecke, AVUS, in Berlin. ++ Erste Olympische Winterspiele in Chamonix, Frankreich 1924. Sommerspiele in Paris. Deutsche Sportler bis 1928 von Teilnahme ausgeschlossen. ++ Erste deutsche Radiosendung in Berlin. ++ Jaroslav Haseks Roman ›Die Abenteuer des braven Soldaten Schwejk während des Weltkriegs‹ erscheint, ›Siddhartha‹ von Hermann Hesse, ›Bekenntnisse des Hochstaplers Felix Krull‹ und ›Zauberberg‹ von Thomas Mann. ++ Uraufführung des Films ›Nosferatu‹ von Friedrich Wilhelm Murnau und ›Dr.

mus, Dada, Modern Dance und Ausdruckstanz – alles war möglich und wurde gierig aufgenommen. Galerien, Cafés, Clubs, Bars, Kabaretts schossen – vor allem in Berlin – aus dem Boden wie Pilze. Homobars und Künstlertreffs wechselten sich in der Beliebtheit des Publikums ab, das ständig auf der Suche nach dem Neuen war. Und Charlotte Wolff war glücklich, dabei gewesen zu sein, sie »konnte all das erleben! Der Himmel war nicht irgendwo über uns, sondern hier auf Erden, in der deutschen Hauptstadt.«

Es existierte alles parallel. Der Kunsthistoriker Wilhelm Pinder formulierte die Gegensätzlichkeit dieser Jahre als die »Ungleichzeitigkeit des Gleichzeitigen«, das Ungleichzeitige wurde zum Signet der Epoche. 1922 sollte im ganzen Reich für eine Minute des ermordeten Außenministers Walther Rathenau gedacht werden. Doch die Gleichzeitigkeit ließ sich nicht bewerkstelligen. Die Uhren tickten verschieden und die Köpfe lebten ohnehin in unterschiedlichen politischen Sphären. Erfolgreicher war die Inszenierung nationaler Gleichzeitigkeit im Sport. Sportfeste, Fußballmeisterschaften und Autorennen leisteten, was die Politik nicht schaffte.

In die gleiche Richtung wirkte das Radio. Sein großes Plus beim Publikum war die authentische Unmittelbarkeit, Millionen konnten dabei sein und gleichzeitig teilhaben. Die neuen Medien, ob Radio, Journale oder Tonfilm, verwischten die Milieugrenzen zwischen Arm und Reich, Stadt und Land, Arbeiterschaft und Bürgertum. Ins Kino gingen Menschen aller Schichten und Klas-

Mabuse‹ von Fritz Lang in Berlin. ++ Enrico Caruso stirbt in Neapel, Engelbert Humperdinck in Neustrelitz, Giacomo Puccini in Brüssel. ++ Wilhelm Furtwängler wird Direktor der Berliner Philharmoniker. ++ Karikaturen ›Ecce Homo‹ von George Grosz werden wegen »unzüchtiger Darstellungen« in Berlin beschlagnahmt. ++ Entdeckung von Insulin. ++ Erste Deutsche Funkausstellung in Berlin, als technische Neuheit wird Zugtelefon vorgestellt. ++ Finnischer Läufer Paavo Nurmi stellt laufend Rekorde über 1500 m, 5000 m und 10 000 m ein, amerikanischer Sportler Johnny Weissmuller, später Hauptdarsteller in ›Tarzan‹-Filmen, bricht alle Schwimmrekorde. ++ Eröffnung des neuen Flughafens auf dem Tempelhofer Feld Berlin. ++ Erstes Oktoberfest in München nach Krieg.

sen und alle sangen dieselben Schlager, »Ich müsste nie mehr ins Büro, ich wäre dämlich, aber froh«, so wie das Traumpaar des deutschen Films Anfang der 30er, Willy Fritsch und Lilian Harvey. Marthel ging sicher selten ins Theater, aber das Kino besuchte

DIE·WOCHE - nicht vergessen!

Zeitschriftenwerbung, 1922

sie. Ihr Enkel Wolfgang kannte sie, alte Filmschlager summend, wenn sie am Herd stand – »Eine Frau wird erst schön durch die Liebe«.

Marthels Generation wurde im Laufe ihres Lebens Zeuge so vieler technischer Neuerungen. Marthel lernte damals im Büro Kurzschrift und Schreibmaschine zu schreiben und noch während ihres Arbeitslebens kam die elektrische Schreibmaschine. An einen Computer setzte sie sich erst nach ihrer Pensionierung. Im Haushalt brachte die Elektrifizierung Erleichterungen, auf die wir nie wieder verzichten möchten: Staubsauger, Waschmaschinen erst ohne, dann mit Schleuder, später mit integriertem Trockner, Kühlschränke, Geschirrspülmaschinen, Eierkocher und sonstige

Spielzeuge noch und noch. Für die Freizeit und die Seele gab es Plattenspieler, Tonband-, Kassettengeräte und Fernsehen. Der Zugang zum Internet wird rege erobert, wenn Enkel oder Kinder bei der Einweisung helfen. Über die denkwürdige Nacht des 20. Juli 1969 notierte Marthel in ihrem Tagebuch, dass sie mit Tochter und Enkeln die ersten Schritte von Neil Armstrong auf dem Mond am Fernsehschirm verfolgt habe. Und ihr Enkel Wolfgang, der damals dabei war, erinnert sich, dass sie genauso gefesselt war wie er, aber zu seiner Verwunderung kein bisschen mehr erstaunt über eine Landung von Menschen auf dem Mond war als die Jüngeren.

Arbeitslos, hoffnungslos, 1930

Es schien in der Gesellschaft und auch in der Politik alles gleichzeitig und nebeneinander zu existieren, extremer als zu früheren Zeiten – besonnene Realpolitiker und notorische Extremisten, Sozialismus und Aristokratie, Kulturschwärmerei und international agierende Kapitalisten, Rationalismus, Religion und Zivilisationsglaube, militante Weltkriegsteilnehmer, bettelarme Rentner und Pazifisten. Esoteriker hopsten nackt über Wiesen auf der Suche nach dem Lebensglück, Wandervögel grenzten, zurück zur Natur, ganz chauvinistisch weibliche Mitglieder aus und streitbare Kommunisten kloppten sich mit nationalistischen Kleinbürgern die Schädel blutig. Der Handlungsspielraum der jungen Demokratie war eng. Die früheren Autoritäten des Kaiserreichs galten nicht mehr und neue mussten sich erst allmählich etablieren.

Die Kriegsgeneration war damit beschäftigt, ihr angeschlagenes Selbstwertgefühl wieder zu heilen. Und gab ihre negativen Erfahrungen, ihren gesammelten Frust, ihre Unsicherheiten, ihre von den Verlusten diktierten Hoffnungen an die junge, die nachfolgende Generation weiter.

Ab 1929 führte die Weltwirtschaftskrise erneut zum Zusammenbruch des Wirtschaftslebens im Deutschen Reich. Die Folge waren Arbeitslosigkeit und Massenverelendung, breite Bevölkerungsschichten sahen keine Chancen auf dem überfüllten Arbeitsmarkt, Resignation und Verzweiflung waren Folgen der Krise, in der Tausende ihr als aussichtslos empfundenes Leben freiwillig beendeten.

Noch fuhren sie in friedlicher Absicht durch die Welt.

Die elende wirtschaftliche Situation überforderte die junge Demokratie, die Koalitionen im Parlament hielten kaum länger als die Auszählung der Stimmen gedauert hatte. Vom Präsidenten eingesetzte Kabinette sollten das Land vorm Chaos bewahren – und halfen doch mit, es in den Untergang zu treiben. Parlamentarische Regeln wurden außer Kraft gesetzt und Mehrheiten übergangen. Mehr und mehr setzten sich die lauten Stimmen der Vereinfacher durch.

Die DNVP mit dem nationalistischen Medienmogul Alfred Hugenberg und die NSDAP mit Adolf Hitler an der Spitze waren zu festen Größen im Parteiengewirr der Weimarer Jahre geworden. Sie machten kein Geheimnis aus ihren Zielen, die Regierung und das bestehende parlamentarische System zu stürzen. Viele sahen gerade deshalb in Hitler den starken Mann, der sie retten sollte, die letzte Hoffnung auf Ordnung und Wiederherstellung der Größe der Nation, vielleicht endlich auf Arbeit, Auskommen und Ruhe im Land. Die NSDAP nutzte die Angst und Hoffnungslosigkeit von Millionen Menschen und entfaltete ab 1930 eine Propaganda bisher unbekannten Ausmaßes. Immer wieder gab es Politiker, die sich den Rechten in den Weg stellten, Kanzler Heinrich Brüning verbot 1932 die schlägernde SA und die SS, nicht aber die Linken. Er konnte sich nicht halten, ihm folgte Franz von Papen – und die Nazis durften wieder marschieren. Hitler wurde deutscher Staatsbürger, startete mit einer Junckersmaschine zu einem Werbeflug durch Deutschland und erreichte bei der Reichstagswahl im Januar 1933 dennoch nicht die absolute Mehrheit. Aber es war bereits zu spät – im März 1933 wurde Hitler von Reichspräsident Hindenburg zum Reichskanzler ernannt und ließ sich im Reichstag mit dem »Ermächtigungsgesetz« die alleinige gesetzgeberische Gewalt zusprechen.

...die Frauen sind ungeistig. Wenn man von ihnen sagt, daß sie Geist haben, so sagt dies in bezug auf die Art jener Geistigkeit genau dasselbe, wie wenn man sagt, daß der Mond Licht habe.

Hans Blüher in: Was ist Antifeminismus, 1919. Er gehörte zu den ersten Wandervögeln und wandte sich energisch gegen eigenständige weibliche Gruppen.

Es können zehn zusammen singen, aber nicht sprechen

Wenn die Großeltern, die Großmütter heute auf ihr Leben zurückblicken, erscheint so manches im milden Licht der Erinnerung, Pastelltöne dämpfen auch das, was einst in recht drastischer Färbung erlebt wurde. Gerade die Kindheit taucht nach den vielen Jahrzehnten bisweilen verklärt wieder auf, oft genug gleich mit der Behauptung versehen, früher war alles besser. Sehnen sie sich damit nicht eigentlich zurück an Mutters Rockzipfel, in die Obhut der sorgenden und alles richtenden Eltern, zurück in ein vertrautes Koordinatensystem, in die alte Ordnung?

Die Eltern im ersten Viertel des 20. Jahrhunderts waren aber nicht unbedingt weise, nachsichtige oder verständnisvolle Eltern. Wer nicht das Glück hatte, in ein großbürgerliches Elternhaus hineingeboren worden zu sein, mit Hausmusik, abendlichen Gesellschaftsspielen und Gesprächen, der erlebte mitunter eine an Vertrautheit und Gefühlen eher karge Kindheit. Die Eltern hatten das Sagen, man hatte als Kind keine eigene Meinung, man hatte eigentlich nur zu gehorchen. Am Tisch reichte es, wenn der Vater sagte: »Es können zehn zusammen singen, aber nicht sprechen«, um die ganze Kinderbande für den Rest der Mahlzeit zum Verstummen zu bringen. In vielen Familien wurde das Essen schweigend eingenommen, nicht einmal die Eltern unterhielten sich. Wie man sich ohnehin selten unterhalten hat – es wurde etwas besprochen, aber geplaudert eher selten. Und wenn die Eltern etwas zu besprechen hatten, fand das nicht vor den Kindern statt. Werte wurden unhinterfragt weitergegeben, es war wichtig, zuverlässig zu sein, genauso wie seine Pflicht zu tun. Was man einmal begonnen hatte, musste man zu Ende bringen. »Nein« sagen gab es nicht. Was der Erwachsene sagte, das war richtig und da hatte man drauf zu hören und dann war es sofort zu erledigen.

Trotzdem behaupten so manche, eine schöne Kindheit gehabt zu haben. Die Kindheit war weniger verwaltet als heute, unbeobachteter und insofern freier. Aber nur außerhalb des elterlichen Radius, draußen auf der Straße war relative Freiheit. Da waren

»… und lange Fädchen, faule Mädchen«

Kinder zum Spielen, nicht jeder fuhr in den Ferien wochenlang weg, die Kinder waren da und die Straßen waren ungefährlich. Verkehr gab es so gut wie keinen, es fuhren ja noch wenige Autos. Man hatte Freundinnen, später ging man zusammen ins Kino oder tanzen, man suchte sich ein Zuhause außerhalb des Hauses.

Das Zuhause war oftmals kaum mehr als eine Versorgungsanstalt. Die Kinder mussten versorgt werden, mit Essen und Kleidung. Das war es dann. Daneben gab es Regeln und Gebote, an die hatte man sich zu halten. Nur wenige Frauen konnten sich in unseren Gesprächen daran erinnern, von ihrer Mutter oder ihrem Vater mal in den Arm genommen worden zu sein. Auch wenn sie als Kind einmal traurig waren, da wurde allenfalls die Nase geputzt und einmal mit der Handfläche über die Augen gewischt. Im Gegenzug hatte man zu den Eltern aber immer lieb und nett zu sein, auch wenn einem nicht danach war – genauso zum Lehrer oder zum Pfarrer. Die Autoritäten waren ohne Vorbehalt anzuerkennen. Um die Kinder herum standen sie wie Säulen, unhinterfragbar, unanzweifelbar. Und es war schwer, dieses Gefühl mit den Jahren abzulegen. So manchen gelang es ihr Leben lang nicht. Wären sonst zwei, drei Generationen wie die Schafe für diesen Führer in diesen Wahnsinnskrieg gezogen?

Es gab drei Stützen für die Menschen damals, die ihr Leben beherrschten: Ordnung, Disziplin und Gehorsam, eine große Vertrautheit mit allem Militärischen, die bereits in der Kaiserzeit begonnen hatte und wenig Spielraum für den Einzelnen, was Toleranz, Großzügigkeit und Weltläufigkeit anbelangte. Die hatte kaum jemand – denn das Deutsche Reich war kleinstaatlich, obwohl es ein geeintes Kaiserreich war, die Leute waren Kleinbürger, obwohl es Großbürgertum und internationale Wirtschaftsbeziehungen gab. Weil die ersten beiden Punkte so wichtig waren, erschien den meisten ein Leben mit Kaiser oder Gebieter, der die Richtung vorgab, allemal besser als die Probe auf den noch wackeligen Beinen der jungen Demokratie.

Die weite Welt auch in die kleinste Hütte

Links zwo drei vier

Als Marthel an der Schwelle stand von der Kindheit zur Jugend, glühte das Deutsche Reich in nationalem Eifer. Man hatte jetzt die »dicke Bertha«, die Super-Kanone von Krupp, und des Kaisers Schlachtschiffe, sein geliebtes Spielzeug, machten auch was her. Der Kaiser ritt und Deutschland paradierte. Die Erwachsenen veranstalteten in ihrer Freizeit Geländespiele und Paraden und die Kinder marschierten im Trommeltakt in Fantasieuniformen oder den strammen Matrosenanzügen vor selbst ernannten Kommandeuren. Der letzte Krieg lag beruhigende 40 Jahre zurück und war schließlich siegreich gewesen, er hatte das Kaiserreich begründet und Deutschlands Größe. Alljährlich erinnerten am 2. September, dem Sedanstag, prächtige Fahnen-Aufmärsche an den glorreichen Sieg. Was war schlecht am Krieg? Der nächste war noch nicht in Sicht, man konnte doch mal ein bisschen mit den Waffen klirren – keiner konnte sich vorstellen, dass sich im Folgenden weltweit 60 Millionen Soldaten aus 32 Staaten feindlich gegenüberstehen würden und in nur vier Jahren annähernd 10 Millionen Männer verheizt würden. Die historischen Umwälzungen, die dadurch ausgelöst wurden, lagen für den Normalbürger ohnehin außerhalb jeglicher Vorstellungskraft.

Der Krieg war nicht mehr allein etwas für Soldaten, sondern das ganze Volk war gefordert. Es würde ein Entscheidungskampf werden, tönte es nun, durch den das Volk erst zur Nation heranreifen sollte. »Volksgemeinschaft« statt »Klassenkampf« – das war der Stoff aus dem die Entwürfe für eine aus dem Krieg geborene neue Gesellschaftsordnung gewebt wurden. Die deutsche Kulturnation legte ihre Klassiker in den Schrank, zog den Gürtel um die schmaler gewordenen Hüften enger und sollte sich zum kriegerischen Volkskörper wandeln, um sich – in aller Unschuld, so wurde propagiert und lange geglaubt – seiner Feinde in geeinter Kraft zu erwehren.

Sie war ein Mädchen voller Güte
Und naschen tat sie auch sehr gern,
Bekam so manche Zuckertüte
Von einem hübschen jungen Herrn.
Da rief sie: Heimat, süße Heimat,
Wann werden wir uns wiedersehn.
Da kam der Leutnant von der Garde
Und lud sie ein zum Maskenball:
Bei uns ist heute Maskerade,
Und du sollst meine Tänzrin sein.
Da rief sie: I: Heimat, süße Heimat,
Wann werden wir uns wiedersehn.

Vom vielen Tanzen war sie müde,
Sie legt sich nieder auf ein Bett,
Da kam der Leutnant von der Garde
Und raubte ihr die Unschuld weg.
Da rief sie: Heimat, süße Heimat,
Wann werden wir uns wiedersehn.
In Stücke wollte sie sich reißen,
Ins tiefste Wasser wollt sie gehn.
Jedoch der Rhein war zugefroren,
Und keine Öffnung war zu sehn.
Da rief sie: Heimat, süße Heimat,
Wann werden wir uns wiedersehn.

Da kam der Leutnant von der Garde
Und sprach zu ihr: Mein liebes Kind,
Mit dem Ertrinken mußt du warten,
Bis daß die Wasser offen sind.
Da rief sie: Heimat, süße Heimat,
Wann werden wir uns wiedersehn.
Nun hat sie all ihr Glück verloren,
Nun ging sie heim ins Vaterland,
Dort hat sie dann das Kind geboren,
Den Vater hat es nie gekannt.
Da rief sie: Heimat, süße Heimat,
Wann werden wir uns wiedersehn.

Volksgut, gesungen von Richard Germer

Die Fassade ist alles

Man glaubte, vom Volk etwas verlangen zu können, schließlich hatte man ihm zuvor doch gute Jahre beschert. Militär, Adel und Großbürgertum, der Kaiser und die Wirtschaftselite mussten eine Legitimation finden, den Wahnsinn, den sie begonnen hatten, weiterzuführen.

Der Anfang lag gute 40 Jahre zurück. Vierzig Jahre – Marthel war 1900 geboren, ihr Vater 1870, ihre Mutter 1881. Als ihr Vater zur Welt kam, stand Deutschland im Krieg gegen Frankreich. Über Geburts- und Sterbedaten rückt die Vergangenheit mit einem Mal nah heran. Mühelos werden in Familienerinnerungen Ereignisse aufgerufen, die für uns später Geborene weit zurück im Nebel der Geschichte liegen. Den Krieg hatte der Franzos' 1871 nach einem Jahr verloren. Nun musste er Reparationen leisten in Höhe von satten fünf Milliarden Goldfranken und Elsass-Lothringen an Deutschland abtreten. Das wurde einig Vaterland und Kaiserreich und mauserte sich bis zur Jahrhundertwende zur größten Industriemacht Europas. Von einem überwiegenden Agrarstaat entwickelte sich das Deutsche Kaiserreich zu einem industriell und großstädtisch geprägten Land. Ein Wirtschafts-, Wissenschafts- und Bauboom sondergleichen ließ das Land erblühen – »Gründerzeit«. Das Jahrhundert der Dampfkraft wurde vom elektrischen Zeitalter abgelöst, Großbanken etablierten sich, zahlreiche neue Aktiengesellschaften und große Konzerne wie Siemens, Krupp, AEG oder BASF, Bayer und Hoechst nahmen damals ihren Ursprung. Rationalisierung, Investitionen und neue Techniken wie Eisenbahn und Elektrizität waren ebenso Voraussetzungen für Produktionssteigerung, Gewinnaussichten und internationale Wettbewerbsfähigkeit wie der fortschreitende Konzentrationsprozess in der Industrie und dem Welthandel. Der Aktienhandel florierte in bis dahin unbekanntem Ausmaß, Aktienkurse stiegen scheinbar unbegrenzt, das Spekulationsfieber erfasste weite Kreise des Bürgertums. Gleichzeitig trieben Spekulanten Bodenpreise und Mieten in die Höhe, in Großstädten veränderten neureiche Börsianer nachhaltig das soziale Gesicht so mancher Viertel. Heute beneiden wir alle, die in einer solch großzügigen Altbauwohnung leben dürfen. Damals wurden sie mit rabiaten Methoden gebaut. Die deutschen Exporte vervierfachten sich, aus der einst von Großbritannien zur Kennzeichnung von Waren minderer Qualität eingeführten Herkunftsbezeichnung »Made in Germany« wurde der bis heute stolz geführte Qualitätsnachweis.

Der Optimismus aber steigerte sich zur Hybris. Der Kaiser verstand sich als Vertreter einer neuen Generation, förderte Tech-

Schornsteinfeger marschieren ...

nikbegeisterung und Fortschrittsglauben und wollte sein Reich als politische Weltmacht ins Spiel bringen. Und Deutschland strebte in diesem von allen Seiten aggressiv geführten Kampf um weltweite Absatzmärkte und überseeische Kolonien nach Herauslösung aus den Abhängigkeiten diplomatischer und multilateraler Wirtschaftsbindungen.

Deutschland agierte international, aber im Innern setzten nicht alle auf Fortschritt. Zurück in die Natur war eine Reaktion, Felder, Wiesen, Gärten wurden Ziel von Ausflügen wie von Träumen großstadtgeplagter Zivilisationsbürger. Expressionismus und Maschinenkunst feierten den Rhythmus der neuen Zeit und der Jugendstil setzte der um sich greifenden Technisierung mit blumigen Ornamenten einen dekorativen Akzent entgegen. Vielfach machte sich eine kleinliche, ängstliche Zurückgezogenheit breit. Die gewohnten bürgerlichen Lebensmuster erschienen fragwürdig und nicht mehr lebbar. Die rasende Entwicklung machte vie-

... Frauen schreiten aus

len Menschen Angst. Um 1900 herum grassierte eine Stimmung von Weltuntergang und Endzeit. Intellekt, vor allem internationale Intellektualität wurden suspekt, genauso wie liberale Offenheit. Kunst und Literatur, moderne Wissenschaft gerieten in Misskredit wie Toleranz und Mitmenschlichkeit. Bei einer Leserumfrage der ›Berliner Illustrirten Zeitung‹ Ende 1898 wählten die Leser die Kolonisation im Allgemeinen und die Eroberung von Kiautschou, Ostasien und Afrika nach der Aufhebung der Sklaverei und der Leibeigenschaft zur »bedeutendsten Kulturthat in diesem Jahrhundert«. Als das größte historische Ereignis des 19. Jahrhunderts betrachteten sie die »Einigung und Wiederaufrichtung des Deutschen Reiches«. Und das ›Konversationslexikon‹ erreichte vor der

›Bibel‹ und Darwins ›Entstehung der Arten‹ Platz eins als das Buch mit dem größten Einfluss. Es war eine Zeit der Fakten und Taten, Wissenschaft und Technik gaben Nachprüfbares vor und der Zeitgeist bevorzugte Realitätssinn und Pragmatismus.

Sinnsuche zwischen Hektik der Großstadt und heiler Welt in der Natur, Wandervögel 1925

Die Deutschen gaben sich wehrhaft und errichteten turmhohe soziale Schranken, unbarmherzig diktierte das »Standesgemäße«, was schicklich war. Die Lebensbedingungen hatten sich allgemein verbessert, aber wer die enge soziale Umarmung nicht ertrug, flüchtete in Nischen und andere, die Arbeiter, die kleinen Leute blieben weiterhin vom Fortschritt ausgeschlossen. Die Kluft zwischen Arm und Reich wuchs. Ein Pfarrer Naumann stellte 1904 fest, »Alles, was nicht konservativ ist, fühlt sich kaum geduldet«, und plädierte für ein Bündnis des Bürgertums mit der Arbeiterschaft. Aber auch wenn das Einkommen beispielsweise der Beamten und Offiziere kaum für den Unterhalt ihrer Familie

106

reichte, wurde nach außen der Schein gewahrt. Die Hausfrauen verdienten heimlich mit Handarbeiten dazu, auf den Tisch kam oft nur einfachstes Essen, für mehr reichte das Salär nicht aus. Doch nach außen wurde Gutsituiertheit, vielleicht sogar Eleganz vorgegaukelt – die Fassade war alles.

Noch zur Revolution 1848 war das Bürgertum liberal gewesen, nun aber ging die Furcht vor Aufruhr um. Die sozialen Unterschiede wurden als Problem zwar wahrgenommen, aber die Bürger suchten nicht die politische Mitsprache, um eventuell etwas zu verändern, sondern duckten sich und suchten den Schulterschluss mit dem Adel. Wer etwas auf sich hielt und es sich leisten konnte, gehörte als Student einer Verbindung an, möglichst einer

Arbeiter, Bürger!
Das Vaterland ist dem Untergang nahe. Rettet es! Es wird nicht bedroht von außen, sondern von innen. Von der Spartakusgruppe. Schlagt ihre Führer tot!
Tötet Liebknecht!
Dann werdet ihr Frieden, Arbeit und Brot haben!

Aufruf im Winter 1918/19 in Berlin

schlagenden, und trug sichtbar blutrote Schmisse im Gesicht. Die Kinder lernten den artigen Diener und tiefen Knicks und spielten mit Zinnsoldaten die glorreichen Schlachten des letzte Jahrhunderts nach. Die Damen servierten den Männern zur Zigarre ins Herrenzimmer Kaffee und Cognac. Der Spießer hatte Konjunktur, gefiel sich in Opportunismus, und das Erstrebenswerteste schien ein Titel zu sein. »Wer einen Verein leitet, wird ›Direktor‹ oder ›Präsident‹, der Leiter des Geschäfts, einer Fabrik oder Aktiengesellschaft wird ›Generaldirektor‹. Alle diese Titel werden nicht etwa bloß im Geschäftsverkehr, sondern stets gebraucht, für den Mann und die Frau. Mit großer Sorgfalt muß man sich hüten, einen solchen Titel zu vergessen«, stellte Johann Friedrich Freiherr von Schulte 1909 ernüchtert fest. Und Heinrich Mann schilderte den wilhelminischen Bürger in seinem Aufsatz ›Reichstag‹ von 1911 als »dieser widerwärtig interessante Typus des imperialistischen Untertanen, des Chauvinisten ohne Mitverantwortung, des in der Masse verschwindenden Machtanbeters, des Autoritätsgläubigen wider besseres Wissen und politischen Selbstkasteiers«. Sympathisch klingt das nicht.

Die Forschen, die Falken gewannen an Einfluss, das Deutsche Kaiserreich sollte in der Welt ganz vorne mitspielen, es galt, Märkte überall auf dem Globus zu erobern. Doch die europäischen Staaten beäugten sich misstrauisch, die Jahre vor 1914 waren eine Zeit beispielloser Rüstungswettläufe. Neue Waffensysteme, vom Maschinengewehr bis zur Produktion schneller Großkampfschiffe, erforderten groß angelegte, kostspielige Rüstungsprogramme. Eine Eigendynamik entstand, die fast zwangsläufig auf Krieg hinauszulaufen schien.

Aus der Traum vom Weltreich

Der Ausgang ist bekannt. Der Krieg kam und ging gnadenlos verloren. Es hatte alles nichts geholfen. Nach dem Krieg plädierten einige für eine demokratische Überwindung des deutschen Imperialismus und Nationalismus, die doch im Wesentlichen auf blinder Autoritätsgläubigkeit und beschränkter Kleingeistigkeit basiere. Doch die anderen waren lauter. Trotz gegenteiliger Belege hielt sich die Meinung, die Schuld am Ausbruch des Krieges trage die Gegenseite. Und die »Dolchstoßlegende« war eine unter anderem von führenden Vertretern der deutschen Obersten Heeresleitung erfundene Verschwörungstheorie, die die Schuld an der militärischen Niederlage vor allem auf die Sozialdemokraten, die »Feinde im Innern des Reiches« abwälzen sollte. Und eifrige Antisemiten verbanden innere und äußere Reichsfeinde gleich noch mit dem Gespenst vom »internationalen Judentum«. Der Hass auf Juden fand breiten Rückhalt quer durch alle Schichten der Gesellschaft.

Als sich nach dem Zweiten Weltkrieg die Gräuel und unfassbaren Untaten der Deutschen nicht mehr verleugnen ließen, wurde die Legende des angegriffenen Kaiserreichs, das sich seiner Feinde lediglich zu erwehren versuchte, weiter aufrechterhalten. Wenigstens der Erste Weltkrieg sollte ein Verteidigungskrieg gewesen sein. Und so konnten die Großväter noch Jahrzehnte später mit feuchten Augen ihren Enkeln von der beispiellosen Kameradschaft erzählen, die sie zusammengeschweißt und unendliche Qualen hatte ertragen, ungeahntes Leid überstehen lassen. Die Kriegsteilnehmer, die Veteranen des Ersten Weltkriegs hatten jahrelang im Dreck der Schützengräben gelegen und gelten bis heute in so manchen Familien als die betrogenen, hintergangenen, als die eigentlichen Sieger.

Niemand hatte sich vorher vorstellen können, welche Umwälzungen dieser Krieg nach sich ziehen würde. Welch gewaltige gesellschaftliche Veränderungen eintreten würden, die praktisch jede Familie betrafen. In vier Kaiserreichen zerbrachen die Monarchien, Kaiser Wilhelm verschwand, das vertraute Gesellschaftssystem mit Adel oben und wir unten hatte sich verabschiedet. Nun schien auch ein Geheim- oder Kommerzienrat nicht mehr das, was er vorher war. Die Welt hatte sich völlig verändert, war komplett fremd geworden.

Ein unerträglicher Mangel an Nationalgefühl!

1924 heiratete Marthel ihren drei Jahre älteren Toni, Anton Surbeck. Er war anscheinend bereits ein Jugendfreund gewesen, viel ist über Wolfgangs Großvater nicht bekannt. Als junger Mann war er nach Frankreich eingezogen worden, arbeitete nach dem Krieg wie Marthel in der Lederfabrik, ab den 20er Jahren, vermutlich erst nach der Hochzeit, als Fahrer, als stolzer Chauffeur eines Lastwagens. Das hat er wohl gemacht bis 1940. Da hatte er sich selbst zum Kriegsdienst gemeldet. Zuvor, 1934 findet sich ein Eintrag Marthels, »der Mann«, gemeint ist Toni, sei so verändert, er trage jetzt meist eine Uniform. Toni war Nazi geworden und trug in der Freizeit seine SA-Uniform. Nachdem Toni sich freiwillig gemeldet hatte, sah er erstmals etwas von der Welt. Er fuhr Lkws für die Wehrmacht in Belgien und Dänemark. Und schließlich kam er nach Osten, irgendwo in Weißrussland verlor sich seine Spur. Marthel muss irgendwann informiert worden sein, dass er vermisst sei. Die näheren Umstände seines Todes erfuhr sie erst 1955, als ein ehemaliger Kamerad ihres Mannes aus russischer Gefangenschaft heimkehrte. Der Großvater blieb der große Unbekannte in Wolfgangs Familie. Seine Kinder, ein Mädchen und zwei Jungs, der jüngere Wolfgangs Vater, wurden 1927, 1934 und 1940 geboren.

1924 arbeitete Marthel bereits seit gut zehn Jahren im Büro der Lederfabrik. Als die beiden heirateten, ging es ihnen finanziell nicht schlecht, obwohl die beiden Tonis Eltern und Marthels Mutter finanziell unterstützten. Marthels Ausbildung war abgeschlossen, sie war verheiratet, jetzt konnten Kinder kommen. Andere, die später, 1910, 1915 oder gar 1920 auf die Welt kamen, waren vielleicht gerade Schulkinder. Sie waren in einem Alter, in dem man alles aufsaugt, wissbegierig und formbar ist. Das neue kaiserlose, demokratische Reich hatte von den einzelnen Ländern Kompetenzen in der Schulpolitik an sich gezogen und wollte mit Arbeitsunterricht und Staatsbürgerkunde neue Inhalte und Ziele vorgeben. Viele Reformen scheiterten aber letztlich an parteipolitischen Streitereien, mangelnden Finanzmitteln oder an der Uneinigkeit der Länder in der Bildungspolitik – wir kennen das heute noch. Immerhin wurden Veränderungen durchgesetzt, wie das sicherlich von Schülern schon lang ersehnte Verbot körperlicher Züchtigung und die Abschaffung des Karzers, der Disziplinierungsstube für aufsässige und lernunwillige Schüler. Eine generelle staatliche Lehrerbesoldung wurde eingeführt. Veränderungen ja, aber noch keine umfassenden Reformen. Die höheren Schulen blieben, ob sie nun Gymnasium, Reformgymnasium, Pro- oder Realgymnasium, Oberschule oder Lyceum hießen, wie vordem von Elite- und Kastendenken geprägt. Nach 1919 gab es immerhin mehr Oberschulen und Gymnasien für Mädchen. Abitur zu machen wurde bis 1933, als die Nazis begannen, die Mädchen und die Jungakademikerinnen wieder aus der Ausbildung zu verdrängen, endlich ganz normal. Aber es blieb auch für sie, stärker als heute, eine Sache des Portemonnaies.

Wir laufen in Deutschland noch immer herum
Mit'n Zopp Mit'n Zopp Mit'n Zopp
Unser republikanisches Brimborium
Hat'n Zopp Hat'n Zopp Hat'n Zopp.
Er hängt uns hinten, er hängt uns vorn,
Wir sind schon beinah Chinesen jeword'n.
Wir wackeln bald nach rechts und bald nach links
Mit'n Kopp! Wozu der Zopp?!

Klabund, gesungen ab 1921 von Annemarie Hase auf der »Wilden Bühne« im Keller des Theaters des Westens, Berlin

Republikanische Kräfte in Berlin und anderswo bemühten sich um den neuen parlamentarischen Geist. Dennoch blieb die Republik ziemlich ohne Republikaner. Die Weimarer Republik gab sich alle Mühe, eine neue Bildungspolitik zu entwickeln, hieß es doch im Artikel 146 der neuen Reichsverfassung:»Für die Aufnahme eines Kindes in eine bestimmte Schule sind seine Anlage und Neigung, nicht die wirtschaftliche und gesellschaftliche Stellung ... seiner Eltern maßgebend.« Auch das kennen wir heute noch und auch, dass Vorstellung und Wirklichkeit auseinanderklaffen. Die parlamentarische Staatsform sollte nun auf demokratischen Spielregeln aufbauen, nicht nur Länderweit, sondern auch im Kleinen, in der Schule. Weit gefehlt. Viele Kultusbeamte und Lehrer waren in ihren Herzen Monarchisten geblieben, nicht einmal vom Kopf her Demokraten geworden.

Die Kinder und Jugendlichen waren der Verunsicherung und Sinnsuche ihrer Pädagogen nach dem verlorenen Krieg direkt und unmittelbar ausgesetzt. 1918 hatten viele junge Leute Orientierungsprobleme und den Alten ging es nicht anders. Einige fanden schnell eine Lösung. Kultusbeamte rätselten wie Lehrer über die Ursachen der Niederlage im Weltkrieg und so mancher diagnostizierte einen »unerträglichen Mangel an Nationalgefühl!« Diese Erkenntnis schlug sich nieder in Lehrbüchern wie dem für ›Deutschkunde als Mittelpunkt deutscher Erziehung‹ von 1922. Als gemeinsames Bildungsideal für all die unterschiedlichen Oberschultypen, die in dieser neuen Republik nun unter einen Hut zu ordnen seien, wurde die nationale Bildung erhoben.

Der elegante Mann in Zivil war bald passé

Viel Wert gelegt wurde auf den deutschen Aufsatz und die Betonung lag auf deutsch. Da wurden nicht literarische, sondern geschichtliche Aufsatzthemen behandelt wie »Die deutschen Einheitsbestrebungen von 1813 bis 1840«, »Die Sehnsucht nach staatlicher Einheit in der ersten Hälfte des 19. Jahrhunderts« oder »Das Streben nach Freiheit und Einheit in Deutschland von 1815 bis 1849«, so im Abitur 1926. Der Deutschunterricht wurde in den 20er Jahren zum Mittelpunkt des gesamten Unterrichts, und mehr und mehr durchsetzte die diffuse »Deutschkunde« das Fach. So reichte in der Interpretation zum Maßstab der Größe eines Dichters seine Verwurzelung im Volkstum, literarische Qualitäten waren nachrangig. Was konnten Eltern ihren Sprösslingen darüber

111

hinaus beibringen – in der Schule wurde eindeutig gewertet. Das Werden deutschen Wesens in Sprache und Schrifttum sollte vermittelt werden.

Dem Humanismus wurde jetzt an den Oberschulen der Germa-

Hitler im Bierzelt in Lemgo

nismus gegenübergestellt. Entdeckt wurde das deutsche Wesen – im Unterschied zum romanischen oder slawischen –, das nun in seiner Eigenart und Größe gehegt werden müsse. Man brauchte wieder nationale Erziehungsziele, und da schlossen sie direkt an Kaiser Wilhelm an, der bereits 1890 verlautbart hatte, nicht junge Römer oder Griechen seien in den Schulen zu erziehen, sondern junge Deutsche. Mit dieser Orientierung hatte man schon zu Kaisers Zeiten versucht, der Verbreitung sozialistischer und kommunistischer Ideen entgegenzuwirken. Worauf es nun zur Sammlung nationaler Kräfte erneut ankam, waren die Fächer Deutsch und Geschichte mit Einsatz mittelhochdeutscher Dichtung, nordischer und germanischer Sagen.

Fremdsprachenunterricht in Englisch oder Französisch gab es, er besaß bald aber keinen Eigenwert mehr, sondern wurde ebenfalls der Deutschkunde untergeordnet. Damit rückte für die Schüler die eigene Nation in den Mittelpunkt der Welt, die übrigen Länder aus dem Blick, die anderen Völker wurden degradiert zur reinen Staffage. In Erdkunde stand das Werden deutscher Landschaft und Wirtschaft im Brennpunkt des Lehrplans, sogar die Religion machte es sich zur Aufgabe, die deutsche Art, Gott zu suchen, vor alles andere zu stellen.

Nicht überall und von allen Lehrern und Lehrerinnen wurde diese ausschließliche Konzentration auf das deutsche Wesen, an dem die Welt genesen sollte, mitgetragen. Aber durchsetzen konnten sich die liberalen und demokratischen Kräfte nicht, wie die Geschichte gezeigt hat. Antike, Humanismus und Altphilologie, auf die sich die Dichter und Denker der deutschen Kulturnation einst beriefen, hatten mehr und mehr ausgespielt. Winckelmanns »edle Einfalt, stille Größe« wandelte sich zum Entsetzen vieler zu dumpfer Einfalt, selbst überhöhter Größe.

»So manchen traf das blut'ge Lenzgewitter,
Das seinem rüst'gen Streben Halt gebot,
Da Ansehn und Beruf ihm ward zum Flitter,
Der rauhe Krieg ihm zurief: Volk in Not!
Da er voll Kampfesmut, ein rechter Ritter,
In Blut und Wunden bis zum Heldentod
Das Heiligste und Beste hingegeben
Dem Vaterland: sein zukunftsreiches Leben.«

So sah das ein Lehrer zum 50-jährigen Bestehen der Realschule Werdau in Sachsen. In der Festschrift von 1925 brauchte es dann ganze 13 Seiten, um all die im Ersten Weltkrieg getöteten ehemaligen Schüler aufzulisten. Besondere Aufmerksamkeit verlangt der damalige Geschichtsunterricht – vermittelt der doch neben Literatur gerade bei Jugendlichen, die für große Gefühle wie Redlichkeit und Gerechtigkeit empfänglich sind, am ehesten einen Sinn für das Pathos der eigenen Geschichte, der nationalen Identität. Die Zuspitzung auf »deutsche Geschichte« führte dazu, dass erstmals die germanische Frühzeit in das Pensum schulischen Geschichtsunterrichts aufgenommen wurde und im Mittelpunkt sollte nach Meinung der national orientierten Kultusbeamten und Lehrer die Gestaltung des deutschen Lebenswillens stehen, der zur Tat aufrüttelt.

Das deutsche Volk habe den Weltkrieg verloren und sei durch die Unterzeichnung des Friedensvertrages seinen Feinden ausgeliefert. Das war der Kernsatz. Das Selbstwertgefühl der Deutschen sollte wiederhergestellt werden und das sei am ehesten zu bewerkstelligen durch die Bündelung aller Kräfte, durch die als notwendig empfundene Rückbesinnung auf nationale Größe. So mancher Geschichtslehrer mag da im nationalen Taumel die einst siegreichen Schlachten noch mal gewonnen haben, und was lag ihm näher, als den Schülern und Schülerinnen Themen wie »Warum ist die Liebe zum eigenen Volk eine sittliche Pflicht?« oder »Warum ist der Tod fürs Vaterland wirklich schön?« zur Bearbeitung zu stellen. Und wenn es nicht anders ging, dann diente diese Themenstellung auch zur Disziplinierung aufsässiger Gymnasiasten, die die Stirn hatten, sich für die falsche Richtung parteipolitisch zu betätigen.

Margo Lion fragte ab 1923 im Kabarett ›Wilde Bühne‹: »Biste für? Biste gegen?«

Den Krieg zu billigen »als letztes und sittliches Mittel, die Ehre und das Ansehen des Staates zu wahren« – das ist kein Zitat aus dem Aufsatz eines schwärmerischen Schülers, sondern der Vorschlag des Sächsischen Philologenverbands anlässlich der Diskussionen um die Schulreform in den frühen 20er Jahren. Ein weiteres Thema, dem viel Platz eingeräumt wurde, war die Ostkolonisation. Schon Ludendorff, der führende General des Ersten Weltkriegs und späterer Putschpartner Hitlers in München, hatte ungeniert rassepolitisch eingefärbte Umsiedlungspläne für deutsche Menschen im Osten verfolgt. Er wollte den wilden Osten kolonisieren, um einen »Wall deutscher Menschen« gegen die »slawische

Flut«, in seinen eigenen enthüllenden Worten »Zuchtstätten« für künftige germanische Ostkrieger schaffen. Und der Osten blieb auch nach der Kapitulation politisch hoch brisant. Hitler schließlich fühlte sich berufen, im Osten zu vollenden, was damals von den verhassten Siegern gestoppt worden war.

In den Augen der national-konservativen Geschichtslehrer war und blieb die Weimarer Republik ein Siegerdiktat, eine zwangsweise verordnete Verlegenheitslösung mit Übergangscharakter. Dies bedeutete zwar nicht automatisch eine Befürwortung des Weges in eine Diktatur wie die nationalsozialistische, half aber zweifellos, den Weg dahin zu ebnen. Begeisterungsfähige Jugendliche nahmen den ihnen zugespielten nationalen Ball gern auf und träumten in ihren Aufsätzen von Kräften im Innern, die mobilisiert werden müssten, von der Rückbesinnung auf germanische Tugenden wie Rasseeinheit, Gefolgschaftstreue und Tapferkeit. Sie fantasierten sich in die direkte Tradition der glorreichen Vorfahren, der Germanen, sehnten sich nach der Wiederherstellung von Macht und Einfluss für ihr Land. Und die Lehrer sahen keinen Anlass, kommentierend oder gar korrigierend einzugreifen.

Das nationalsozialistische Erziehungssystem sollte das Gegenteil des liberalen Erziehungsprogramms der Weimarer Republik sein. Statt Individualismus sollte Gemeinschaftssinn, statt Denkfähigkeit Gefolgschaftstreue, statt Aufklärung und Einsicht sollten Glaube und Hingabe Erziehung und Bildung leiten.

Adolf Hitler, ›Mein Kampf‹, 1924

Die Aufgabe der Schule sollte sein, ein Gesamtbild deutschen Lebens zu modellieren. Und zu diesem Leben gehörte der Krieg unmittelbar dazu. Lehrpläne, Lehrbücher und Lehrer missbrauchten die ihnen anvertrauten Schüler. Die meisten Geschichtslehrer hatten selbst ein personalisiertes Geschichtsbild verinnerlicht, nach dem einzelne Männer Geschichte machten. Sie gaben dem Motiv des Führerprinzips einen positiven Wert, verankerten in ihren Zöglingen die Weltsicht, die darauf hinauslief, dass ein Volk eine starke Persönlichkeit benötige, der es nur zu folgen brauche. Die Nationalsozialisten mussten das dann nur fortsetzen.

Auch im übrigen Schulleben rund um den Unterricht gab es genügend Gelegenheiten, Schüler zu manipulieren. Eltern beschwerten sich über einen Turnlehrer in Dresden, der beim Marsch zur Turnhalle von seinen Schülern ein »Stahlhelmlied« singen ließ. Woanders wurden Soldatenlieder gesungen, mit der Rechtfertigung, dies seien Volkslieder aus einem vom Ministerium nicht beanstandeten Liederbuch. Vom Staatsgerichtshof als verfassungsfeindlich eingestufte Gebetstexte fanden Einlass in den Unterricht von Schulen. Die Rechtfertigung nach Beschwerden war immer die gleiche – vom Verbot von Schriften, Liedern und so weiter habe man nichts gewusst, man sei unpolitisch. In Schülerbibliotheken standen Bücher von Sympathisanten oder Beteiligten des vereitelten rechtsradikalen Kapp-Putsches, beispielsweise der Band mit dem putzigen Titel ›Ernstes und Heiteres aus dem Putschleben‹. Der Autor, Kapitänleutnat a. D. Manfred von Killinger war Freikorpsführer in Oberschlesien und Mitglied der Organisation Consul, die für die Morde an den Politikern Matthias Erzberger und Walther Rathenau verantwortlich waren. Und er brüstete sich unverhohlen des Mordes an einem Bolschewisten. Oftmals wurden solche Bücher nach entschiedener Kritik aus der Schülerbücherei entfernt – und stillschweigend in die Lehrerbibliothek übernommen. Bücher mit pazifistischem Inhalt aber gelangten häufig erst gar nicht in die Schülerbibliotheken hinein oder wurden wie Erich Maria Remarques Antikriegsroman ›Im Westen nichts Neues‹ zeitweise landesweit verboten.

1921–1925 Reparationsforderungen der Alliierten führen zu Protesten in Deutschland. ++ Reichsregierung lehnt Forderungen ab. Französische Truppen besetzen Teile des Ruhrgebiets – Passiver Widerstand der Deutschen, Streiks und Ausweisung Streikender durch Franzosen. ++ NSDAP-Mitgliederzahl wächst 1923 innerhalb eines Jahres von 6000 auf 55 000. ++ KPD ruft zu Generalstreik im Mansfelder Industrierevier auf, Kämpfe mit Regierungstruppen, 400 Menschen sterben. Nach dem Aufstand treten 400 000 Mitglieder aus Partei aus, entspricht Hälfte aller Mitglieder. ++ Truppenabbau der Reichswehr auf 100 000 Mann gemäß Versailler Vertrag. ++ Kundgebungen in Wien und Volksabstimmung in Tirol votieren für Anschluss Österreichs an Deutsches Reich. ++ Reichstag akzeptiert Zahlungsbedingungen der Alliierten. Beginn der »Erfüllungspolitik«: Man will Auflagen erfüllen, um ihre Unerfüllbarkeit zu zeigen. Proteste rechter Parteien. ++ Zentrumspolitiker Matthias Erzberger wird von rechtsradikaler »Organisation Consul« ermordet. »OC« verübt weitere Attentate, u. a. auf Außenminister Walther Rathenau. ++ Am Tag der Beiset-

Das Militär hatte sich auch nach der Niederlage nicht aus dem öffentlichen Bewusstsein zurückgezogen. Zum einen waren militärisch organisierte Verbände allgegenwärtig. Zum anderen war die reguläre Armee auf Druck der Alliierten zwar auf 100 000 Mann verkleinert worden und größere Manöver waren Deutschland verboten, aber es fanden sogenannte »Zivilschutzmanöver« statt, in denen wenigstens ein bisschen Krieg gespielt werden durfte. Modernste Gasmasken und Schutzräume wurden ausprobiert. Und das Rote Kreuz veranstaltete ein Preisausschreiben, um Mittel herauszufinden, wie Unterstände belüftet und durch Giftgas verseuchte Speisen wieder essbar gemacht werden könnten.

Wie stark war den Schülerinnen und Jugendlichen die Beeinflussung, diese stetige Infiltrierung mit nationalem und nationalistischem Gedankengut bewusst, wie bewusst konnte sie überhaupt werden? Schließlich wurde in allen Teilen der Bevölkerung, egal ob nationalistisch, gemäßigt konservativ oder kommunistisch, mit politischen Träumen jongliert. Und Ansichten und Haltungen, deren Ursprung weit zurück im 19. Jahrhundert lagen und während der wilhelminischen Ära weiter ausgeprägt wurden, machten die Zeitgenossen quer durch die ideologische Landschaft anfällig für autoritäre Bevormundung und Demokratiegegnerschaft.

zung Erzbergers Protestdemonstrationen gegen Rechtsradikalismus im ganzen Reich. ++ Oberschlesien wird durch Völkerbundskommission geteilt – Industriegebiet fällt an Polen. Deutsche Regierung tritt aus Protest zurück. ++ Entwertung der Mark an internationalen Devisenbörsen. Inflation steigt ins Unermessliche. ++ 700 000 Reichsbahner streiken, Metallarbeiterstreik in Süddeutschland. ++ Währungsreform: Für eine Billion Mark wird eine Rentenmark (später Reichsmark) ausgezahlt. ++ »Dawes Plan«: Deutschland erhält 800 Millionen Mark Kredit, internationale Kontrolle der Reichsbank und erleichterte Zahlungsbedingungen. ++ Tod Lenins, trotz Warnung Lenins wird Stalin als Generalsekretär der KPdSU bestätigt. ++ Rechtsruck und Putschgefahr in Bayern, kommunistischer Umsturzversuch in Berlin – im Reich wird Ausnahmezustand verhängt. ++ Hitler-Putsch in München und versuchter »Marsch auf Berlin« – durch Polizei gestoppt, Verhaftung und Hochverratsprozess gegen Hitler, Ludendorff u. a. ++ Reichsweites Verbot von NSDAP und KPD ++ Milde Urteile gegen Hitler u. a. ++ Ausnahmezustand im Reich wird aufgehoben.

Eltern wurden oftmals zu Feinden der Republik, Eltern, die vormals aufgeschlossen waren, die sich allmählich nicht mehr zurechtfanden in den neuen Zeiten. Wie klar vergegenwärtigen wir Eltern uns heute die Inhalte der Lehrpläne unserer Kinder? Ver-

Schulklasse 1930

lassen wir uns nicht auch darauf, dass die vielen Köpfe, die an so etwas mitarbeiten, keine groben Verschiebungen zulassen werden? Wenn nun die hessische Kultusministerin keine Einwände erhob, in den Schulbüchern »Intelligent Design« zu verankern und damit wissenschaftliches Denken durch Glauben zu ersetzen, wie bewusst war das und der Rattenschwanz an Konsequenzen den hessischen Eltern? Es gab einen Aufschrei und sie musste das zurückziehen, aber haben die Eltern in der Mehrheit tatsächlich mitbekommen, was da drohte?

Hohe Empfindungen und tiefe Hoffnungslosigkeiten

Weder Marthel noch ihre Mutter haben über die unruhigen Jahre zwischen 1918 und 1933 ein Wort notiert in ihren Tagebüchern. Vermutlich war ihnen all das, was auf sie einstürmte, zu fern. Von Marthel wird in ihrer Familie erzählt, dass sie mit einem umwerfenden Mutterwitz auch brenzligste Situationen entschärfen konnte. Ihr Ausspruch für den Umgang mit »wichtigen Persönlichkeiten« wird heute noch kolportiert: »Ja, wenn Sie der Herr Oberförster sind, dann machen wir die Heidelbeeren wieder dran.« Leider ist davon in ihren Notizen nichts zu spüren. Denn ihr Toni, ihr Angetrauter, muss bevor er sich zu den braunen Hemden hingezogen fühlte, ein überzeugter Roter gewesen sein. Diese Wandlung hätte vermutlich in Marthels treffender Kommentierung etwas ungemein Lebendiges gehabt.

Sich schriftlich auszudrücken, war ihr vermutlich doch zu fremd. Die Not, der Hunger und die mühselige Beschaffung von Lebensmitteln waren so beherrschend, dass sie das protokollierte – und der Hochzeitstermin wurde recht lapidar vermerkt. Anders verhielten sich so manche junge Leute damals. Briefe, Gedichte, Selbstzeugnisse in Tagebüchern aus dieser Zeit sprachen oft in hohen, manchmal hohlen Tönen. Die jungen Schreiber und Verfasserinnen nahmen sich und die Welt, ihre Freude, ihr Leid immer eigentümlich wichtig. Der Ton ist oft pathetisch, manchmal patriotisch, national, immer in höchster Emphase. Oft war die Rede von Ernsthaftigkeit, Wahrhaftigkeit, von Reife und Schuld. Für uns ist das nicht mehr so nachvollziehbar, dieses Pathos, dieser tiefe Ernst, diese hohe Heftigkeit. Auf Fotografien sehen die Jugendlichen von damals alle aus wie Regierungsräte, ernst und würdevoll wie ihre eigenen Väter blickten sie in die Kamera, als seien sie sich der Bürde, die dereinst auf ihren Schultern lasten würde, bereits bewusst. Die jungen Mädchen kokettierten in feinen Kleidern mit der Linse, feierlich und ernsthaft aber auch sie. Die Zeiten waren aber wohl so keusch gezügelt, prüde, unsinnlich und unfrei, dass wenigstens die Gefühle auf dem Papier fliegen mussten. Und dennoch ist es heute schwer vorstellbar, dass ein Verehrer einem jungen Mädchen »vom wilden Sehnen«, das er in sich spürte oder der »Vollendung von uns zweien« sprach – ohne dass sie vermutlich hatte lachen müssen. Auch damals schon.

Aber nicht nur in der Liebe waren große Gefühle angesagt. Schon während des Krieges hatte man sich in Pathos geübt. Junge Männer, oft genug jämmerlich verblutet auf den Schlachtfeldern für Profit und Größenwahn, wurden daheim zu Helden stilisiert. Da wurde auf einer Doppelkarte mit Totenbild des »tugendsamen Jünglings Anton Obermeier«, des »Torpedo-Oberheizers auf einer Halbflotille« gedacht. Er war den »Heldentod gestorben am 3. Mai 1918 in den Fluten der Nordsee nach viereinhalbjähriger treuer Pflichterfüllung im Alter von 26½ Jahren. Ehre seinem Andenken!« Im Krieg krepiert auf hoher See war der arme Kerl, weit weg von seinem Heimatort Obermühltal.

Laß mich geh'n Mutter, laß mich geh'n!
All das Weinen kann uns nichts mehr nützen,
denn wir gehen das Vaterland zu schützen.

Heinrich Lersch, schon vor 1936 am Kriegerdenkmal aufgesagt zu Heldengedenktagen.

Der Tod wurde zum Heldentod und der quasi zum freiwilligen Opfer für das Vaterland hochstilisiert. Das war kein neues Bild, aber im und nach dem Ersten Weltkrieg wurde es wiederbelebt und im Zweiten dann fatalerweise erst richtig populär. Die dunkelsteinernen Kriegerdenkmäler in unseren Dörfern und Städten sollten an die Toten des Ersten Krieges gemahnen und zugleich die Verteidigungs- und Kriegsbereitschaft beschwören und allzeit aufrechterhalten. Mittlerweile sind sie gottlob weitgehend aus dem Blickfeld geraten.

Doch nach dem Krieg hielten sich die großen Worte. Nicht alle konnten diesem massiven, von allen Seiten auf sie eindringenden patriotischen Werben widerstehen. Teile der Jugend wurden zu willfährigen Kandidaten der Legende, Deutschland habe den Krieg durch feigen Verrat verloren, hätte also eigentlich nichts von seiner Größe eingebüßt und werde von seinen Feinden zu Unrecht gedemütigt.

Vermutlich kamen diejenigen am besten mit diesen ganzen Veränderungen zurecht, die bereits vorher in einem relativ festen ideologischen oder religiösen Rahmen verankert waren und diesen jetzt nicht wechselten. Für Jugendliche aus der Arbeiterbewegung stand der Gegner noch immer auf der gleichen Seite. Tief religiösen Familien, ob katholisch oder protestantisch war das goldene Kalb des einen starken Mannes, der schon alles ins Lot bringen würde, häufig suspekt. Für viele Jugendliche aber, vor allem die aus bürgerlichen Familien, bedeuteten diese Jahre eine Zeit tiefer Verunsicherung. Durch ihre Elternhäuser waren sie nicht im Mindesten auf diese Modernisierungsschübe vorbereitet worden, denen Deutschland nicht erst seit 1918, aber seit den No-

Das hatten sie gewollt?

vemberrevolutionen verstärkt ausgesetzt war. Der Zusammenbruch der alten monarchischen Ordnung erschütterte die Autorität der Väter, die für die wilhelminische Epoche standen, sie schließlich getragen und verkörpert hatten. Aber wie sollten junge Leute mit einer Situation zurechtkommen, die Erwachsene, häufig selbst erfahrene Politiker, schlicht überforderte? Inflation und Wirtschaftskrisen, Arbeitslosigkeit, Hunger und Streiks, fortwährende Regierungskrisen mit Kabinettsumbildungen und Neuwahlen und immer wieder überraschende Koalitionen selbst eigentlich unvereinbarer Richtungen. Und auf den Straßen hörten die Krawalle nicht auf. Viele Jugendliche fühlten sich ohnmächtig, waren orientierungslos und frustriert und angesichts der maroden wirtschaftlichen Situation Deutschlands ohne Hoffnung und vielfach verzweifelt.

Von ihrer Eltern-, der Kriegsgeneration, konnten sie sich häufig nicht allzu viel erwarten. Im Gegenteil, sie gab ihre negativen Erfahrungen, ihren gesammelten Frust, ihre Unsicherheiten, aber eventuell auch ihre oftmals fehlgeleiteten Hoffnungen an die junge, die nachfolgende Generation weiter.

Und so mancher der jungen Generation konnte sich in der neuen republikanischen Ordnung ebenso wenig wiedererkennen wie im alten untergegangenen System. Nicht selten suchten sie, ihrem Alter entsprechend, nach dem einfachen Weg, der einfachen Lösung. Mit allem Pathos der Jugend erblickten nicht wenige von ihnen ausgerechnet in der mythischen Verklärung und der Wiedergeburt des Krieges ihre historisch-politische Perspektive. Denn die Alten hatten 1918 anscheinend nur halbe Sache gemacht, sie hatten ja wohl den Krieg verloren und die nationale Ehre verraten. Diese Jugendlichen sahen sich als Träger und Gestalter eines neuen Reiches, des »Dritten Reiches«. Als das erste Reich wurde ihnen das 900 Jahre zurückliegende Heilige Römische Reich Deutscher Nation des ersten deutschen »Reichsgründers« Heinrichs I. offeriert. Das zweite sollte das 1871 gegründete und »zu Unrecht erdolchte« Kaiserreich gewesen sein und das dritte, das kommende, sollte nun endgültig die alte deutsche Größe wieder zum Leuchten bringen. Das wurde dann gerne als »Germanisches Reich Deutscher Nation« bezeichnet von Hitler & Co. Das Ziel konnte nicht hoch genug gesteckt sein – und nicht

1926–1930 Volkszählung: 32,2 Millionen Frauen und 30,2 Millionen Männer im Deutschen Reich. ++ Gründung des Reichsverbands der deutschen Volkshochschulen für Erwachsenenbildung. ++ Reichsbahn führt 24-Stunden-Zeitangabe ein: Statt 1 Uhr nachmittags heißt es nun 13 Uhr. ++ Einheitliche Straßenverkehrsordnung und Autokennzeichen werden eingeführt – Reaktion auf Zunahme von Verkehr. ++ Erster erfolgreicher Start einer Flüssigkeitsrakete in USA. ++ Erste Verkehrsampeln in Berlin. ++ Einweihung von Berliner Funkturm. ++ Charles Lindbergh überfliegt Nordatlantik nonstop und allein in 33,5 Stunden. ++ Mit einmotorigem Junkers-Flugzeug »Bremen« gelingt erster deutscher Atlantikflug, erster Flug in Ost-West-Richtung; löst in Deutschland größeren Jubel aus als Lindbergh-Flug kurz zuvor. ++ Beginn drahtloser Funksprechverkehr zwi-

weit genug entfernt von der Realität, der deprimierenden politischen Zerstrittenheit der Republik. Einheit und Größe des alten deutschen Kaiserreichs wurden beschworen, die Vorstellung eines einig großen deutschen Vaterlands schien allzu verlockend. Die gegenwärtige Situation konnte so nur als Kampfaufgabe begriffen werden. In den Schulen, in Wissenschaft, Literatur und überall in den Medien wurde mit dem »Reichsgedanken« ein national-konservativer Mythos gepflegt und legte schließlich eine weitere verhängnisvolle Spur für die Ereignisse von 1932/33.

Die ewige Gemeinschaft

Aus dem letzten Krieg hatte man natürlich auch gelernt. Wenn Krieg ein Modell für die Zukunft war, musste selbstverständlich auch über den Charakter des künftig zu führenden Krieges nachgedacht werden. Da waren die einen, die traditionelle Werte mit einer modernen Elitearmee verbinden wollten, zu denen auch der von 1920 bis 1926 amtierende Chef der Heeresleitung, General Hans von Seeckt, gehörte. Und dann gab es einen anderen Teil, dem vorwiegend jüngere Offiziere angehörten, die der Ansicht waren, dass der kommende Krieg ein vom ganzen Volk geführter sein müsse. Die Grenzen würden sich verwischen zwischen Heimat und Front, zwischen Zivilbevölkerung und Militär, denn der nächste Krieg wäre nicht auf bestimmte Räume einzugrenzen. Dem Gedanken des Eliteheeres als »Staat im Staate«, wie nach

schen Deutschland und USA. ++ Erstes Fernsehprogramm nach festem Zeitplan in New York. ++ In London gelingt erste Fernsehübertragung in Farbe. ++ ADAC errichtet erste Pannentelefone. ++ Kunstflieger Ernst Udet landet mit Flugzeug auf Aussichtsplattform der Zugspitze. ++ Ernest Hemingway veröffentlicht ›Fiesta‹. ++ ›Pu der Bär‹ von A. A. Milne und ›Emil und die Detektive‹ von Erich Kästner begeistern Kinder. ++ ›Im Westen nichts Neues‹ von Remarque hat 3 Monate vor Veröffentlichung bereits Auflage von 500 000 Stück – Buch und Film werden zeit- und länderweise verboten. ++ Thomas Mann erhält Literaturnobelpreis für ›Buddenbrooks‹. ++ ›Die drei von der Tankstelle‹, Film von Wilhelm Thiele mit Lilian Harvey, Willy Fritsch und Heinz Rühmann lässt Deutschland gackern; ›Der blaue Engel‹ von Josef von Sternheim: Studiendirektor Emil

der Niederlage 1918 von den verbliebenen Offizieren entwickelt, stand damit der des »Wehrstaates« gegenüber. Die Nationalsozialisten entwickelten diese Kriegstheorie als zukünftige Gesellschaftskonzeption dann ideologisch weiter.

Im kommenden Krieg sollte sich der Einzelne im Interesse des gesamten Volkes verwirklichen können. Auch der revolutionäre Befreiungswille der unteren Schichten des Volkes könne so in eine Triebkraft zur nationalen Befreiung umgewandelt werden. Dass ein weiterer Krieg kommen würde, davon waren die alten Eliten, die junge Aufsteigergeneration und die Nationalsozialisten überzeugt, denn Krieg war für sie nach ihrer sozialdarwinistisch-rassistischen Denkweise ein Grundzug des menschlichen Wesens. Die Aufgabe in der Zwischenzeit, in der kein Krieg herrschte, hieß, die Gesellschaft auf den zukünftigen Krieg vorzubereiten. Nur die Frage, wann der nächste Krieg kommen würde, stand noch offen.

Die militärische Führung stand nicht alleine, wenn sie unterstrich, dass die Armee der Erzieher des Volkes sei, die höchste Schule zur vaterländischen Erziehung, die »Schule der Nation«. Zivile Berufe wie Lehrer, Beamte oder auch Ärzte hatten sich als Funktionsträger diesem Ziel unterzuordnen. Sie sollten das »Menschenmaterial« für die Zwecke dieses »Volksstaates« formen und sich dabei ebenfalls autoritärer, repressiver Strategien bedienen. Und dies sollte gegenüber anderen, aber genauso gegenüber sich selbst gelten. Diese Hierarchien waren militärische, alle ordneten sich einem Ziel, letztlich einem Führer unter.

Jannings verzweifelt an verruchter Marlene Dietrich. ++ Uraufführung der Operette ›Im weißen Rössl‹ von Ralph Benatzky. ++ Bert Brecht und Kurt Weill feiern Erfolge mit ›Dreigroschenoper‹. ++ ›Fox tönende Wochenschau‹ erobert deutsche Kinos. ++ Walt Disney zeigt ersten Zeichentrickfilm mit Micky-Maus. ++ Entdeckung des Penicillins. ++ Erste Fotokopiergeräte in Preußischer Bibliothek in Berlin – Eilkopie dauert 30 Minuten. ++ Siegesserie: Max Schmeling wird Deutscher Meister und Europameister und gewinnt im New Yorker Madison Square Garden durch k. o. ++ Gründung von Versandhaus »Quelle« ++ Erster Rennwagen mit Raketenantrieb auf Opel-Rennstrecke in Rüsselsheim: von null auf 100 km/h in 8 Sekunden.

Gehorsam alleine konnte nicht eingefordert werden, das reichte wohl nicht. Da musste theoretisch noch etwas nachgeholfen werden, es fehlte noch das entscheidende Brimborium drumherum: Nicht nur für Lydia Gottschewski, die spätere Führerin der

Die Zelebrierung der Körper

NS-Frauenschaft, war im Ersten Weltkrieg die »Volksgemeinschaft« entstanden. »Niemand fragte mehr: bist du Arbeiter oder Bürger? wieviel Geld verdienst du? und so weiter. Es hieß nur: bist du ein deutscher Mensch, ein Kamerad, dann gehörst du zu uns.« An dieser »Volkwerdung« waren für Menschen wie Gottschewski auch die Frauen beteiligt. Für sie hing mit »jedem Todesopfer«, das ein Mann im Kampf »brachte«, das »Lebensopfer einer deutschen Frau« zusammen, denn das Entstehen des Volkes verlange »Opfer«. Das war es also, die Opferbereitschaft, die hatte noch gefehlt. Erst damit war die innere Bereitschaft gesichert.

Auch wenn vielen Frauen und Männern solche Konstrukte zu weit gegangen sein mögen. Die Werbestrategen und die Taktiker aus den politischen Think Tanks wissen heute sehr genau um die langsame, aber stetige Wirkung ständig wiederholter Worte und Parolen. Wer konnte damals sicher sein, dass ihn das nicht doch erreichte? Im Rundfunk, in Zeitungen und Büchern, in der Schule, selbst im Konfirmandenunterricht – überall war ganz selbstverständlich die Rede von der Nation, von beschämender Niederlage, von der Volks- und Schicksalsgemeinschaft, von Opfer und Opfertod. Und genauso von deutscher Seele, Deutschgefühl und unverhohlen von rassisch-völkischem Erbeigentum oder jüdisch-fremdrassischer Zersetzung.

Frauen sitzen da, lächeln und reden allgemein. Sie finden es ganz natürlich, daß sie da sind. Diskussionen darüber sind entweder überflüssig oder nur angenehme Abwechslung in der Unterhaltung. Sie betrachten ihr Dasein als Einheit und setzen sich mit ihm gleich. Läßt man im Gespräch, entgegen der Höflichkeit, nicht ab von philosophischen Themen, werden sie unwillig oder bekommen den Willen zum Tiefsinn; man kann auch sagen, sie werden sentimental.

Dr. Anton Schücker, ›Zur Psychopathologie der Frauenbewegung‹, 1931

Zur Perfektion brachten dies dann wiederum die Nationalsozialisten: Auch ihnen ging es nicht nur um die Beseitigung der Arbeitslosigkeit, die Steigerung der Geburtenrate oder die Erfüllung der Wehrpflicht, sondern immer um den Dienst am Vaterland, den heiligen Dienst, die Erfüllung der Pflicht an der Volksgemeinschaft, dem Gemeinschaftswillen zum gemeinsamen Ziel. Und natürlich um Gehorsam. Deutlicher als Rudolf Hess, Mitputschist in München, enger Vertrauter Hitlers und Obergruppenführer der SS, kann man es eigentlich nicht sagen, aber dies stieß bei so vielen nicht einmal auf Widerstand: »Treue in der Gesinnung bedeutet unbedingten Gehorsam, der nicht frägt nach dem Nutzen des Befehls, der nicht frägt nach den Gründen des Befehls, sondern der gehorcht um des Gehorsams willen.«

Dem Mann sollte erlaubt sein, sich dereinst als unbekannter Soldat in das Heldenepos der Volksgemeinschaft einzuschreiben, genauso der Mutter, die mit der Mutterschaft nicht nur ihre naturhafte Bestimmung erfüllte, oder der unbekannten Frau, die heldenmütig ihren heiligen Dienst in der Landwirtschaft oder der Rüstungsindustrie klaglos versah, sollte es bestimmt sein, einzugehen in die Ewigkeit des Gedächtnisses, als eine Strophe im Hohelied des deutschen Volkes.

Victor Klemperer sprach in seinen Tagebüchern vom permanenten nationalsozialistischen Auswurf, dem pausenlosen Gekotze der Parteibonzen, dem das Volk unentwegt ausgesetzt war. Und die wahren Beweggründe waren Macht, vor allem Macht.

Annonce 1910

Das gesprengte Korsett

»Wir alle waren wie in einem Korsett eingeschnürt und wurden nun in die Freiheit entlassen.« So empfand die Dada-Künstlerin Hannah Höch zum Jahreswechsel 1918/19. Das Korsett war das deutsche Kaiserreich gewesen mit muffigen Etiketten, dem steifen Gehabe, seinem militaristischen Geklingel. Und nun sollten neue Zeiten heraufziehen. Die Freiheit hieß Republik, die für junge Frauen neue Möglichkeiten bot, die für ihre Mütter noch undenkbar gewesen waren. Endlich die vollen Bürgerrechte, die

127

ihnen so lange vorenthalten worden waren, aktives und passives Wahlrecht, das Recht auf Bildung und Arbeit. Seit 1919 durften sie Gymnasien besuchen und Abitur machen, studieren und sich an den Universitäten habilitieren.

Im Jahr 1931 waren fast ein Viertel aller Abiturienten Mädchen – der Anteil der Studentinnen stieg bis zum Wintersemester 1932/33 auf bis dahin unerreichte 18,5 Prozent. Die Frauen, vor allem die jungen, schnitten die alten Zöpfe ab, symbolisch und real. Die Haarungetüme durften weg, Luft und Leichtigkeit hieß die Devise, die »Garçonne-Mode« wurde »dernier cri« mit Bubikopf, breitem Pony und schwarz geränderten Augen. Die Säume der Röcke rutschten herauf bis unters Knie und die Krempen der Hüte runter auf die Augen. Die früher durch Einschnürungen sorgfältig herausgearbeiteten weiblichen Rundungen verschwanden in taillenlosen Einteilern. Wer ganz verwegen war, leistete sich Zigarettenspitze und Monokel oder wagte gar Schlips und den Auftritt in Hosen. Selbstverständlich nur in der Großstadt, vor allem in Berlin.

Nach dem Krieg 1919 war es den deutschen Frauen das erste Mal gestattet, nicht nur zu wählen, sondern sich selbst zur Wahl zu stellen. In die Nationalversammlung zogen dann 41 Frauen ein, stolze 9,6 Prozent der Abgeordneten. So viele wie nirgends in der Welt. Und es sollte bis zur Bundestagswahl 1983 dauern, bis ein deutsches Parlament einen so hohen Anteil weiblicher Abgeordneter wieder erreichte.

Bei den folgenden Reichstagswahlen der 20er Jahre ging die Zahl der weiblichen Abgeordneten dann stetig zurück. Das gleiche Phänomen trat dreißig Jahre später wieder ein, nach dem Zweiten Weltkrieg. Auch da hatten sich Frauen anfangs politisch sehr engagiert – doch wenige Jahre später schon hatten sie keine Chance mehr gegen die Männerbastionen in den Parteien und drangen nicht mehr zu wirklichen Entscheidungsebenen vor.

Damals in den 20ern aber, blieb die Quote berufstätiger Frauen hoch, sie hatten sich längst dauerhaft andere neue Arbeitsfelder erobert. Die Stenotypistinnen, das Fräulein vom Amt, die Sekretärinnen aus Büros und Verwaltung, die Verkäuferinnen und die Industriearbeiterinnen aus den Fabriken waren nicht mehr wegzudenken. Bis 1939 stieg die Zahl der berufstätigen Frauen bis auf 37 Prozent an. Sogar nach 1933 gab es eine Zunahme um zwei

Millionen Frauen, obwohl das der offiziellen Politik, die für die Frauen Haushalt und Kinderpflichten vorsah, widersprach.

Die Büroangestellte, die »Tippmamsell«, war längst zum Inbegriff der modernen Frau geworden, berufstätig und finanziell un-

Arbeiterinnen in der Abfüllanlage bei Dr. Oetker in Bielefeld, 1930

abhängig. Diese »neue Frau« sollte ein Supermann in weiblich sein, wenn es nach einem Artikel der Ullstein-Modezeitschrift ›Die Dame‹ vom Juli 1930 gegangen wäre: »Sie muß weiblich sein und energisch und selbstbewußt.« Sie müsse aber auch »gut angezogen sein, mit Geschmack flirten können und einer berühmten Schauspielerin ähnlich sehen … Natürlich auch Kinder! Zwei zumindest. Gerade als Mutter beweist sich die moderne Frau – neue Erziehungsmethoden, Individualpsychologie – überhaupt ist Bildung sehr wichtig. Eine Frau, die sich keinen geistigen Kreis schaffen kann, ist reizlos. Sie muss im Mittelpunkt sein und Anregungen geben – allerdings dürfen die Männer das nicht merken. Es enterotisiert nämlich, wenn eine Frau zu klug ist, und erotischer Charme ist doch das Mindeste, was man von einer gescheiten Frau erwarten kann. Und bitte noch eins – nicht so stark schminken.« Vorbilder für die Mädchen und jungen Frauen waren Romane wie ›Stud. chem. Helene Wilfüer‹ von Vicki Baum oder Zeitschriften wie ›Die Dame‹ oder ›Elegante Welt‹. Auch wenn das Bild der unabhängigen, im Beruf glücklichen Frau mehr einem Wunschbild entsprach als der Wirklichkeit. Denn sie verdiente im Schnitt 20 bis 40 Prozent weniger als ihre männlichen Kollegen, war schlechter ausgebildet und hatte geringere Aufstiegschancen. Und in Zeiten wirtschaftlicher Engpässe, und davon gab es in den 20er und beginnenden 30er Jahren genug, wurde jedes Mal erneut laut darüber debattiert, ob die Frauen, die Frau an sich, nicht besser zu Hause zu bleiben hätten. Obwohl Wirtschaft und Industrie längst auf sie angewiesen waren.

Für die Einzelnen hatte Berufstätigkeit weniger zu tun mit Emanzipationsbestrebungen als mit den mühseligen wirtschaftlichen Umständen der Zeit. Das Lebensziel der jungen Frauen war demnach auch zumeist, zu heiraten, um anschließend, sofern es

1926–1930 Volksbegehren gegen Fürstenenteignung erfolgreich, Reichstag lehnt Gesetz ab. ++ 2,4 Millionen Arbeitslose im Februar 1926, bis Oktober greift Arbeitsbeschaffungsprogramm – Zahl sinkt um 1,2 Millionen. ++ Hitler setzt sich in NSDAP als Führer durch. ++ Aufnahme Deutschlands in Völkerbund. ++ Gemeinden werden zur Unterstützung von mittellosen Arbeitslosen verpflichtet. ++ Außenminister Deutschlands und Frankreichs, Gustav Stresemann und Aristide Briand, erhalten Friedensnobelpreis für Bemühungen um Verständigung beider Länder. ++ Straßenschlachten zwischen Nationalsozialisten und Kommunisten – Innenminister erlässt Demonstrationsverbot in Preußen. ++ Hitler ruft zur Unterwanderung der Reichswehr auf. ++ Maikundgebungen mit blutigen Unruhen – »Blutmai« 1929. ++ Reichswehrministerium verbietet Sympathiekundgebungen für NSDAP oder KPD in der Reichswehr, da bei-

der Verdienst des Mannes zuließ, hauptberuflich Hausfrau zu sein und dadurch den unbefriedigenden Arbeitsbedingungen zu entkommen.

Die wenigsten Frauen verfügten über das nötige Kapital, um tatsächlich unabhängig leben und eventuell auch einen neuen, von der Norm abweichenden Lebensstil führen zu können, zumeist kamen solche Frauen aus dem Großbürgertum oder Adel. Die meisten Frauen arbeiteten, weil sie für ihren Lebensunterhalt sorgen mussten. Und sie lebten in einer Ehe, in der ihr Mann – wie schon vor 1919 –, nach der damaligen Gesetzeslage über ihr Vermögen, ihren Körper, ihre Kinder und, wenn sie berufstätig waren, ihr Gehalt frei verfügen durfte. Bis zur Gleichstellung der Partner in der Ehe sollte es noch einmal ein paar Jahrzehnte dauern, bis zum Grundgesetz 1949 und auch dann noch bis zur endgültigen Familienrechtsänderung in den 50er Jahren.

Gesund und lustig, ohne Hysterie, ohne Blutarmut, ohne Nerven

Trotz aller Widerstände probierten – nicht nur – die Frauen neue Lebensmodelle aus. Die Mädchen schneiderten ihre Kleider um, zeigten Arme und Beine und wurden sportlich. Sie entdeckten bisher verpönte Sportarten für sich, wie Fahrradfahren, Tennis, Bergsteigen oder sie wagten sich gar wie die erst kürzlich verstor-

de Zerschlagung des Staates und Diktatur anstreben. ++ Einführung von Mutterschutzgesetz: Kündigungsschutz für die letzten sechs Wochen vor und die ersten sechs Wochen nach der Geburt. ++ Reichstag ächtet Einsatz von Giftgasen und bakteriologischen Kampfmitteln. ++ Alliierte legen »Young-Plan« vor: sieht jährliche Reparationszahlungen von 2 Milliarden Goldmark vor für 58 Jahre. ++ Nach NSDAP-Parteitag 1930 in Nürnberg Straßenschlachten von SA mit Polizei und Zerstörung jüdischer Geschäfte. ++ »Schwarzer Freitag« an New Yorker Börse führt zu Weltwirtschaftskrise. Auslandskredite werden aus Deutschland abgezogen, Konkurse häufen sich, Arbeitslosenzahl und Kurzarbeit steigen. ++ Die letzten französischen Truppen verlassen das Rheinland. ++ Beginn der Präsidialkabinette im Reichstag, die nicht mehr von Mehrheiten abhängig sind, sondern vom Recht auf Notverordnung des Reichspräsidenten.

bene Elly Beinhorn in windigen Kisten in die Lüfte. Vor allem in den Großstädten brachen sie mit dem traditionellen Lebensstil ihrer Mütter, entdeckten neue Freizeitideen, Sport und Unterhaltung auch außerhalb des Hauses, organisierten sich in Wandergruppen und machten Fahrten übers Land. Sie wurden als Kundinnen interessant für Kosmetik und Kleidung und suchten jenseits der konventionellen Auffassung von Ehe und Herd nach einem neuen Lebensmodell. Viele wollten einen Beruf ausüben und in einer gleichberechtigten Partnerschaft leben, das Wort von der »Kameradschaftsehe« ging um. Die »Kameradschaft der Geschlechter« wurde vor allem in den linksgerichteten politischen Parteien und auch in weiten Kreisen der Frauenbewegung favorisiert. Das meinte die ebenbürtige Beziehung, die alles unter einen Hut bringen sollte, Beruf, Kinder und Haushalt. Radikal emanzipierte Frauen opponierten selbst dagegen: Sie begriffen die »neue Frau« mit ihren vermeintlichen Freiheiten keineswegs als Fortschritt, sondern lehnten deren Kon-

Kein Geld, mein Kind, weint ich, kein Geld,
Für dich und mich in dieser Welt.

›Wiegenlied für ein nie geborenes Kind‹
von Dinah Nelken und Hanns Eisler, 1928

1931–1935 Intellektuelle und jüdische Deutsche fliehen ins Ausland: Bert Brecht, Helene Weigel; Albert Einstein bleibt im Ausland und wird ausgebürgert, Thomas Mann bleibt in der Schweiz; Philipp Scheidemann, Ernst Toller wird Staatsangehörigkeit entzogen. ++ Bücherverbrennungen von Büchern oppositioneller und jüdischer Autoren. ++ Für HJ-Mitglieder wird Samstag schulfrei. ++ »Eintopfsonntage« zugunsten des Winterhilfswerks. ++ Geheime Staatspolizeiamt schließt in Berlin Kabaretts ›Katakombe‹ und ›Tingeltangel‹. ++ Ausstellung ›Frau und Volk‹ in Düsseldorf: Rolle der Frau als Mutter und »Haushaltsführerin« soll verfestigt werden. ++ »Kraft durch Freude« ++ Gründung der Reichskulturkammer unter Goebbels' Führung; alle Kulturschaffenden werden der Aufsicht des Reichspropagandaministers unterstellt. ++ 1932 wird erstes Autobahnteilstück zwischen Köln und Bonn freigegeben. ++ Bauhaus in Dessau muss Betrieb einstellen. ++ Autodiebstahl wird mit hoher Strafe belegt. Allein in Berlin werden täglich etwa 10 Autos gestohlen. ++ »Fliegender Hamburger« ist schnellster fahrplanmäßiger Eisenbahnzug der Welt – von Hamburg nach Berlin in zwei Stunden und 18 Minuten. ++ Physiker Wer-

sumorientierung und Freizeitverhalten als unpolitisch und altmodisch weibchenhaft ab.

Aus heutiger Sicht klingt das alles banal. Man muss sich aber vergegenwärtigen, dass Frauen in den 20er Jahren weiterhin vielen engen Rollenzuschreibungen ausgesetzt waren. Eine Frau alleine, ohne männliche Begleitung oder den Rückhalt einer Gruppe von Frauen, konnte damals unmöglich ein Café besuchen, alleine essen gehen oder allein in einem Hotel absteigen – oft scheiterte das gleich an den Wirten, die alleinstehenden Frauen wie schon zu Kaisers Zeiten rigoros den Zutritt verwehrten. Noch immer war es ihnen ohne Begleitung von Mann, Freundin oder Dienstmädchen kaum erlaubt, allein auf der Straße unterwegs zu

Weiß Gott, genau so wachsen sie hinter uns her, wie die Jungens von heute sie wünschen: gesund und lustig, ohne Hysterie, ohne Blutarmut, ohne Nerven und Sentimentalitäten. Sie sind auf den Sportplätzen zu Hause und in den Laboratorien, sie arbeiten viel und machen kein großes Wesen aus jenen Gefühlen, die für uns damals so viel bedeuteten, weil sie halbversteckt, unterdrückt und verboten wucherten. Sie haben eine neue Art von Keuschheit, von Scham und Stolz, diese kleinen, sechzehnjährigen Amazonen in ihren kurzen Trikots. Weil ihre Körper frei sind, bleiben ihre Seelen sauber und gerade.

Vicky Baum, Neue Mädchen, Artikel in ›Die Dame‹ 20er Jahre

ner Heisenberg erhält Nobelpreis. Gegen Lehrstuhlvergabe der Universität München an ihn protestieren Vertreter der »deutschen Physik«. Sie lehnen theoretische Physik ab. ++ Erstes regelmäßiges Fernsehprogramm der Welt: Fahrbarer Sender in Berlin überträgt dreimal wöchentlich 90-minütige Sendung in öffentliche Fernsehstuben. ++ Reichssendeleiter Hadamovsky verbietet Spielen von »Nigger-Jazz« im Rundfunk – Verbot ausländischer Unterhaltungsmusik. ++ Noch werden Filme und Bücher missliebiger Autoren gezeigt und publiziert: Uraufführung von ›Der Hauptmann von Köpenick‹ von Carl Zuckmayer – geht ins Exil. Uraufführung des Films ›M – Mörder unter uns‹ von Fritz Lang in Berlin – geht nach USA, Hauptdarsteller Peter Lorre muss emigrieren. Uraufführung des Volksstücks ›Geschichten aus dem Wienerwald‹ von Ödön von Horvath – geht ins Exil nach Paris. ++ Erich Kästner veröffentlicht ›Fabian‹, bevor er Schreibverbot erhält. Von Kurt Tucholsky erscheint ›Schloß Gripsholm‹ – begeht in schwedischem Exil Selbstmord. ++ Schriftsteller Erich Mühsam stirbt im KZ Oranienburg.

sein ohne erkennbar ein bestimmtes Ziel zu verfolgen. Wer nicht offensichtlich dabei war einzukaufen, die Kinder abzuholen oder auf dem Weg zur Arbeit, setzte sich schnell dem Verdacht aus, Prostituierte zu sein. Flanieren, bummeln, Schaufenster ansehen,

Ausflug in Hamburg, 20er Jahre

war allein kaum möglich. Walter Ruttmanns Film ›Berlin. Sinfonie einer Großstadt‹ aus dem Jahr 1927 zeigt Frauen in unverfänglichen Situationen auf der Straße – und löste einen Sturm der Entrüstung aus. Die männliche Kritik, die Zeitungsrezensenten und Filmkritiker erkannten eine Verherrlichung von Straßenmädchen – die Einschreibung männlicher Fantasien in weibliche Auftritte.

Am wenigsten gelang es unverbesserlichen Sittenwächtern in Berlin, den Fortschritt aufzuhalten. »Das Sichverändern dieser Stadt geht neuerdings mit einer so kosmischen Schnelle vor sich, daß die kompakten Gefühlsphasen, die ein Mensch früher in siebzig Jahren durchmachte, heute in fünfunddreißig, zwanzig und zehn Jahren erlebt werden können. Es ist mir manchmal, als ob 365 Tage in Berlin das Doppelte wären als Tage anderswo. Berlin liegt mitten in Amerika. Die Berliner wissen es nur noch nicht«, jubelte Heinrich Eduard Jacob am 27. September 1927 im ›Berliner Tageblatt‹. Berlin war zur kulturellen Metropole aufgestiegen – Kabaretts, Revuen, Kinosäle und Theater zogen Vergnügungswillige an, die gegen die Ängste und Entbehrungen der vergangenen Jahre Kultur und Unterhaltung, Jux und Zwanglosigkeit suchten. Das kulturelle Klima in der Welthauptstadt des Theaters war international, den Moralaposteln und ideologisch Engstirnigen galt die Kulturkapitale jedoch als Sündenbabel und Ort der Verirrungen.

Erfreulicherweise kommt ja ein erheblicher Prozentsatz moderner Berlinerinnen zur Strafe für ihre Fruchtabtreibungen in diesen sogenannten Wochenbetten um.

Lebensschützer Pastor Legius in der Zeitschrift ›Reformation‹, 1921

ELISABETH COSMANN, geboren 1918 im Hessischen

Meine Eltern waren eigentlich nicht sonderlich streng, was die Einhaltung der religiösen Regeln betraf, aber sie hielten die Gesetze. Im Übrigen haben wir in einem jüdischen sehr strengen Haus gewohnt, wo die Gesetze sehr geachtet wurden. Wir haben auch den Sabbat mitgehalten, ich hatte in meiner Kindheit immer zwei Sonntage. Meine Mutter hätte nie am Sonnabend die Wohnung geputzt, das machte sie am Freitag, dann waren wir fertig. Abends setzte sich meine Mutter mit uns hin und sagte: »Jetzt beginnt Meierfitz' Sonntag« und dann haben wir zugehört. Herr Meier hatte eine schöne Bassstimme und wir konnten ihn über den Flur hören. Wir haben das Licht angemacht und zugehört. Das hatte sich mit uns Kindern und unseren Eltern sehr freundschaftlich entwickelt.

Doch dann wurde die politische Situation so schlimm, mein Bruder kam aus der Schule und wusste als Neuigkeit, »also wir haben den Krieg nicht verloren«. Diese Legende hatte der Lehrer in der Schule verbreitet »und übrigens sind die Juden an allem schuld«. Da war helles Entsetzen. Und es gab einen Krach. Die beiden Männer haben miteinander laut diskutiert. Sie haben sich dann beruhigt und haben es eingesehen. Aber mein Vater hat dann doch gesagt: »Wir können jetzt hier nicht mehr wohnen bleiben, das wird zu schlimm, die Stimmung schlägt um.« Diese Stimmung, die war überall.

Die Meiers blieben damals noch wohnen. Im Jahre 1937 bin ich hingefahren und habe sie noch einmal besucht. Damals bin ich erst zu den Nachbarn gegangen und dann habe ich gesagt: »So, jetzt will ich Meierfitz besuchen«, und die Tante sagte zu mir: »Das darfst du nicht.« Und ich sagte: »Warum denn nicht, sind die krank oder was ist?« Dann sagte sie: »Das sind doch Juden, da kannst du doch nicht hingehen!« Und dann habe ich gesagt: »Wir haben doch dort gewohnt, deshalb komm ich doch her.« Dann hat sie gesagt: »Geh hin, geh vorsichtig, dass dich keiner sieht.« Der Herr Meier war schon gestorben und die älteste Tochter war bereits in Amerika. Frau Meier und ihre jüngste Tochter waren alleine in einem vollkommen leeren, düsteren Haus und Frau Meier sagte zu mir: »Wie gut, Kind, dass du jetzt kommst. In vier Wochen sind wir nicht mehr da. Es ist schon alles verkauft.«

1931–1935 Goebbels bekräftigt im Reichstag radikale Opposition der Nationalsozialisten zum parlamentarischen System. ++ SA zählt 70 000 Mitglieder. ++ Berliner Polizeipräsident verbietet NSDAP-Zeitung ›Der Angriff‹ wegen Rechtfertigung antisemitisch-nationalistischer Gewalttaten. ++ Über 6 Millionen Arbeitslose – jeder dritte Arbeitnehmer ohne Arbeit. ++ Wirtschaftskrise fördert Katastrophenstimmung und bringt radikalen Parteien Zulauf. KPD organisiert »Hungermärsche«. ++ Alliierte stoppen Zahlungsverpflichtung Deutschlands für ein Jahr wegen wirtschaftlicher Krise und geben Kredite. ++ Zusammenbruch von Geldinstituten – Ansturm auf Banken. ++ Arbeitslose können zu gemeinnützigen Arbeiten herangezogen werden. Reichsregierung diskutiert über Siedlungen auf freigegebenem Land für Arbeitslose. Siedler sollen »Selbstversorger« werden. Arbeitsbeschaffungsprogramme laufen. ++ Ausschreitungen gegen jüdische Geschäfte und Passanten. Studenten hindern jüdische Kommilitonen am Studium. ++ Reichswehrminister erlaubt Nationalsozialisten Eintritt in Reichswehr, nicht aber Kommunisten. ++ Regierung von Braunschweig ernennt Hitler zum Regierungsrat – dadurch erhält er deutsche Staatsbürgerschaft. ++ NSDAP verteilt im Wahlkampf 50 000 Schallplatten mit Reden Hitlers. ++ Hitler unterliegt Hindenburg. ++ Bürgerkriegs-

ELISABETH COSMANN,
geboren 1918 im Hessischen

Zum BDM musste ich nicht, da war ich durch. Es wollten ja alle dazugehören. Man muss sich das vorstellen: Junge Mädchen, die abends, die sonntags zu Hause sein sollten, immer zu Hause waren, durften, ja mussten mit einem Mal abends nach 19 Uhr oder sonntags zu Treffen gehen. Das war raffiniert gemacht. Mit einem Mal kamen die zu Hause raus, hatten eine Aufgabe und ein Zusammengehörigkeitsgefühl. Da wurde auch viel Sport getrieben, wir waren alle unheimlich sportlich und durften das doch früher gar nicht sein. Das haben dann die Erwachsenen ja auch eingesehen, Turnen und Sport wurde wichtig. Im Sommer war ja immer das große Reichssportfest, wo man auch einen Preis gewinnen konnte. Da kam eine Lockerung, ob die Älteren wollten oder nicht. Ich weiß auch, dass meine Mutter gesagt hat: »Der Hitler macht die Familien kaputt.« Es war psychologisch raffiniert gemacht.

ähnliche Kämpfe der SA mit Kommunisten – Höhepunkt der »Altonaer Blutsonntag« mit 18 Toten. ++ Reichstagswahl Januar 1933: NSDAP keine absolute Mehrheit, doch Hindenburg ernennt Hitler zum Reichskanzler. ++ Aus Anlass der Machtübernahme paradieren in Berlin 15 000 Mitglieder von SA, SS und »Stahlhelm« mit Fackelzug durch Brandenburger Tor. KPD ruft zum Generalstreik auf. ++ Auf Reichstagsbrand folgen zahlreiche Verhaftungen. ++ Hitler trifft 25 führende Wirtschaftsvertreter, u. a. Reichsbankpräsident Hjalmar Schacht und Industriellen Gustav Krupp von Bohlen und Halbach – Spende von 3 Millionen Reichsmark für Wahlkampf. ++ Konzentrationslager für politische Gegner in Dachau. ++ Reichstag billigt »Ermächtigungsgesetz« – verzichtet auf eigenes Recht zur Gesetzgebung. ++ Gleichschaltung der Länder, der Verwaltungen, der Kammern. Verbot der KPD, Zerschlagung der Gewerkschaften. ++ Gewalttätiger Boykott jüdischer Geschäfte und Verfolgung der Inhaber. ++ »Röhm-Putsch«. ++ Anfang 1935 erstmals Luftschutzübung in Berlin. ++ Rüstungswirtschaft hat absolute Priorität. Wiedereinführung der Wehrpflicht. ++ Strafurteile dürfen auch nach dem »gesunden Volksempfinden« gefällt werden. ++ »Nürnberger Gesetze« zur »Rassereinhaltung« treten in Kraft.

Aber diese Uniformen in Gelb, eigentlich mehr ein Braun, es war ein unmögliches Braun, Richtung Kleinkinderkacke. Die wollten alle haben. Einen Rock dazu, Hose war ja verpönt, eine deutsche Frau trägt keine lange Hose! Die kam

Frau Cosmann beim ungeliebten Wäschedienst

erst, als sie in die Fabriken und in den Dreck und in den Keller mussten. Aber vorher konnte man auf der Straße Ärger kriegen, wenn man es wagte, eine Hose zu tragen.

Da gab es dann zum Beispiel »Glaube und Schönheit«. Das waren die Oberstufen. Da bin ich auch mal hingegangen. Mit großen Erwartungen habe ich gedacht, Wunder, was wir da machen würden, und dann stand aus der miesesten Gegend Marburgs, wo man niemals hinging, ein ziemlich heruntergerissenes junges Weib auf und hat uns beschimpft. Hat geschimpft, wir müssten jetzt erst mal umerzogen werden, denn wir stammten aus der Bourgeoisie und die müsse abgeschafft werden. Ich bin nach Hause gegangen und habe gedacht, so habe ich mir das ja nicht vorgestellt. Und wenig später erfuhr ich durch eine Freundin, dass ohne Arbeitsdienst gar nichts mehr ging. Sie wisse es durch ihre Ausbildung, es habe sich geändert, Arbeitsdienst sei inzwischen Pflicht, und egal, was man werden wolle, man müsse erst in den Arbeitsdienst, sonst schaffe man es nicht. Dann bin ich natürlich heim und habe gesagt, so, ich muss in den Arbeitsdienst, das muss ich jetzt gleich hinter mich bringen und dann mache ich eine Ausbildung.

Arbeitsdienst. Gott im Himmel. Ich sehe mich noch stehen. »Da drüben fährt der Zug nach Prag und ich stehe hier hinter dem Gitter und komme nicht raus.« Es war eine schreckliche Erfahrung, dass wir eingesperrt waren, ich habe ja nicht gewusst, warum. Ich war ein halbes Jahr dabei, ein endloses halbes Jahr. Wir waren untergebracht in einem großen Heim in Mainz. Wir sind immer komisch angeguckt worden, wenn wir so in Reihen gingen, und die Leute haben gesagt, »Ihr seid doch da vom Bahnhof von dem Heim?« »Ja, das Heim ist am Bahnhof«, haben wir gesagt und irgendwie ist uns das aufgefallen, und dann hat mal eine von den Einheimischen gesagt: »Da war doch dieses große Heim für gefallene Mädchen der Katholischen Kirche. Die haben da aufhören müssen.« Das war es also gewesen. Das hat uns schon einen Schock gegeben. Wir hatten zwar von gefallenen Mädchen keine Ahnung, aber irgendwie haben wir gemerkt, sie haben uns damit gleichgesetzt.

Ich bin angekommen am Nachmittag mit sehr vielen anderen zusammen. Das ging immer schubweise. Wir haben dagesessen und uns unterhalten. Die neben mir saß, hat mich ein paar Mal angestoßen und gesagt: »Da hinten sitzt die Führerin.« Das war also die Führerin, und zwar eine ganz bekannte, Jutta Sowieso, die später ein »großes Tier« geworden ist. Wir haben uns unterhalten und ich habe gesagt: »Ich mache alles gerne, aber nicht die Waschküche.« Ich habe sechs Wochen Waschküche gekriegt.

Und das war wirklich schlimm. Wir waren etwa 56 Mädchen und es musste alles von Hand gewaschen werden. Da war nur eine kleine Hütte mit großen Becken, aber nur mit kaltem Wasser. Es gab nur einen einzigen Waschkessel mit Feuer drunter. Die ganze Bettwäsche und alles musste da drin gekocht werden, und dann hatten wir diese Waschbretter. Da stand man dann und mit kaltem Wasser wurde alles geschrubbt. Und es wurde für alle die Privatwäsche gewaschen, und für alle die Bettwäsche, Handtücher und alles, was gewaschen werden musste.

Rund um das Lager war ein hoher Zaun mit einem abgeschlossenen Tor und ein Gitter. Das stammte noch von dem Heim für die »gefallenen Mädchen«, aber als dann der BDM einzog, hat man wohl gedacht, das lassen wir gleich. Das ist bezeichnend. Ich habe mich zwei Jahre danach noch auf der Straße umgekuckt und gefürchtet, da kommt einer und packt mich am Kragen und sagt, du musst wieder da hin. Ich habe furchtbar darunter gelitten.

Es waren sehr nette junge Frauen dort und wir haben uns untereinander sehr gut verstanden. Aber es durfte keine Freundschaft entstehen. Ich weiß noch wie heute. Ich hatte meine Freundin, die ich bis zu ihrem Tode hatte, dort kennengelernt. Zufällig war sie auch aus Marburg und sie hatte immer viele Wochen Kindergarten. Dort war nur eine Kindergärtnerin da für 60 bis 70 Kinder. Mainz und Umgebung war von den Franzosen besetzt gewesen und in dem Kindergarten waren viele Kinder von Marokkanern. Das war eine Rasselbande! Sie hatten ein anderes Temperament und waren überhaupt nicht erzogen. Die Kinder machten, was sie wollten. Und eine einzige Person sollte diese Bande bändigen, das war unmöglich. Danach war man fertig am Abend.

An einem Nachmittag hatten wir frische Bettwäsche bekommen und konnten unsere Betten frisch beziehen. Ich habe gedacht, o Gott, die Freundin kommt so müde an, ich beziehe ihr das Bett mit. Da hatte ich aber einen ganz schweren Rüffel bekommen, das ging zu weit. Ich konnte doch nicht einer Kameradin das Bett beziehen, was sollte das denn heißen!?

LISA KÜHNE,
geboren 1921 in Hannover

Von 1935 an war ich im BDM. Es waren vielleicht drei in der
ganzen Schulklasse, die nicht drin waren. Der BDM war zum
Teil sehr schön, wir haben Heimabende im Winter gehabt.
Aber wir wollten auch siegen, davon waren wir ja überzeugt.
Mein Vater war kein Nazi, aber er wusste, es gibt eine Insti-
tution, über die man sich fortbilden kann. Man konnte Kurse besuchen, günstig ins Theater gehen, was ich mir normalerweise nicht leisten konnte. Dadurch wurde das aber alles
ermöglicht. Also wollte ich solche Kurse machen, vielleicht
in Stenografie, jedoch nicht alleine, ich wollte mit einer
Freundin zusammen gehen.

Ich hatte eine Cousine, die mir immer gesagt hatte: »Du
gehörst nicht in die Fabrik, du musst irgendetwas anderes
machen.« Meine Freundin war dabei und wir haben dann Ste-
no und Schreibmaschine gelernt. Das war aber schon die
Zeit, als langsam die Fliegeralarme kamen. Es war noch
nicht so schlimm, aber sie flogen ein und man musste immer
mal in den Luftschutzkeller. Da haben wir manche Nacht im
Bunker verbracht. Die Kurse waren abends, bis vier Uhr waren wir in der Fabrik, sind dann in die Stadt gefahren und
haben die Kurse besucht, erst Schreibmaschine und dann Stenografie. Also ich muss ehrlich sagen, ohne mich zu loben,
da haben wir schon etwas geleistet.

Dann war klar, ich musste mich irgendwo umsehen, dass ich
wo unterkam. Mein Vater hatte einen Bekannten bei der Polizei in Hannover und mein Vater dachte, vielleicht kann der
mir helfen. Er war auch bereit und wollte mit dem Personal-
chef sprechen. Ich war natürlich aufgeregt, aber ich durfte
mich vorstellen. Er hat mich Verschiedenes geprüft und meine Zeugnisse gesehen, auch diese Bescheinigung von der
Schule, dass in unserer Familie alles in Ordnung war. Und
dann sagte er: »Ja, Fräulein Melcher, dann fangen Sie doch
bei uns an.«

Im April oder Mai 1942 habe ich im Polizeipräsidium angefangen, in der Abteilung NS-Verbrechen. Da kamen die Männer
hin, die keinen Wehrpass hatten. Wer keinen Wehrpass besaß,
war »wehrunwürdig«. Diese Männer hatten immer Schwierig-

keiten gehabt und haben dann einen Antrag gestellt in Berlin, um die Wehrwürdigkeit wiederzubekommen. Wenn das ihr Strafregister nicht zuließ, kamen sie in ein Strafbataillon, das hieß, sie waren zum Abschuss freigegeben. Oder aber einer kriegte die Wehrwürdigkeit und das war für den Mann das Beste, was ihm passieren konnte.

Reklame, etwa 1927

ELISABETH COSMANN,
geboren 1918 im Hessischen

Wir waren die einzige Gruppe in einem großen Schlafraum mit ehemaligen Wehrmachtsbetten. Wir waren zwischen zwölf und sechzehn Mädchen. Statt Matratzen hatten wir Strohsäcke und eine Wolldecke und ein kleines Kissen, und das musste alles exakt gelegt werden. Darauf wurde geguckt und ein Theater gemacht! Ein Tisch und ein kleiner Hocker mit drei Beinen — das vierte Bein fehlte, das fehlte immer, man konnte sich nicht drauf setzen —, sonst war in dem ganzen Raum nichts.

Draußen im Gang standen Kommoden für die Wäsche. Sie wurden von Backsteinen gestützt und wackelten und wenn man eine Schublade zumachte, fiel die ganze Kommode nach hinten um. Wir hatten Waschschüsseln, und das wars. Irgendeinen Rückzug, Privatleben gab es nicht, Privatleben gab es zu Hause. Eine von uns hatte das große Glück, sie musste operiert werden und durfte nach Hause für vierzehn Tage. Wir haben sie mal besucht, da liegt sie im Garten und sonnt sich!

Es ging uns allen gleich, da entstand eine Art Gemeinschaft. Jede hat die Arbeit eigentlich gerne gemacht. Wir sind in Haushalte gefahren, wo die Frauen Babys gekriegt hatten, und wir haben die Windeln gewaschen und haben gekocht. Das war alles schön und lustig, man nahm es, wie es kam. Einmal war ich acht Tage in einer Küche für Arme, die sich mittags dort ihr Essen holten. Da musste das Essen ganz schnell ausgegeben werden und gleichzeitig mussten wir das gebrauchte Geschirr spülen. Man stand zwei Stunden in einer Wolke von Wasserdampf und hinterher musste auch noch geputzt werden. Da sah ich etwas, das war lustig, das hatte ich noch nie gesehen: Die Krumen fingen an zu laufen?! Da waren das Kakerlaken.

Deutsche Frau, dich ruft der Barrn,
Denn dies trauliche Geländer
Fördert nicht nur Hirn und Harn,
Sondern auch die Muskelbänder,
Unterleib und Oberlippe.
Sollst, das Hüftgelenk zu stählen,
Dich im Knickstütz ihm vermählen.
Deutsches Weib, komm: Kippe, kippe!
...
Mußt dich keck emanzipieren
Und mit kindlichem »Ätsch-Ätsche«
Über Männer triumphieren,
Mußt wie Bombe und Kartätsche
Deine Kräfte demonstrieren.
Deutsches Mädchen – Grätsche! Grätsche!

Joachim Ringelnatz, Am Barren

Zum Mittagessen kam man nach Hause und arbeitete am Nachmittag im eigenen großen Garten oder im Haus. Wenn ich mittags heim kam, habe ich ein bisschen getrödelt, sodass alle schon im Saal saßen. Dann bin ich durch die Zwetschgen- und Kirschbäume gelaufen und habe mich auf einen Baum gesetzt und habe gegessen, Kirschen und wir hatten sehr viele Johannisbeeren. Wenn die anderen vom Essen kamen, hatte ich oft schon Johannisbeeren in einer großen Schale gesammelt und hatte Zucker organisiert. Dann sind wir rauf in unser Zimmer und haben das gegessen.

Wir kriegten natürlich genau dasselbe Kommissbrot wie die Männer. Dieses Brot schmeckt an und für sich sehr gut und ist wunderbar, wenn es frisch ist. Wenn es aber ein paar Tage gelegen hat, ist es fürchterlich hart, dann ist es abscheulich. Wenn der neue Schub kam, musste er nach hinten hingelegt werden und dieses vertrocknete Zeug von hinten musste nach vorne geschoben werden. Dazu gab es eine wunderbare Erdbeermarmelade aus großen Eimern. In diese Marmelade musste aber ein Eimer Wasser gekippt werden, damit sie nicht zu dick war und diese Wassersoße wurde dann auf das trockene Brot geschmiert. Davon aßen alle wenig. Ich

Morgendlicher Fahnenappell

habe ein paar Mal Küchendienst gehabt und habe immer vergessen, das alte Brot zu nehmen. Es gab ja Schweine, das konnte man ja weitergeben an die Schweine. Ich habe immer das frische Brot genommen und habe immer das Wasser für die Marmelade vergessen. Das waren die kleinen Scherze, um sich ein bisschen das Herz zu erleichtern.

Es gab Wasserklosetts, aber alles lief in eine riesengroße Zisterne und die musste alle paar Wochen entleert werden. Dann kriegten wir einen Eimer in die Hand und eine lange Kette wurde gebildet. Die Hauptführerin stand oben und hatte an einer langen Holzstange vorne einen Eimer dran und dann wurde es umgeschüttet bis in die letzte Ge-

gend und so haben wir unseren ganzen großen Garten ge-
düngt. Das war eine duftige Sache!

Wenn man jung ist, macht man das gerne, dass man anderen
Menschen hilft. Aber das Drumherum? Das Unnötige, dieses
absolut unnötige Drumherum, dieses Menschenverachtende.
Man musste gedämpft und gedrückt werden.

Einmal allerdings verhielten sie sich überraschend anders: Wir kamen von irgendwoher alle zusammen zurück. Und
plötzlich verbreitete sich das Wort, wir sollten alle vo-
rausrennen und die Führerinnen aussperren. Wir waren viele Abiturientinnen, und die rannten mit einem Mal los, ein-
paar hatten irgendwie den Schlüssel organisiert, wir
rannten alle hinterher, durch das Tor durch und ab ins
Haus, und haben von drinnen die Tür versperrt. Die Führerinnen und einige Mädchen waren ausgesperrt. Sie haben versucht, uns zu überreden und irgendwann dann mit Wasser-
schläuchen das Haus, die Fenster und die Tür bespritzt, das
Haus unter Wasser gesetzt. Wir standen drin, waren ungeheuer angespannt und haben gelacht. Auch die draußen haben
gelacht. Nach einer Weile haben wir dann die Tür aufgeschlossen. Und uns geschah nichts, sie haben das ganz klein
gehalten, als Scherz behandelt. Wir haben dann alle zusammen das Haus wieder vom Wasser befreit, das Wasser die
Treppen hinuntergekehrt.

Viele waren auch begeistert. Viele hatten es zu Hause sehr
schlecht. Ich kannte ein paar Mädchen, die sagten: »Ich habe
es zu Hause so schlecht, hier ist es besser. Hier habe ich
zum ersten Mal richtig Ordnung mit dem Essen, ich werde
nicht geschlagen und die Leute sind nett.« Das alles hat
sehr dazu beigetragen, dass keiner gesagt hätte, das war
furchtbar. Und so war man vorgeprägt. Da konnten sie wirklich alles mit einem machen. Da hat man nachher alles andere wunderbar gefunden. Denn wir waren alle fertig, wenn der
Dienst endlich vorbei war.

Merkwürdig war, dass während der Zeit fast alle Mädchen
ihre Menstruation nicht bekommen haben und wir dick wurden. Wenn die Mädchen am Ende nach Hause gingen und am
letzten Tag an der Fahne standen — morgens und abends war
ja immer Fahnenappell —, und am letzten Morgen, wenn sie
den Koffer neben sich in ihren Privatkleidern dastanden,

waren sie froh, wenn sie einen Mantel dabei hatten. Sie bekamen die Röcke nur mit Hilfe einer Sicherheitsnadel irgendwie zu.

Es könnte sein, dass wir irgendetwas gekriegt haben, denn
das Essen war nicht so, dass man dort hätte dick werden
können. Außerdem waren wir den ganzen Tag in Bewegung. Wir
sind um 5.30 Uhr aufgestanden, dann fuhren die einen dahin
und die anderen dorthin. Wir waren in Mainz, in Frankfurt
bis runter nach Worms verteilt und haben gearbeitet. Da
kann man doch nicht so dick werden. Das war seltsam.

IRMA KÜHN,
geboren 1921 in Spremberg bei Cottbus

Wir hatten hier von '39 an immer Soldaten einquartiert. Da
lag erst das Infanterieregiment Feldherrnhalle und dann
kam die SS-Standarte Frundsberg. Auch Günther Grass war
hier stationiert. Seine Einheit war hier und er war in einem
Dorf in der Nähe von Spremberg. Wir hatten auch immer SS-
Leute einquartiert, alles junge Kerle. Ich wollte dem Grass
schreiben, dass das eine große Dummheit war, das nicht zu
sagen. Jeder weiß, dass wer '44 eingezogen wurde, keine Wahl
hatte. Was hätte er machen sollen?

An unserem Gymnasium, das war ein Reformrealgymnasium,
gab es vor 1939 Schülerkameradschaften. Ich gehörte einer
an, die nannte sich »Wandern und Touristik«. Wir sind die
Spree entlanggewandert und haben dies und das gemacht. Von
1934 an hieß es BDM. Unsere Leiterin, Liselotte Neumann,
hatte eine kleine Cousine, die sie uns Größeren vorsetzen
wollte. Die war aber erst elf Jahre alt. Da haben meine
Freundin Inge Lehmann und ich gesagt: »Nee, von so einer
Kleinen lassen wir uns nichts sagen.« Das hat wohl die
Kleine gemeldet und ich kriegte ein Schreiben, dass ich
nicht würdig sei, weil ich mich so gewehrt hatte. Mein Vater
sagte: »Lass sein, wer weiß, wozu es gut ist.« Ich bin nie
wieder hingegangen und mich hat auch keiner mehr gefragt.
Die Inge und ich, wir haben uns immer gefreut, wenn die anderen zum Dienst mussten und wir hatten frei.

An unserer Schule liefen dennoch diese Gemeinschaften weiter, und ich war dann in einer Sportgruppe und außerdem zusammen mit meinem Bruder in einem Kanu-Sportverein an der Spree. Der war gleich nach dem Weltkrieg gegründet worden und dort habe ich mich sehr wohlgefühlt.

Nach der 10. Klasse musste ich zum Arbeitsdienst, das war 1937. Damals hieß es, wir könnten wählen, wohin wir wollten. Zusammen mit einer Freundin wollte ich zum Rhein oder nach Heidelberg. Ich kam aber nach Oberschlesien und sie in die Nähe von Hannover. Wir wohnten in einer geräumigen Villa, waren vielleicht 30 Mädchen: ein kleines Lager. Später haben wir erfahren, das war das ehemalige Haus eines jüdischen Arztes. Wir haben bei den Bauern gearbeitet, und eigentlich war es ganz schön. April, Mai und Juni kam ich zum Aushelfen nach Breslau. Am ersten September sollte der Reichspartei-teitag anfangen. Da ich immer schon sehr sportlich und früher in der Volkstanzgruppe

*Am Sonntag Ausgang ins Kino.
Auf dem Weg zurück ins Lager
noch schnell ein Fußbad*

war, wurde ich mit zwei anderen aus unserem Lager ausgewählt zum Reichsparteitag 1939. Wir kamen im Juli nach Nürnberg in ein großes Zeltlager und dort wurde mit uns geübt. Wir kriegten weiße Gymnastikkleider. Doch dann hörte auf einmal das Üben auf und man munkelte, irgendetwas sei los. Das war dann der Polenfeldzug. Wir blieben noch in Nürnberg, vielleicht bis Mitte September und sollten danach als Flakhelfer ausgebildet werden. Aber zuerst einmal kamen wir zurück nach Schlesien, nicht in das alte Lager, sondern nach Sonnenburg, einen Ort bei Oppeln. Dort hatte ich eine Verletzung am Knie und unsere Gehilfin sagte: »Ich gehe mit dir in das Lager, zu dem Arzt, der kann es untersuchen.« Und dort habe ich mir gedacht, warum so viele Baracken da sind. Die Leute liefen herum, die hatten alle graue Sachen an. Ich dachte, es wären Kriegsgefangene. Es war aber das Konzentrationslager.

Am 22. Dezember 1939 durften wir alle plötzlich nach Hause fahren. Nach einem halben Jahr bekam ich Bescheid, ich sollte mich in einer Meldestelle melden. Sie wollten uns alle, die noch nicht ausgebildet waren, in die Rüstungsindustrie schicken. Meinen Berliner Verwandten hatte ich das erzählt und die sagten, du brauchst einen Ausbildungsplatz, du kommst zu uns und wir werden was finden. So kam ich nach Berlin. Dort kam ich in einem Betrieb, einer Betriebsakademie unter. Wir waren immer abwechselnd vier Wochen in der Gauschule, einer Schule für technische Berufe, und vier Wochen haben wir im Betrieb gearbeitet. Wir waren fünfzehn Mädchen, denen ging es allen so wie mir, die wollten alle nicht zur Flak oder in die Rüstung und wir wurden in diesem elektroakustischen Werk als technische Assistentinnen ausgebildet. In der ersten Zeit wussten wir nicht, was wir da taten, weil wir immer nur Einzelteile gemacht oder geprüft haben, bis wir mitbekamen, das waren Funkgeräte für die Luftwaffe und Radargeräte für die Marine. Damals war

1936–1940 Propagandaminister Joseph Goebbels erklärt Lebensmittelknappheit für belanglos, weil »man zur Not auch einmal ohne Butter, nie aber ohne Kanonen auskommen« könne. ++ Olympische Spiele in Garmisch-Partenkirchen im Winter und Berlin im Sommer. ++ Alle Brautpaare erhalten Ausgabe von Hitlers ›Mein Kampf‹. ++ Kinderlosigkeit wird Scheidungsgrund. ++ In Berlin beginnt Aufstellung von Straßenbänken mit Vermerk »Nur für Arier«. ++ Friedensnobelpreis für Pazifist Carl von Ossietzky. Allen Deutschen wird Annahme eines Nobelpreises verboten. ++ Goebbels verbietet jede Form von »Kunstkritik« und fordert reine »Kunstberichterstattung«. ++ Großzuchtanlage für 500 000 Seidenraupen in Gelsenkirchen zur Erlangung größerer Rohstoffunabhängigkeit. ++ Berliner Siegessäule wird vom Spreebogen in Tiergarten versetzt – muss Monumentalplänen von Albert Speer für Berlin weichen. ++ Regulärer Flugverkehr zwischen USA und Europa. ++ Propagandaausstellung

ja alles Rüstung. Im dritten und letzten Jahr haben wir das klar gesehen.

Da kam so ein ganzer Schwarm von Fliegeroffizieren, und damals gab es einen Fliegeroffizier, der hieß Oberst Galland, der war genauso bekannt wie der Richthofen. Der kam zu uns und wir haben gefragt, was ist, und hörten, wir gehören zum Fliegerstab Galland. Jedenfalls haben wir dann einen Abschluss gemacht als technische Assistentin. Das Studium in dieser Betriebsakademie wurde uns angerechnet. Und dann kam das Ende.

LISA KÜHNE,
geboren 1921 in Hannover

In dem Wehrdezernat habe ich ungefähr ein halbes Jahr gearbeitet, aber es war nicht das, was mich befriedigte, ich wollte in eine andere Abteilung. Dann bin ich relativ schnell ins Ausländeramt gekommen. Ausländeramt, ich wusste erst gar nicht, was ich damit anfangen sollte. Jeder Ausländer, der das Stadtgebiet Hannover verlassen wollte, musste eine Genehmigung haben. Wir hatten Karteien und mussten uns mit den Leuten unterhalten, mussten fragen, wo-

›Entartete Kunst‹ in München zeigt Werke von verfemten Künstlern. ++ In New York wird Charlie Chaplins Film ›Der große Diktator‹, großartige Parodie auf Hitler, uraufgeführt. ++ Von Klaus Mann erscheint ›Mephisto‹, von Lion Feuchtwanger ›Exil‹. ++ Neue Ausbürgerungswelle: Arnold Zweig und Kurt Schumacher, Erich Maria Remarque; Willy Brandt und Thomas Mann verlieren deutsche Staatsangehörigkeit. Deutsche Presse wird angewiesen über Mann keine Nachrichten mehr zu verbreiten. ++ Pastor Martin Niemöller wird zu Hitlers »persönlichem Gefangenen«. ++ Im Deutschen Reich gelten Kriegsbedingungen: Nachts herrscht Verdunkelung, abendliche Kulturveranstaltungen werden untersagt. Hören ausländischer Rundfunksender wird unter Zuchthausstrafe gestellt. Juden erhalten Ausgehverbot. Es kommt zu willkürlichen Erschießungen von vermeintlichen Kriegsgegnern. ++ Max Schmeling schlägt Joe Louis; K. o. in der 1. Runde.

her und warum, und nach allen möglichen Dingen fragen. Es waren sehr viele Kriegsgefangene darunter oder zivile Gefangene. Und die Bestimmung betraf auch die Juden. Wir hatten die Franzosen, aber ich konnte kein Französisch. Also bin ich wieder in die Schule gegangen, alles nebenher und habe wenigstens die Anfänge von Französisch gelernt. Das hat mir ein bisschen geholfen.

Eines Abends bin ich nach Hause von der Arbeit und meine Mutter hat gesagt, da passiert was in der Stadt, komm, lass uns gucken gehen. In der Altstadt wohnte die Schwester meiner Mutter. Wir wollten sehen, was da los ist, also sind wir da hingegangen. Wir mussten die Straßen runtergehen, wo die vielen kleinen jüdischen Geschäfte waren. Es wimmelte von jüdischen Geschäften, das kann man sich heute gar nicht mehr vorstellen. Das war die Reichskristallnacht gewesen. Wir haben nur geguckt, nichts weiter, aber die Tragik, die habe ich damals noch gar nicht begriffen. Es war furchtbar! Und überall Glas und Scherben.

CHARLOTTE SCHLANG,
geboren 1924 in Waldstetten bei Schwäbisch Gmünd

Ich erinnere mich an ein wunderschönes Morgenrot über dem Hornberg. Das war damals ein Segelfliegerlager, das hat zu Schwäbisch Gmünd gehört. Dort haben Altersgenossen von mir im Dorf Segelfliegen gelernt. Und an einen erinnere ich mich, der war im Krieg mit seinem Lastensegler auf Kreta.

Ich bin in Waldstetten mit drei jüngeren Brüdern behütet aufgewachsen. Mein Vater war Oberlehrer im Ort, die Mutter zu Hause. Ich bin sieben Jahre zur Schule und ein Jahr zur Hauswirtschaftsschule gegangen. Ich hätte dann gerne etwas Künstlerisches, am liebsten Kunstlehrerin, gemacht, aber das ist damals einfach nicht gegangen. Mein Vater war selber künstlerisch sehr begabt, der hätte nichts dagegen gehabt. Aber in Schwäbisch Gmünd ist im Krieg keine Verbindung gewesen, da ist morgens und abends nur ein Bus gefahren, und wenn ich hätte Abitur machen wollen, hätte ich Richtung Stuttgart auf eine Schule gehen müssen. Damals war man froh, wenn man nicht in die Stadt musste, dass man auf dem Land bleiben konnte. Da waren gerade die Fliegerangriffe auf den Zug, auf die Eisenbahnlinien. Und die Luftangriffe in der Stadt waren gefährlich. Die Eltern waren froh, dass ich in der Nähe bleiben konnte, und so habe ich nur mittlere Reife in der höheren Handelsschule in Schwäbisch Gmünd gemacht.

Die Handelsschule war nur vier Kilometer entfernt, die konnte ich im Sommer mit dem Fahrrad erreichen. Bei Schnee im Winter fuhren wir morgens mit dem Bus und liefen am Nachmittag zu Fuß mit den Schultaschen zurück, da kein Bus fuhr. Es war ja Krieg.

1934 kaufte mein Vater einen Pkw, einen »Ford Köln«, mit dem wir in den Ferien, in der »Vakanz« hat man bei uns gesagt, jedes Jahr an den Bodensee fuhren. Damals hatten nur Geschäftsleute, der Herr Pfarrer und der Herr Oberlehrer im Dorf ein Auto. Bei Kriegsbeginn 1939 wurde der Ford stillgelegt und von uns nie mehr gefahren.

Ködern mit Teilhabe –
Volksempfänger für jeden

Nach der Schule im September 1939 musste ich das »Pflichtjahr« machen, in Waldstetten. Der Bauer war im Krieg und die Bäuerin mit dem dritten Kind schwanger. Sie fuhr mit dem Fahrrad oder ging zu Fuß mit der Sense voraus auf die Wiesen am Stuifen zum Futter holen. Ich fuhr mit dem Kuhgespann nach, das mir die Nachbarin eingespannt hatte. Mit Hüh und Hott fanden die Kühe den Weg jedoch selber.

Nach dem Pflichtjahr sind die von der Gemeinde an meine Eltern herangetreten. Heute würde man Verwaltungsangestellte sagen, und ich war froh, dass ich in der Nähe etwas zu tun bekam. So wurde ich Angestellte beim Bürgermeisteramt Waldstetten. In Schwäbisch Gmünd waren vorwiegend Fabriken für Gold- und Silberwaren. Die Frauen bei uns im Dorf waren fast alle in der Korsettfabrik von Spießhofer und Braun hier in Waldstetten beschäftigt und die Männer waren Gold- oder Silberschmiede. Vor dem Krieg, in der schlechten Zeit, haben viele keine Arbeit gehabt, da waren viele arbeitslos. Da haben die Männer die Kinder aufgezogen.

Der gewählte Bürgermeister war im Krieg, seine Stellvertreter waren ein Silberwarenfabrikant und später ein Zimmerermeister. Der war nett, aber er hat immer »Evakurierte« oder »Regristatur« gesagt, und wir haben uns nicht getraut, ihn zu verbessern. Der war aber sehr tüchtig und nicht so ein verbohrter Nazi, aber als selbstständiger Zimmermeister hat er keine Arbeit bekommen, es gab kaum noch Bautätigkeit. Alles Material kam zur Befestigung und zum Bunkerbau an den »Westwall«, das waren die Befestigungen an der französischen Grenze. Also hat man den als Bürgermeister genommen.

Von 1940 an war auf dem Rathaus Urlaubssperre. Die Arbeitszeit betrug für uns damals 60 Stunden einschließlich der Samstage. Wir, meine Kollegin und ich, hatten laufend die Ausgabe der Lebensmittelkarten und Bezugsscheine zu erledigen. Die Bezugsscheine für Kleidung und Schuhe wurden von einer Kommission aus Gemeinderäten, Rathausange-

1936–1940 Entgegen Bestimmungen in den Verträgen von Versailles und Locarno marschieren deutsche Truppen in das entmilitarisierte Rheinland ein und beginnen mit Bau von Befestigungsanlagen an der Westgrenze. ++ Seit 1933 hat sich Heeresgröße verfünffacht – Erstes Manöver der Wehrmacht seit dem Krieg. ++ Wehrdienstzeit in Deutschland wird von einem auf zwei Jahre verlängert. ++ Reichsparteitag in Nürnberg – Hitler propagiert Kampf gegen die Sowjetunion. ++ Deutsches Flugzeuggeschwader »Legion Condor« zerstört durch Bombenangriff Guernica, Kleinstadt in Nordspanien. ++ Geheime Weisung zur Kriegsvorbereitung der Armee. ++ Hitler macht sich zum Oberbefehlshaber der Wehrmacht. ++ »Anschluss Österreichs« an Deutsches Reich. ++ Pogrom gegen jüdi-

stellten und dem Bürgermeister zugeteilt. Es gab ja keinen Nähfaden ohne Bezugsschein. Wir haben noch bis nach der Währungsreform, bis 1949, Karten für Zucker ausgegeben. In unserem Kreis gab es auch viele Selbstversorger, die Bauern, für die galten wieder andere Bestimmungen. Wenn die Soldaten auf Heimaturlaub kamen, mussten sie sich auf dem Rathaus anmelden. Dann bekamen sie Lebensmittelkarten und es kam in ihre Akten hinein. Sie haben uns erzählt, wo sie gerade herkamen, aus Russland, Norwegen, Frankreich, Holland, Belgien, Afrika. Ich habe damals oft im Atlas nachgeschlagen. Manch einer hat sich dann beim Abmelden wehmütig von uns verabschiedet und ist nicht wieder heimgekommen. In unserem Dorf kamen fast 200 Soldaten nicht mehr heim, einschließlich der Angehörigen der Flüchtlinge, die bei uns angekommen waren.

Bombenangriffe gab es bei uns auf dem Land nicht. Da war es schon außergewöhnlich, dass ein alter Bauer, dessen drei Söhne im Krieg schon gefallen waren, beim Pflügen auf dem Feld durch Schüsse aus einem niedrig fliegenden Jagdbomber getötet wurde.

Einmal ist einer notgelandet oben im Wald, im Schwarzhorn nahe dem Erholungsheim für Parteigenossen. Den hat die Tochter des Verwalters dann gebracht. Die hat Englisch können. Dann hat es gleich geheißen, man darf mit dem nicht sprechen. Er hat geschwitzt, dem war es heiß, was der alles angehabt hat, seine ganze Montur. Ich habe ihm ein Glas Wasser gebracht. Aber bestimmt nichts geschwätzt, ich habe mich

sche Bevölkerung, Massenverhaftungen, Schändungen von Friedhöfen und Synagogen – »Reichskristallnacht«. ++ Anheizung des seit langem schwelenden Konflikts zwischen nationalsozialistischen Sudetendeutschen und tschechoslowakischer Regierung. ++ Hitler erklärt vor Reichstag im Falle eines Krieges die »Vernichtung der jüdischen Rasse in Europa«. ++ 15. März 1939: Slowakei wird eigener Staat, Tschechei wird besetzt: »Reichsprotektorat Böhmen und Mähren« wird zum Bestandteil des »Großdeutschen Reichs« erklärt, Judenverfolgung beginnt sofort. ++ 1. September 1939: Überfall auf Polen, deutsche Wehrmacht marschiert ohne Kriegserklärung in Polen ein – Beginn des Zweiten Weltkriegs.

nicht getraut. Den haben sie dann nach Schwäbisch Gmünd
geholt. Man hat nie erfahren, was aus dem jungen Mann geworden ist. Er war halt ein Kriegsgefangener.

ELISABETH COSMANN,
geboren 1918 im Hessischen

Was Deutschland absolut gefehlt hat, war eine richtige Revolution. Denn die alten Zöpfe waren alle wieder da. Dann
kamen die Nazis an die Macht. Am Anfang hatte ja die Partei
für alles gesorgt, es gab die Lebensmittelmarken vom ersten
Tag an, nicht so wie im Ersten Weltkrieg. Das muss man sich
vergegenwärtigen: Wir waren Zivilisten, was wir heute so
nie mehr sein können. Wir haben immer schon alles in uns.
Wir hatten keine Angst, wir waren Zivilisten und machten
unsere Witze. Und wir hatten eine Frisur, die hieß Entwar-
nungsfrisur, alles nach oben. Diese kleinen Scherze, die waren noch selbstverständlich. Genau wie wir vor dem Krieg
noch gesagt haben, wenn es keine Butter mehr gab, das macht
ja nichts, wir wollen ja auch nicht dick werden. Wir waren
damals an der Stuttgarter Kunstgewerbeschule lauter junge
Leute, wir haben unsere Späße darüber gemacht. Und wir haben gesagt, wenn ich keine Apfelsine mehr esse, dann esse
ich eben einen Apfel, wir hatten ja herrliche Äpfel. Gewisse
Dinge gab es nicht, also keinen Schwarztee, aber es gab Ha-
gebuttentee oder Apfeltee, und so war es mit allem. Und da
wir ja ständig am Siegen waren und die anderen Länder unheimlich ausgehungert haben, hatten wir es anfänglich gar
nicht schlecht. So hat man den Übergang zum Krieg ohne Butter gar nicht so bemerkt und so war es mit vielen Sachen.
Eine Vorstellung, was noch kommen würde, hatte niemand.
   Ich habe sehr früh gedacht, so, wie meine Mutter, den ganzen Tag nur Haushalt, das will ich nicht. Ich will unbedingt einen Beruf haben, den ich zu Hause machen kann, damit ich das verbinden kann. Das will ich. Aber ich wusste
damals noch nicht genau, was ich machen wollte. Ich hörte
dann von der Kunstgewerbeschule in Kassel. Da fuhr ich hin
und dachte erst mal, da sein ist wichtig. Aber ich wusste

nicht, ob ich das wirklich wollte, Mode und Nähen und so weiter. 1936 war in Berlin die Funkausstellung, das gab es damals schon. Und die beiden Damen aus der künstlerischen Kunsthandwerksschule, so hieß die damals, wenn ich nicht irre, hatten sich vorgenommen, mit der Klasse nach Berlin zu fahren. Das war natürlich toll, das war so, wie wenn heute jemand sagt, ich fahre mit dir nach Schanghai. Das war eine ganz tolle Ausstellung.

Da gab es alles zu sehen. Es gab alles, was damals der Stand der Industrie war, und zwar sowohl Landwirtschaft und Industrie und auch bis zu künstlerischen Geschichten. Unter anderem gab es einen ganzen Saal voller herrlicher Stoffe von oben bis unten. Heute würde man sagen, eine Ausstellung von Designern. Das hat mich ungeheuer beeindruckt. Als wir aus Berlin zurückkamen, habe ich mich hingesetzt und habe einfach angefangen, die Natur zu zeichnen. Ich wusste jetzt, ich wollte Stoffe gestalten, bemalen, heute heißt das Textildesigner. Der Unterricht in Kassel war hervorragend, die haben uns alles beigebracht. Doch dann wollte ich weiter, und Stuttgart hatte damals als Kunstgewerbeschule den besten Ruf und hatte alles an Maschinen und Geräten, was man sich für eine Ausbildung nur vorstellen kann. Es war wirklich fabelhaft.

In Stuttgart kam ich unter bei einer sehr netten Frau, wie sich dann herausstellte, im Elternhaus des Dichters Hermann Lenz. Frau Lenz hat mir das Zimmer gezeigt, in dem ich wohnen könnte, und hat gesagt, »dass die Tante und die Großmutter in dem Bett gestorben sind, das wird Ihnen doch nichts ausmachen«. Hat es nicht. Und ich habe es nie bereut, dort eingezogen zu sein. Aus dem politischen, dem Nazikram konnte man sich privat heraushalten, wenn man einen Kreis von Menschen hatte, dem man vertrauen konnte. Und Frau Lenz hatte ihr eigenes kleines Privatvergnügen, über das sie sich kindisch gefreut hat. Es gab damals den Eintopfsonntag, da sollte ganz Deutschland an einem bestimmten Sonntag ein einfaches Gericht aus einem Topf essen. Der Eintopfsonntag war immer das einzige Mal, an dem ich mir für eine Mark das Mittagessen leistete und mitaß. Frau Lenz machte nämlich den schönsten Eintopf, den man sich vorstellen konnte: Ein gekochtes Huhn und rundherum einen

Reisrand und darüber eine holländische Sauce, zum Umfallen. Sie sagte dann immer, »heute schlage ich dem Hitler ein Schnippchen«. Und hinterher gab es Nachtisch! Das war ihre Freude, es konnte ihr keiner was nachsagen. Es war ein Eintopf, aber es war der tollste Eintopf.

IRMA KÜHN,
geboren 1921 in Spremberg bei Cottbus

Die Liebe in Kriegszeiten war gar nicht so unlustig. Wir haben eine 18-jährige Enkeltochter, die hat einen Freund und das ist gleich so ein festes Verhältnis. Als wir achtzehn waren, hatten wir Freunde, aber keiner von denen oder von uns hat daran gedacht, so ein festes Verhältnis daraus zu machen. Wir sind mit ihnen ausgegangen, wir sind tanzen gegangen. Mein Tanzpartner war ein feiner Kerl, er hätte nie gesagt, komm heut' zu mir mal ins Zimmer oder so etwas. Wir hatten mal den Freund und mal den, dann hatte ich mal so einen Kleinen, der kam aus Kufstein, der hat hier sein Praktikum gemacht. Das war '38 und Österreich gehörte schon zum Reich dazu, das war so ein nettes Kerlchen. Das war bei allen so, auch bei meinen Freundinnen, allen. Wir haben alle erst nach dem Krieg geheiratet. Naja, nicht ganz. Bei mir war das 1944.
Ich habe viele Bombardierungen in Berlin mitgekriegt, ich war da bis Anfang '44, aber ich habe auch in der Zeit sonst viel mitgekriegt. In unserem Betrieb wurden junge Kadetten aus Danzig in verschiedenen Bereichen angelernt, und die kriegten immer Theaterkarten, für die Oper und so. Wir hatten uns mit den Kadetten angefreundet. Die wollten meistens nicht ins Theater gehen und dann haben wir die Karten bekommen. Wir sind oft im Theater gewesen, im »Metropol« oder im »Admiralspalast«. Das wurde damals so groß aufgezogen, damit die Leute auch ein bisschen Abwechslung hatten. Gustav Gründgens als Mephisto und Paul Hartmann als Faust, ach ich weiß nicht, wen wir alles gesehen haben. Man fing in der Früh um sieben zu arbeiten an, dann waren wir um sechzehn Uhr fertig. Die Theater spielten dann alle von achtzehn oder neunzehn Uhr an, wir waren also meistens zu Hause, wenn

es mit den Bombardierungen losging. Einmal waren wir in der U-Bahn, ein einziges Mal, aber sonst ging es immer gut.

Ich wohnte bei meiner Tante. Die hatte eine Freundin, die am Hackeschen Markt ein Jugendmodegeschäft betrieb. Das war eine Jüdin, Frau Gau, sie mochte mich und von ihr habe ich sehr schöne Sachen gekriegt. Später war sie weg, leider. Wir haben nie wieder etwas von ihr gehört.

Wir haben schon darauf geachtet, was wir anziehen, wie wir aussehen.

Du hast Glück bei den Frau'n, Bel ami!
Soviel Glück bei den Frau'n, Bel ami!
Bist nicht schön, doch charmant, bist
nicht klug, doch sehr galant,
bist kein Held, nur ein Mann, der gefällt.

Text: Hans Fritz Beckmann,
Musik: Theo Mackeben

GISELA BÖHNLEIN,
geboren 1918 in Kattowitz, heute Katowice/Polen

1942 habe ich meinen Mann kennengelernt bei einem Batteriefest. Ein Bekannter einer Freundin hatte mich gefragt, ob ich für ein Fest Mädchen organisieren könnte, ich würde doch so viele Leute kennen. Er hatte drei Batterien unter sich und sie wussten nicht, wie lange sie in Lübeck bleiben würden. Sie machten ein Batteriefest, damit die Soldaten Unterhaltung haben. Das habe ich gemacht, 15, 16 Mädchen organisiert und das Fest war dann in der Nähe meines Elternhauses. Er hat mich zu den jungen Offizieren gesetzt, er meinte es gut, aber das waren Lackaffen für mich, einer machte sich vor dem anderen groß, angegeben haben sie einer vor dem anderen und sie haben aus Pflicht mit mir getanzt. Ich fand den Abend scheußlich. Für die nächste Woche sollte ich wieder die Mädchen zusammentrommeln, da hatte er von der anderen Batterie ein Fest, und hat mich bekniet, »die Mädchen sind so nett«. Und es war auch eine Gelegenheit, es war ja sonst nichts los und dauernd Fliegeralarm. Endlich ein bisschen tanzen und sich amüsieren.

In der Woche drauf kam mir der große Organisator gleich entgegen, nahm mich in die Arme und setzte mich nicht zu den Offizieren, sondern neben meinen späteren Mann. Dabei ist es geblieben. Wir haben viel zu erzählen gehabt, auch über Kunst und Malerei. Das war ein Gespräch, kein Blabla. Er hat mich später auch heimgebracht, es war schon spät und es war gerade Fliegeralarm und er wollte mich noch mal treffen, bevor sie ein paar Tage später zum Einsatz wegmussten.

Der Abend war recht nett mit ihm und die Unterhaltung, aber da habe ich noch nicht gedacht, dass das was Festes wird. Ich habe ganz andere Sachen im Kopf gehabt. Ich hatte damals mehrere Eisen im Feuer. Aber am Sonntag drauf kam er nach einem Standkonzert am Mittag, weil er am Nachmittag losmusste zum Einsatz nach Dänemark. Ich weiß noch genau, wie er reinkam, und mein Vater hat ihn empfangen. Im Herrenzimmer hatten wir einen großen Bücherschrank, da hat er gesagt: »So viele Bücher.« Das vergesse ich nie. Ich war noch nicht fertig, ich wollte mich doch schön machen. Damals trug ich eine »Olympiarolle« als Frisur, das war ein Mordsgetue, das musste ja halten.

Aus Dänemark habe ich gleich Feldpost bekommen, eine nach der anderen. Ich kam an Marzipan heran und meine Schwiegermutter hat später gesagt: »Du hast deinen Mann mit Lübecker Marzipan bestochen.« Aber da habe ich gar nicht so sehr nur an ihn gedacht, ich habe mehreren etwas geschickt.

Von Dänemark kam er nach Calais, wo sie übten für den Einsatz nach England und dann kam er nach Russland. Dazwischen war er mal zwei, drei Tage da und später kam er für einen Offizierslehrgang aus Russland nach Dessau. Von dort aus hat er mich besucht und gesagt: »Ich fahre nicht zurück nach Dessau, wenn wir uns nicht verlobt haben.« Das war für mich eine kurze Entscheidung. Da sagte ich: »Also gut!« Das war im Januar und am ersten Februar haben wir uns verlobt. Da kannten wir uns zwei Jahre, hauptsächlich schriftlich.

Du bist zu dick, du bist nicht schick, du bist unmöglich,
das seh ich täglich, mein lieber Hans!
Was ist das für ein neuer Sport des Kniegelenkes,
was für Menkenkes machst du beim Tanz?
Was steckst du so den Bauch heraus,
du schaust wie aufgeblasen aus!
Was lachst du immer wie der Mond
Und wackelst mit der Hinterfront
Was machst du mit dem Knie, lieber Hans

Text: Beda, Musik: Richard Fall, 1925

Nun brauchten wir aber Blumen, wenn er schon um meine Hand anhielt, brauchten wir Blumen für meine Mutter. In dem einen Blumengeschäft haben wir zwei Tulpen bekommen, in einem anderen wieder zwei, am Ende hatten wir sieben Tulpen

Verwundetenbetreuung am Flughafen bei Lemberg, 1943

zusammen, im Januar! Zuerst habe ich es meinem Vater gesagt: »Du, wir wollen uns verloben.« — »Ach, ist doch toll«, hat er gesagt. Als dann mein Mann kam, stand ich in meinem Zimmer und habe gehorcht. Die waren im Esszimmer und haben geredet. Ich habe zugehört, was meine Eltern sagen und ob er den Blumenstrauß richtig überreicht hat, das war früher ganz anders als heute. Ich war aufgeregt und hatte Herzklopfen, habe Angst gehabt, nicht, dass sie nicht einverstanden sind, sondern, was sie mir dann sagen. Es war früher ganz anders. Mein Mann hat offiziell um meine Hand angehalten. Darauf haben meine Eltern schon Wert gelegt. Ihm war auch nicht so wohl zumute. Meine Mutter hat nichts gesagt und mein Vater hat gesagt: »Also Hansemann, wir sind einverstanden!«

Also gleich in die Zeitung eine Annonce, darum haben sich meine Eltern gekümmert, das musste ja früher alles ganz of-

Ausflug zum Waldschwimmbad, Hilden 1929

fiziell sein. Es gab eine Verlobungsanzeige und wir haben eine Riesen-Verlobung gehabt. Das war sehr schön. Jeder kam mit Glas, es gab ja nichts anderes, nichts Süßes, es gab kein Porzellan und nichts. Sie kamen mit Glas und Schalen und Schälchen und Vasen. Es gab ja nichts und jeder wollte was bringen, keiner wollte ohne dastehen.

Die Verlobung war 1942. Dann ist mein Mann in der ganzen Welt herumgegondelt. Er war in Griechenland, in Rumänien und dann in der Mitte von Russland. Da waren sie eingeschlossen. Die sind dann mit dem Flugzeug rausgekommen. Zum Schluss kamen sie noch nach Berlin zur Abwehr. Dort ist er noch am Arm verwundet worden, deshalb kam er in russischer Gefangenschaft nicht nach Russland. Er blieb in Berlin und wurde schließlich als 100 Prozent kriegsverletzt von den Russen mit Schein entlassen. Den Schein habe ich noch.

LISA KÜHNE,
geboren 1921 in Hannover

In der Nähe von uns war ein sehr schönes Tanzlokal, da durfte ich dann auch hin, aber mein Vater sagte immer, »dann und dann bist du zu Hause, und wenn du später kommst, brauchst du gar nicht kommen«. Das habe ich sehr ernst genommen. Da hat man schon auch Freunde gehabt, das ist klar, aber nicht so wie heute, das wäre unmöglich gewesen. Man wurde nach Hause gebracht, das war aber alles harmlos und lieb. Aber die Eltern hatten trotzdem Angst um einen. »Komm ja nicht zu spät und pass bloß auf.« Aber die haben nicht offen darüber gesprochen wie heute. »Pass ja auf, dass dir nichts passiert!« Ja, was sollte mir denn schon passieren? Wir waren überhaupt nicht aufgeklärt!

Ich meine, da ist auch nichts passiert. Man hat rumgeschmust, das ist klar, das hat man immer schon gemacht, aber dass es da weiterkam zu irgendwelchen Beziehungen, nein!

Während dieser Zeit lernte ich meinen Mann kennen. Eigentlich wollte ich mit einer Freundin nach Büroschluss in Hannover ins Kino gehen, in den Film ›Das Wunschkonzert‹, ein ganz toller Film mit Ilse Werner. Aber wir haben wieder keine Karten gekriegt, es war ewig ausverkauft. Also sind wir in ein Café gegangen. Da waren viele Soldaten, es waren überall Soldaten, wo man auch hinging, und man kuckte so herum. Plötzlich sah ich einen, kuckte ihn halt so an und er saß nicht weit von mir entfernt und dann hat er mich auch angekuckt und beim nächsten Lied kam er und hat mich aufgefordert. Tango, Fox und so weiter. Ich musste an dem Abend um zehn Uhr zu Hause sein. Ich fand ihn recht nett, wir tanzten noch ein paar Mal, da fragte er: »Wohnen Sie in Hannover?« Als ich gehen musste, wollte ich mich von ihm verabschieden, nicht einfach verschwinden. Und dann hat er gefragt, ob er mich nach Hause bringen dürfte. »Ja, aber ich wohne ein Stück weg von hier.« Ich musste circa eine halbe Stunde mit der Straßenbahn fahren. Das machte ihm nichts.

Es war Winter 1941. Meine Freundin ging auch mit, sie stieg früher aus. Es lag tiefer Schnee, wir erzählten und gingen spazieren und ich wusste, die letzte Bahn fuhr etwa halb elf wieder zurück. Ich habe ihm dann gesagt: »Sie müssen jetzt gehen, das ist die letzte Bahn, die da kommt, sonst müssen Sie das ganze Stück laufen.« Die Kaserne war in der Nähe vom Polizeipräsidium und da musste er eine gute Stunde fahren. Er blieb, die letzte Bahn fuhr weg und ich musste nach Hause. Dann hat er mir einen Zettel gegeben, den habe ich heute noch, darauf stand eine Nummer: 08311, das war seine Feldpostnummer. Er fragte mich auch, wo ich wohne. Ich wollte aber nicht, dass er mit vor das Haus kam, damit mich keiner sehen konnte. Dann hat er mich noch ein Stück in die Straße reingebracht, ich habe ihm gesagt, ich wohne in Nummer 53, dann haben wir uns verabschiedet. Mein Vater kam Gott sei Dank an dem Abend später nach Hause.

In der Druckerei, in der ich arbeitete, hatte ich mit den Freundinnen Kränzchen. So nannte man das, wie das jetzt alte Damen machen. Da haben wir uns einmal in der Woche getroffen, es wurde Kuchen gekauft, immer abwechselnd. Wir haben gestickt, gehäkelt und Rüschen für die Kissen gehäkelt, Nachthemden mit Rosen bestickt für die Aussteuer. Alles für die Aussteuer, ich habe heute noch eine wunderschöne Decke. Es wurden aber auch Strümpfe gestopft, denn wir hatten ja ewig Laufmaschen am Bein. Die Strümpfe nannte man platiert, das sah aus wie Seide, aber die waren etwas dicker und wenn da eine Laufmasche war, haben wir die mit der Häkelnadel wieder richtig zusammengenäht. Wir hatten Strümpfe, da wusste man gar nicht mehr, was Strumpf war und was die Naht, alles war gestopft. Ich konnte wunderbar stopfen. Und ich erzählte natürlich meiner Freundin von ihm, ich habe sehr viel an ihn gedacht. An einem der nächsten Abende war wieder Kränzchen. Er wollte mich zu Hause besuchen, aber nur meine Oma war da, sie war Jahrgang 1871, also schon recht alt, aber sie schickte ihn dahin, wo ich war. Sie mochte ihn auf Anhieb. Und da stand er nun plötzlich.

Das war im März 1941. An dem Abend hat er mich heimgebracht. Dann musste er nach Hannover zu seiner Truppe, er war bei der Kavallerie. Und eines Tages war es soweit, im März oder April wurde seine Einheit verlegt. Ich habe ihn zum Bahnhof gebracht. Da waren schon die ganzen Kameraden, es war diesig und neblig und trüb und er musste weg. Das war ein fürchterlicher Tag, also furchtbar!

Dann habe ich erst einmal eine lange Zeit überhaupt nichts gehört und dann kriegte ich eines Tages Post aus Ostpreußen, das war schon der Anfang von Russland. Eines Tages, es war schon Juli, stand ich morgens früh auf, machte mich fertig, schön leise, damit keiner wach wurde, und hörte in den Nachrichten: »Deutsche Truppen haben um so und so viel Uhr die Grenze nach Russland übertreten!« Ich wusste, er ist dabei. Es war ein so sonniger schöner Tag, das war schlimm. Dann fing das Warten an!

Oh, Donna Clara, ich hab dich tanzen geseh'n,
und deine Schönheit hat mich toll gemacht!
Ich hab im Traume dich dann im Ganzen geseh'n,
das hat das Maß der Liebe dann voll gemacht.
Bei jedem Schritte und Tritte biegt sich dein Körper
genau in der Mitte,
und herrlich, gefährlich, sind deine Füße,
du Süße, zu sehn.
Oh, Donna Clara

Tango von Jerzy Petersbursky, Text: Beda, 1930

Lange Zeit bekam ich keine Post und dann wieder etliche Briefe hintereinander. Wir hatten angefangen, die Briefe zu nummerieren. Ich wusste also immer, da kommt beispielsweise 16, aber 15 ist noch nicht da. Nie ist etwas verloren gegangen, und man konnte so kleine Feldpostpäckchen schicken, je 100 Gramm. Eines Tages fragte er in einem Brief, ob wir nicht heiraten wollen, ich möchte die Papiere besorgen. Man musste, um heiraten zu können, Gesundheitsatteste bringen.

Meine Mutter hatte nie gearbeitet, sie war häufig krank gewesen, seelisch krank. Und nun wurden alle Frauen eingezogen zur Rüstungsindustrie, Leichtmetall, Kriegsproduktion. Das war mal eine Autofabrik gewesen und es wurde alles umfunktioniert. Dahin kam meine Mutter, die es sowieso mit den Nerven hatte. Eines Tages hat sie mir mal gesagt: »Ach Mädchen, wenn ich dann das Geld verdiene, was meinst du, was ich davon kaufe? Aussteuer!« Ich habe bis jetzt noch die Handtücher von meiner Mutter, ich habe sie aufgehoben, als Andenken. Dann hat sie mir Bettwäsche gekauft und sie war stolz darauf, dass sie ihr eigenes Geld verdiente. Das ging gut mit meiner Mutter ungefähr drei, vier Monate, das hatte sie alles wunderbar geschafft. Dann musste sie Akkord arbeiten. Sie war gut, aber sie ist nicht mitgekommen. Danach konnte sie gar nicht mehr arbeiten, da kamen diese depressiven Schübe wieder. Das hat sich dann so zugespitzt, dass wir sie nicht mehr alleine lassen konnten, sie stand am Fenster und sagte, »ich schmeiß mich aus dem Fenster«. Und dann kam sie wieder weg, in eine Nervenklinik in Hannover. Sie war wirklich schwer krank und depressiv.

Auf dem Attest stand dann diese Krankheit, die konnte ich nicht verschweigen: »Manisch depressiv.« Als ich heiraten wollte, musste ich das vorlegen, sonst hätte ich die Erlaubnis zum Heiraten nicht gekriegt. Auf dem Gesundheitsamt in Hannover habe ich den Fragebogen ausgefüllt und da hat mein Vater gesagt: »Jetzt müssen wir nach Hildesheim, das muss vom Arzt beglaubigt werden.« Das war ein sehr netter Arzt, kein Nazi, denn der hätte das auch gut verhindern können. Er schrieb auf, sie leide an der und der Krankheit und die sei nicht vererbbar. Das war wichtig.

Mein Mann kam auf Urlaub und wir haben gleich geheiratet. Meine Mutter war nicht dabei, sie war in der Klinik. Wir hatten vier Wochen Zeit und wir waren bei meiner Mutter und bei ihm zu Hause und eine Woche hatten wir für uns. Dann wieder auf den Bahnhof, Abschied. Das war schrecklich. Soldaten und Soldaten und die haben gewinkt und gewinkt, es war ein furchtbarer Abschied! Der ganze Bahnhof hat geweint.

Und als er wieder abfuhr, war ich schwanger, das habe ich dann später bemerkt.

Menschenliebe
oder Menschenzüchtung?

Der Wirkungskreis der Männer hatte sich technisch und ökonomisch während der vergangenen 50 Jahre immens ausgeweitet. Doch je größer Radius und Entscheidungsdruck wurden, desto stärker brauchten und wollten die Männer ihre Gattinnen zu Hause. Als Rückhalt und ruhenden Pol, vielleicht auch als ihren sicheren Besitz in unsicheren Zeiten. In den öffentlichen Diskussionen um die neuen Lebensmodelle, traditionelle oder Kameradschaftsehe, Gleichstellung der Partner in der Ehe oder gar »freie Liebe« kämpften in vielen Frauen neue und alte Moralvorstellungen heftig miteinander. Die Mädchenliteratur bediente und unterstrich vor allem das alte Klischee. Durch Bücher wurde den Mädchen schon früh vermittelt, dem Mann mal einst ein idyllisches Heim bieten zu müssen, wo er doch draußen in der Welt durch gesellschaftliche, politische und wirtschaftliche Ereignisse so arg gebeutelt wurde. Die Welt der Frau und Mutter im Innern der Familie wurde literarisch zum Ort des Glücks stilisiert, dank »Pommerle« und »Nesthäckchen«. Die erfolgreiche Kinder- und Jugendbuchautorin Else Ury konnte das aber nicht vor den Nazis retten. Erst wurden ihre Bücher verboten und schließlich wurde sie im KZ umgebracht. Magda Trott, die Mutter von »Pommerle« und »Pucki« löste sie dann quasi ab, ausgerechnet eine ehemalige Frauenrechtlerin.

Doch die Konservativen konnten nicht verhindern, dass im Deutschland der 20er Jahre die patriarchale, kinderreiche Ehe alter Prägung allmählich an Ansehen einbüßte. Längst gab es einen Trend hin zur modernen Kleinfamilie mit höchstens zwei Kindern, 1900 wurden pro Familie noch fast fünf Kinder geboren, 1925 nur noch wenig mehr als zwei. Der rasante Geburtenrückgang wurde in Wissenschaft, Politik und Presse intensiv diskutiert. In der instabilen Nachkriegsatmosphäre galt er als eklatantes Alarmzeichen für fehlende Perspektiven und Zukunftslosigkeit, nicht zuletzt auch als Zeichen wandelnder, wenn nicht gar fehlender Werte. In diesem Phänomen schien sich die unterschwellige Niedergeschlagenheit und Ohnmacht der Kriegsgeneration aus-

Die moderne Frau saugt … 1929

zudrücken und rief politische und soziale Gegenstimmen hervor, die die Kinderfeindlichkeit anprangerten und von geplantem »Gebärstreik« sprachen und vor der »Vergreisung des Volkskörpers« warnten.

Kochschule in Hilden, 1930

Die Geburtenziffer sank in den 20er Jahren so unaufhaltsam wie die Scheidungsrate stieg. Und Informationen über Verhütung unterstützten diese Tendenz. Bereits zu Beginn des 19. Jahrhunderts war der weibliche Eisprung entdeckt worden und um 1875 herum konnte man unter dem Mikroskop die Verschmelzung von Sperma und Ei beobachten. Die genauere Kenntnis des Zeugungsvorgangs ermöglichte nicht nur dessen Verhütung, sondern auch die zunehmende Trennung von Sexualität und Kinderwunsch. In den 20er Jahren wurde die Sexualwissenschaft – nicht zuletzt dank ihrer »Eltern« Magnus Hirschfeld und Helene Stöcker – zur Massenbewegung für Sexualreform mit reichsweit bis zu 150 000 Mitgliedern. Die von Stöcker mitbegründeten verschiedenen Gesellschaften für Mutterschutz und Sexualreform oder für Geburtenregelung und Sexualhygiene betrieben mehr als 400 Beratungsstellen in Deutschland, davon fast 40 in Berlin. Ihnen ging es nicht allein um das immer brisante Thema ungewollter Schwangerschaft und Abtreibung, sondern genauso um die anderen Fragen, die jahrhundertelang unterdrückt worden waren wie Verhütung, uneheliche Kinder, Prostitution und Homosexualität. Die gesamte Nation diskutierte sie je nach Standpunkt leidenschaftlich oder wütend, mit ungeheurem Nachholbedürfnis oder auch mit Abscheu und unverhohlener Angst vor der »Verwilderung der Sitten«.

Erfreulicherweise kommt ja ein erheblicher Prozentsatz moderner Berlinerinnen zur Strafe für ihre Fruchtabtreibungen in diesen sogenannten Wochenbetten um.

Pastor Legius, selbst ernannter »Lebensschützer«, in der Zeitschrift ›Reformation‹

So manches Mädchen erlebte es als Schande, mit 18 oder 20 noch Jungfrau zu sein, beobachtete der Sexualforscher Wilhelm Reich 1929. Besonders im Arbeitermilieu sei außerehelicher Sex selbstverständlich.

Aber Verhütungsmittel waren unzuverlässig und nicht leicht zugänglich, der Handel damit war im 1900 verabschiedeten »Unzuchtsparagraphen« verboten worden. Pessare, Diaphragmen oder Portiokappen, Kappen, die den Muttermund verschließen, aus Elfenbein, Zinn, Horn, Gummi und aus gepresstem Papier, waren bereits auf dem Markt, doch sie waren zu teuer. Und die Präservative platzten im unpassendsten Moment. An dem Problem arbeitete auch der Unternehmer Julius Fromm und war erfolgreich. Ab 1919 setzte er auf jedes seiner Kondome seinen Namen und sein Leitspruch wurde: »Die Konkurrenz soll platzen.« Die ersten Kondomautomaten hingen dann erst 1928 in Berlin. Mit der Aufschrift: »Männer, schützt Eure Gesundheit!« wurden die Männer vor Krankheiten gewarnt, aber nicht davor, ungewollt Kinder in die Welt zu setzen.

Die Firma des jüdischen Deutschen Fromm wurde im Jahre 1938 enteignet und ging über Umwege in das Eigentum Hermann Görings über. Obwohl die Nationalsozialisten offiziell den Gebrauch von Verhütungsmitteln scharf verurteilten, erhielt doch jeder Wehrmachtssoldat sein Wehrmachtskondom, um sich im Ausland vor Krankheiten zu schützen. Herr Göring, der ordensüchtige »Goldfasan«, hatte ja nicht nur in Sachen Gummi einen Sinn fürs lukrative Geschäft.

Aber gegen die Freiheit von Liebe und Lust kämpften reaktionäre Politiker und konservative Frauenrechtlerinnen verbissen um die verlorene Einheit von Sexualität und Fortpflanzung. Die bürgerliche Frauenrechtlerin Gertrud Bäumer zum Beispiel fand die Vorstellung entsetzlich, dass eine Frau sich »sexuell auslebt, ohne Mutter werden zu wollen«, und forderte, abtreibende Frauen weiterhin abzustrafen. Das Deutsche Reich von 1871 hatte den § 218 beschert, den wir in Modifikationen noch heute kennen. Auf jede Geburt, so schätzte man, kamen im ökonomischen Elend der Weimarer Republik ein bis zwei Schwangerschaftsabbrüche. In den Zeitungen fanden sich vermehrt Annoncen von tatsächlichen und selbst ernannten Hebammen, die den »verzweifelten Frauen« ihre Dienste anboten. Die Verzweiflung der Frauen mag schon immer ein gutes Geschäft gewesen sein. Aber eine viertel- bis eine halbe Million Frauen erkrankte jährlich an den Folgen der Pfuscherei der mehr oder meist weniger geeigneten Engelmacher, 10 000 bis 25 000 starben – eine Kleinstadt pro Jahr.

Die meisten Frauen wurden als junge Mädchen damals nicht aufgeklärt. Das, was sie zum Zeitpunkt ihrer Heirat wussten, hatten sie irgendwo aufgeschnappt. Doch es gab nicht nur die Sexualreformer, die liberal und offen an das Thema herangingen und sich der Befreiung des Körpers und der Aufklärung verpflichtet hatten, sondern auch Sexualwissenschaftler, die von den mechanistischen und sozialdarwinistischen Vorstellungen ihrer Zeit durchdrungen waren. So mancher von ihnen sah, kaum war der menschliche Orgasmus einigermaßen erklärt, den Körper mehr oder weniger als Maschine, die, eingestellt auf das optimale Erregungsprogramm, stärkere Orgasmen und gesündere Kinder hervorbringen konnte. Diese Forscher fanden tiefe Befriedigung darin, in zahlreichen Abhandlungen die unterschiedlichen Verlaufskurven männlicher und weiblicher Erregung zu referieren. Nur der gemeinsame Orgasmus, predigten sie, garantiere Eheglück, körperliche Fitness und gesunde Kinder und löse überhaupt nahezu alle Menschheitsprobleme.

Auf diese Weise wurde die weibliche Sexualität vom alten Korsett befreit und gleichzeitig von neuen männlichen Wünschen besetzt. Dazu aber, so hielten die Herren Ratgeber, die sich nun auch berufen fühlten, ihren Lesern vor, sei mehr Bemühung vonseiten der Männer nötig: »Der Ehemann«, erklärte allen voran Th. H. van de Velde, ein Autor von Bestsellern wie ›Die vollkommene Ehe‹ von 1926 oder ›Die vollkommene Gattin‹, sei »der sexuelle Führer und Erzieher« seiner Frau. Allerdings solle er es nicht übertreiben, denn wenn eine Frau erst einmal erotisch erwacht sei, übertreffe ihre »Leistungsfähigkeit« meistens die des Mannes. Das alte Bild des Mannes, der die Frau führt, sie aber auf keinen Fall von der Leine lassen darf – wie viel Angst steckt da dahinter.

Anderen wiederum ging es um die Verhinderung von »minderwertigem erbkranken Nachwuchs«, also um die optimale Menschenzüchtung. Ehewillige, so forderten Vereine wie die 1917 gegründete »Berliner Gesellschaft für Rassenhygiene« müssten vor ihrer Heirat ein »Gesundheitszeugnis« ausgestellt bekommen. Bei Geschlechts- und Geisteskrankheiten oder »Entartungshysterie« – eine Krankheit, die nur in der Fantasie sozialdarwinistischer Ärzte existierte, solle gegebenenfalls ein »Eheverbot« erteilt werden. Solcherlei kruder Biologismus, der wenige Jahre später im Massenmord der Nazis an »Geisteskranken« und »erblich Minderwertigen« endete, erfasste auch Einzelne weit im linken politischen Lager. Das KPD-Mitglied Friedrich Wolf sah in dem aufkommenden »Rassenhygiene«-Wahn nur einen »Sport«, einen »Spleen«, nichts weiter. Der SPD-Gesundheitsexperte Alfred Grotjahn trat dagegen für einen »Ausschluss der Minderwertigen«, und damit meinte er »Landstreicher, Alkoholiker, Verbrecher und Prostituierte«, von der Fortpflanzung ein. Er begeisterte sich auch für das »Dreikindersystem« als Produktionspflicht für jede Frau: »Mehr als bisher muss die Frau gerade von den übrigen Frauen danach eingeschätzt werden, wie viel Kinder sie zur Welt gebracht hat.« Da winkt bereits heftig das Ehrenkreuz der deutschen Mutter.

In wertkonservativen Kreisen sah man überhaupt die Notwendigkeit, das Bild der Frau zu erneuern. Diese neuen Trends widersprachen dem traditionellen Leitbild der Hausfrau und Mutter. Also musste das Bild den neuen Fortschrittsmöglichkeiten angepasst werden, um es wieder attraktiver zu machen: Und da kamen die neuartigen Haushaltsgeräte mit ihrer modernen Möglichkeit der Rationalisierung gerade recht. Die Hausfrau sollte ihren Kleinstbetrieb Haushalt und Familie führen wie bisher, allerdings betriebswirtschaftlich rationell und professionell mit modernen Mitteln und auf Aufwandsminimierung bedacht. Sie sollte die neuen Errungenschaften der Technik und Erzeugnisse der revolutionären Haushaltsindustrie nutzen, um die Wirtschaft weiter anzukurbeln. Damit sollte sich die Hausfrau einen eigenen, für sich weiblichen Bereich schaffen können. Das wertete die Frauenarbeit auf, indem es volkswirtschaftliche Gesichtspunkte einbezog und fand breite Zustimmung gerade als Gegenentwicklung zur »neuen Frau«.

In völkischen Kreisen fand dieses Bild Anhänger und sie setzten ihm die Mutterideologie mit der Aufwertung der Frau und Mutter als »Erhalterin des Volkes« noch eins oben drauf. Im Zentrum stand die »Aufzucht« von Kindern. Das Modell, das sie entwickelten und das dann während der Nazizeit perfektioniert wurde, war etwas verquast. Die Frauen sollten sich angesprochen fühlen, auch die modernen, die jungen. Also hieß es, die Geschlechter seien ebenbürtig und gleichwertig und doch sollten sie verschieden sein. Und aus der Verschiedenartigkeit ließ sich die Führungsrolle des Mannes leicht erklären. Übersetzt sollte es ungefähr das heißen: Die Frau sollte sich innerhalb der Familie einen von männlicher Einflussnahme unabhängigen Platz aneignen, der Mann blieb dennoch der Leiter und Lenker des ganzen Unternehmens Familie und außerhalb sowieso. Konservative Frauen konnten sich von diesem Bild angezogen fühlen, da es zwar die Frau in den gesamtvolkswirtschaftlichen Haushalt einbezog und dennoch traditionelle mütterliche Werte achtete.

»Meinen Sohn schlagen Sie nicht, Sie Kulturbremser!«

Die Schriftstellerin Dinah Nelken verwehrte mit diesem Satz während der Weimarer Jahre einem »Pädagogen« ihres Sohnes das Züchtigungsrecht. Für viele hatte die alte wilhelminische Prügelpädagogik in den 20er Jahren gründlich ausgedient. Anstelle von bloßer Zucht und Ordnung, Disziplin und der Kasernenhofhierarchie sollten endlich menschliche, demokratische und reformerische Töne in die Schulen einziehen. So einiges, was die Generation von 1968 erst wieder neu erfinden zu müssen glaubte, wie das Recht des Kindes auf freie Selbstentfaltung, die antiautoritäre Pädagogik, Reformschulen ohne Zwang und Notendruck, war bereits seit der Jahrhundertwende erdacht und erprobt. Damals waren Schulen und Erziehungsmodelle modern geworden, die die bedingungslose Autorität der Erwachsenen anzweifelten und dem Kind das Recht auf freie Willensäußerung zusprachen. Bereits im Schatten und als bewusster Gegenent-

Schulklasse, 1927

wurf zu wilhelminischen Erziehungszielen waren eine Reihe alternativer Reformschulen entstanden. Sie orientierten sich an Maximen wie denen der Schwedin Ellen Key, die seit der Jahrhundertwende für ein besseres Verständnis für Kinder warb, betrachteten es als »vordringlich«, die Kinder »vor den Schulmeistern zu retten« oder versuchten, mit der Maxime »keine künstlichen Trennungen« die Grenzen zwischen Mädchen und Jungen, zwischen Schülern und »Lehrer-Kameraden« einzureißen. Die heute noch bekanntesten sind die Waldorf-Schulen des Anthroposophen Rudolf Steiner und die nach dem Vorbild der italienischen Ärztin Maria Montessori entstandenen Montessori-Schulen. Pädagogische Leitlinien wie »Hilf mir, es selbst zu tun«, und die Richtlinie, auch den jeweiligen Stand des Kindes zu berücksichtigen und nicht den Lehrplan dem Kind überzustülpen, sondern im Gegenteil, ihn an der Entwicklung des Kindes zu orientieren, trugen diese Pädagogik. Neu war auch, Fragen und Neugierde zuzulassen, und die Forderung, den eigenen Kopf zu gebrauchen, anstatt Anordnungen lämmerhaft zu befolgen.

Zugrunde lag dem Ganzen die Einsicht in die Notwendigkeit der Demokratisierung der Familie, die Bekämpfung der Hierarchie zwischen Frauen und Männern, Eltern und Kindern. Man solle das Kind nicht mehr als minderwertiges Wesen ansehen, »sondern es einmal als gleichgestelltes, nur jüngeres Wesen betrachten, dem gegenüber dieselben Regeln und Gesetze, Sitten und Gebräuche gültig sind wie zwischen Erwachsenen.« Dr. Annie Vigevenos Satz klingt sehr heutig, stammt aber aus ihrem Aufsatz ›Wie sollen wir unsere Kinder erziehen?‹ von 1931.

Ich lass' mir meinen Körper schwarz bepinseln,
schwarz bepinseln,
und fahre nach den Fidschiinseln,
nach den Fidschiinseln!
Dort ist noch alles paradiesisch neu!
Ach, wie ich mich freu!
Ach, wie ich mich freu!
Ich trage nur ein Feigenblatt
Mit Muscheln, Muscheln, Muscheln,
und gehe mit ner Fidschipuppe
kuscheln, kuscheln, kuscheln.

Foxtrott aus dem Film ›Einbrecher‹, Text: Robert Liebmann, Friedrich Hollaender, Musik: Friedrich Hollaender, 1930

So etwas widersprach eklatant der nationalsozialistischen Einstellung gegenüber Kindern. Da wurde die vorbehaltlose Anerkennung von Autoritäten verlangt, die bedingungslose Unterordnung und Disziplin. Gegenüber Vätern genauso wie gegenüber Lehrern, Vertretern des Staates, also der Partei und – wenn es denn sein sollte, der Kirche –, und zwar nicht aufgrund besonderer Fähigkeiten oder Charaktereigenschaften, sondern allein aufgrund ihrer bloßen Existenz. Da war keine Überprüfung der Tauglichkeit von Maßnahmen, Anordnungen oder Zuständen möglich. Im Gegenteil, sie war von vornherein ausgeschlossen, es herrschte ein allgemeines Frageverbot, die Grenzen zu überschreiten, sollte einem selbst als völlig absurd erscheinen. Ziel war die unbedingte Anerkennung von Macht. Die Nationalsozialisten zerstörten denn auch jede Spur der freiheitlichen Pädagogik der zurückliegenden Jahre und schlugen eine Jahrzehnte umfassende Schneise in die kollektive Erinnerung.

Diese Haltung der Nationalsozialisten war nun keineswegs überraschend und neu. Im Kleinbürgertum, in der Landbevölkerung und in der Arbeiterschaft waren die Erziehungsstile mehrheitlich autoritär geblieben und Schule und Familie gingen da d'accord. Erst kam die Pflicht und dann vielleicht noch das Vergnügen – man hatte zu gehorchen, die Aufgaben zu erfüllen. Man hatte nicht zu fragen oder gar zu diskutieren. Es war selbstverständlich, dass jetzt – und zwar jetzt – Dinge erledigt wurden, die gut auch irgendwann später erledigt werden könnten – der frühe Vogel fängt den Wurm und das Leben ist kein Vergnügungspark. Selbstverleugnung, Disziplin und die freudige Erledigung der Pflichtprogramme, daraus bestand das Leben. So war das schon immer, das durfte nicht hinterfragt werden. Wie man überhaupt wenig Fragen hatte zum Leben, zur Politik, zu allem. Der

»Euch lass ich nicht mehr los …!«

Nationalsozialismus, befand der Erziehungswissenschaftler Micha Brumlik, hat bestens von einer schon lange vor ihm und ganz ohne ihn entstandenen autoritären Erziehungskultur profitiert, einer Erziehungskultur, die er weder missbraucht noch pervertiert, sondern schlicht beerbt hat.

»Meine Pädagogik ist hart. Das Schwache muß weggehämmert werden. In meinen Ordensburgen wird eine Jugend heranwachsen, vor der sich die Welt erschrecken wird. Eine gewalttätige, herrische, unerschrockene, grausame Jugend will ich … Schmerzen muß sie ertragen. Es darf nichts Schwaches und Zärtliches an ihr sein.« Man vermeint die eigene Körperfeindlichkeit Hitlers zu spüren.

Heil Hitler, Herr Lehrer!

Und dann waren die Nazis an der Macht. Hitler hatte versprochen, endgültig den »Gewaltfrieden von Versailles« abzustreifen und Deutschland seiner ursprünglichen Größe und Herrlichkeit zuzuführen, und war im Januar 1933 von Reichspräsident Paul von Hindenburg zum Reichskanzler ernannt worden. Und damit gleich klar war, wie der Hase laufen würde in Zukunft, marschierten aus Anlass der Machtübernahme etwa 15 000 Mitglieder von SA, Schutzstaffel, der SS und Stahlhelm mit einem Fackelzug durch das Brandenburger Tor in Berlin. Die KPD rief zum Generalstreik auf. Der rechtspopulistische Verleger Alfred Hugenberg wurde Wirtschaftsminister und Hitler traf sich mit hochrangigen Vertretern von Wirtschaft und Industrie, verkündete ihnen Ziele und Programm. Sie waren davon so angetan, dass sie ihm drei Millionen Reichsmark für den kommenden Wahlkampf spendeten. Auf Wunsch Hitlers löste Hindenburg den Reichstag auf, durch Notverordnungen wurden die Versammlungs-, Meinungs- und Pressefreiheit massiv eingeschränkt und der Polizei weitreichende Handlungsfreiheiten eingeräumt. Heinrich Mann musste auf Druck der NSDAP die Präsidentschaft über die Dichtkunstsektion der Preußischen Akademie der Künste niederlegen und Käthe Kollwitz wurde gezwungen, aus der Akademie auszutreten. Bert Brecht und Helene Weigel verließen Berlin und flüchteten nach Prag, der KPD-Vorsitzende Ernst Thälmann wurde verhaftet. Bei der Reichstagswahl im März 1933 erreichte dann die NSDAP trotz massiver Propaganda nicht die erhoffte absolute Mehrheit, sondern lediglich 43,9 Prozent der Stimmen. Aber da waren bereits alle Schienen gelegt – die Sitze der KPD im Reichstag, sie hatte 12,3 Prozent erreicht, wurden aufgrund der bereits erlassenen Notverordnungen annulliert –, der Reichstag verzichtete wenig später auf seine Gesetzgebungskompetenz und erließ das Ermächtigungsgesetz, das Hitler und der NSDAP für die nächsten Jahre alle Freiheiten ließ. Das erste Konzentrationslager für politische Gegner der NSDAP wurde noch im März 1933 in Dachau eingerichtet.

Die Nazis nutzten ihre Chancen, schnell, effektiv und rücksichtslos. Verwaltung, Ministerien, Ämter wurden arisiert und nazifiziert. Einen besonderen Stellenwert nahmen Bildungsarbeit und Erziehung ein. Hermann Göring und Wilhelm Frick gehörten der neuen Regierung von vornherein an. Der erste Minister, den die NSDAP in einem Länderparlament gestellt hatte, war der nunmehrige Reichsinnenminister Frick gewesen, als Bildungsminister in Thüringen. Schon im ersten Jahr der nationalsozialistischen Regierung wurden erste Schritte zur Nazifizierung in den Schulen vorgenommen. Am 15. Januar 1935 wurde für alle Schulen die NS-Erziehungspolitik als verbindlich festgelegt, die »Rasse- und Vererbungslehre« sollte fester Bestandteil des Unterrichts werden. Lehrer wurden Mitglied der Partei und erschienen bei besonderen Anlässen in Parteiuniform, nichtarische Lehrer und diejenigen, die nicht auf Linie waren, wurden entlassen und durch parteinahe ersetzt. Das Tragen von Abzeichen der Partei oder nationalsozialistischen Verbänden wurde in den Schulen erlaubt, der Hitlergruß verbindlich eingeführt. Im September 1936 hielt Hitler in Nürnberg eine Rede zur NS-Erziehungspolitik, in der er die Schulung der Jugend zu körperlicher und kämpferischer Tüchtigkeit in den Mittelpunkt stellte. Die Ideen einer völkisch-nationalen Erziehung, die während der zurückliegenden Republikjahre bereits entwickelt worden waren, wurden in der angelegten Richtung weiterentwickelt: von der »deutschen Bildung« zur »volklichen« und der Formung des ganzen Menschen. Der völkisch-totalitäre Anspruch hinter dieser »deutschen Bildung« hatte die nationalistischen Deutschkundler längst zu Wegbereitern des Faschismus gemacht. Nun endlich konnte Bildungsarbeit ganz direkt in Beziehung zur aktuellen Politik gesetzt werden.

Bis in die kleinste Einheit sollte jetzt die ideologische Schulung dringen. »Ein alle verbindender Wille zu einer Ausrichtung, zu einem Ziel«, sollte alle und alles erfassen. Die nationalsozialistische Erziehungsarbeit war total und gewaltförmig, sie zielte auf Kopf und Körper, Herz und Willen, sie nahm sich den ganzen Menschen vor. Und immer wieder diese Beschwörung des alle einenden Willens. Die Gemeinschaft stand über allem, verpönt war eigene Persönlichkeit und jede Form von Individualität. Und keineswegs verdeckt wurde die nazistische Rasseideologie verbreitet, die war längst gesellschaftsfähig geworden: »Die gesamte Er-

»Ihr seid die Garanten der Zukunft«, tönte Reichsjugendführer Arthur Axmann, der Nachfolger Baldur von Schirachs, über die Jugend.

»Ihr seid die Granaten der Zukunft«, dichtete hellsichtig der Volksmund.

ziehungs- und Bildungsarbeit des völkischen Staates muß ihre Krönung darin finden, daß sie den Rassesinn und das Rassegefühl instinkt- und verstandesmäßig in Herz und Hirn der ihr anvertrauten Jugend hineinbrennt.« So Hitler in ›Mein Kampf‹ von 1939.

»Sammeln mit modernsten Mitteln – Motorroller von Sachs rollen für das Winterhilfswerk.«

Je nach persönlicher Nazifizierung der Vorgesetzten, Schulleiter, Gauleiter, Hausmeister oder Blockwarte waren die nächst Beschäftigten, Schüler, Anwohner oder Verwandten sicher oder gefährdet in ihrer persönlichen Meinung, ihrer Privatsphäre, ihrem Leben. Es gab durchaus einen Unterschied zwischen Ideologie und Realität. Nicht alles, was Partei und Propaganda wollten, wurde auch tatsächlich umgesetzt. Aber vielmals geschah die Infiltration, die Einflussnahme so schleichend, wie sie während der Weimarer Jahre bereits eingesetzt hatte. Und die Schüler und Schülerinnen waren besonders leicht erreichbare Opfer – jung und idealistisch und damit in jede gewünschte Richtung formbar.

Hitlerjugend, die HJ, und Bund Deutscher Mädel, BDM, waren die Verbände, denen Kinder ab dem 10. Lebensjahr beinahe automatisch beitraten – nationalsozialistische Erziehungsarbeit von klein auf. Und so gut wie alle »arischen« Schüler und Schülerinnen gehörten bald dazu. Obwohl HJ und BDM außerhalb der Schule, das heißt nach dem Wohnortprinzip, organisiert waren, spielten sie für die Schule eine immer größere Rolle. Der Mittwochnachmittag sowie der Samstag sollten jeweils unterrichts- und aufgabenfreie Zeit sein, damit die Kinder für die Erziehungsarbeit der Hitlerjugend zur Verfügung standen. Wer eine besondere Aufgabe zu erledigen hatte, konnte sich vom Schulunterricht befreien lassen – welch großartiges Gefühl für zehn-, elf- oder dreizehnjährige Pimpfe – wie die Kleinen in der Hierarchie ja auch hießen –, einem Lehrer melden zu können: »Ich werde mit dem BDM einen Lehrgang besuchen und kann deshalb am Unterricht nicht teilnehmen!« Beurlaubungen von Schülern für ein Sommerlager, Führerschulen oder Segelflugausbildung wurden genehmigt, insbesondere dann, wenn sie – im Falle von jungen Männern – im Zusammenhang mit dem künftigen Wehrdienst oder dem Offiziersberuf standen. Bereits im Februar 1935 richtete das Erziehungsministerium ein »Amt für Körperliche Erziehung« mit dem Ziel der »Wehrhaftmachung« von Schülern und Studenten ein. Umgekehrt war es bisweilen schwierig, eventuell zur Vorbereitung des Abiturs eine Beurlaubung vom HJ-Dienst zu bekommen.

Ganz entsprechend der Wertigkeit, die die nationalsozialistische Erziehungs- und Bildungsarbeit den Bereichen Körper und Kopf beimaß: »Der völkische Staat hat … seine gesamte Erziehungsarbeit in erster Linie nicht auf das Einpumpen bloßen Wissens einzustellen, sondern auf das Heranzüchten kerngesunder Körper. Erst in zweiter Linie kommt dann die Ausbildung der geistigen Fähigkeiten.« Nur eine kerngesunde, im Charakter nach nationalsozialistischen Maßstäben gefestigte und brauchbare Jugend entsprach Hitlers Erziehungsideal. Die Ausbildung wissenschaftlicher und kognitiver Fähigkeiten war zweitrangig. War ja auch nicht nötig, denn sie sollten, wenn es nach des Führers Wollen ging, stillschweigend gehorchen, kämpfen und notfalls ihr Leben geben, fertig. »Ich will keine intellektuelle Erziehung. Mit Wissen verderbe ich mir die Jugend … Aber Beherrschung müssen sie lernen. Sie sollen mir in den schwierigsten Proben die Todesfurcht besiegen lernen.«

Von vornherein durchzog den Unterricht die Begründung des Krieges als Notwendigkeit, in beinahe jedem Fach wurden Krieg und Militärisches – wenn auch nur beiläufig – eingeflochten. In Mathematik ließen sich Rechenoperationen anhand von Truppenstärken und Geländeformationen erklären, die Pflicht zum Kampf für das Vaterland floss nebenbei in Deutsch, in Erdkunde oder Biologie ein, hier nicht zu vergessen die »rasseideologischen Vorstellungen«. Die Bedeutung der Lage Deutschlands ließ sich herausstellen, andere Länder wurden als Kolonialmächte oder gefährliche Gegner dargestellt – unter besonderer Berücksichtigung der »Verschiedenheit der Rassen« und der besonderen »Leistung der nordischen Rasse«. Im Bereich der Naturlehre sollten die Natur und ihre Kräfte erfahren werden, im Mittelpunkt des Musikunterrichts stand das deutsche Volkslied.

Den Mädchen wurde darüber hinaus, wo immer es ging, vorbildliches deutsches Frauentum vor Augen geführt, Säuglings- und Krankenpflege standen im Lehrplan. Ganz im Sinne des nationalsozialistischen Frauenbildes sollten Frauen und Mädchen schrittweise aus der akademischen Bildung herausgedrängt werden. An den Universitäten wurde folgerichtig eine Höchstquote weiblicher Studierender von 10 Prozent festgelegt.

Die Neuimmatrikulationen an Hochschulen wurden ohnehin insgesamt auf maximal 15 000 limitiert. Und Abiturientinnen mussten ab 1934 vor einem Studium ein halbes Jahr »Reichsarbeitsdienst« leisten. Mädchen wurden nicht selten an höheren Schulen diskriminiert, oft fand Handarbeitsunterricht anstelle des Lateins für die Jungen statt, was den Zugang zum Studium weiter einschränkte. Stattdessen wurden sie für alle möglichen Sammlungen herangezogen, für das Winterhilfswerk oder Verkäufe von Postkarten etwa für den »Verein für das Deutschtum im Ausland«.

Ein Studium wurde jungen Leuten, besonders jungen Frauen nur verziehen, wenn außergewöhnliche Begabungen vorlagen, ansonsten war intellektuelle Betätigung während der Nazizeit insgesamt niedrig bewertet. Die nationalsozialistische Ablehnung der Wissenschaften hatte wohl auch diesen Hintergrund: Es war nicht allein der Vorwurf »intellektuellen Eigeninteresses«, der die negative Einstellung gegenüber Wissenschaftlerinnen motivierte, sondern vor allem die den nationalsozialistischen Theorien zugrunde gelegte Vorstellung einer »ursprünglichen«

Ordnung oder »Natur«, die wissenschaftliches Denken ungewöhnlich und unmodern werden und diejenigen, die sich ihm dennoch widmeten, in den Verdacht des Abweichlertums geraten ließ. Ganz abgesehen davon war jede Individualität suspekt, und wissenschaftliches Arbeiten mit Vertiefen in ein Problem verlangt genau das: Kreativität und individuelle Auseinandersetzung.

Eine eigentümliche Analogie lässt sich nach dem Krieg beobachten und sie gilt in so mancher Familie bis heute. Für Frauen galten rein akademische Berufe lange nichts. Das lag sicher zum Teil an der großen Skepsis gegenüber den »Akademikern« – zwei linke Hände und lebensuntauglich. Da fehlte – mehr noch bei den Töchtern, aber auch bei Söhnen –, oftmals zu sehr der Praxisbezug, der Bezug zum Leben.

Die spärliche Schulbildung aber drückte sich bald in den Abschlüssen aus. Ein Jugendlicher verließ während des Dritten Reiches die Schule fast immer mit einem Volksschulabschluss nach der 8. Klasse. 1937/38 betrug der Anteil von Jugendlichen zwischen 16 und 19 Jahren, die eine höhere Schule besuchten, nur noch insgesamt 3,4 Prozent, das waren von 1,06 Millionen Schulabgängern nur 36 000, die mit Abitur ausschieden. Die kriegsmobilisierte Wirtschaft allerdings stellte der Nachwuchsmangel bald vor erhebliche Probleme. Darum wurde mitten im Schuljahr 1936/ 37 die Schulzeit für männliche Absolventen Höherer Schulen von dreizehn auf zwölf Jahre gesenkt, bei den Mädchenschulen folgte die Umstellung auf zwölf Jahre erst 1940.

Fahnenappelle am Montag, das Verlesen von vorbildlichen Feldpostbriefen einberufener Gymnasiasten sowie die wehrpolitische Ausrichtung des gesamten Unterrichts – die Schule war zum propagandistischen Instrument im System geworden. Nach Kriegsbeginn wurde die Verquickung von Schule und Militär noch enger. Dann standen die beiden obersten Klassen als Reservoir für Reichsarbeitsdienst und Wehrmacht zur Verfügung, die nächsten beiden Klassenstufen wurden bei Bedarf als Luftwaffenhelfer herangezogen. Dies hieß dann, dass sie gegebenenfalls in einer größeren Stadt einer Flakbatterie zugeteilt wurden, daneben nach Möglichkeit aber auch noch Unterricht hatten. Im »Totalen Kriegseinsatz« ab 1944 wurden die Schüler zum Einsatz als Flak-Helfer oder auch in die Rüstungsindustrie, die Schülerinnen zum Sozialdienst geschickt. Die 14-Jährigen wurden ab

Frühjahr 1944 vermehrt zu Nachtwachen von 20.00 Uhr bis 6.00 Uhr früh eingeteilt, um bei Fliegerangriffen – manchmal unter Anleitung eines Lehrers – erste Brandbekämpfungen zu leisten.

Altmodisch humanistisch: ›Die Feuerzangenbowle‹ mit Heinz Rühmann, 1944

Neben der Gefahr und der dauernden Anspannung und lauernden Angst beim Einsatz lockte viele ein zusätzlicher abenteuerlicher und positiver Aspekt. Diese Nachtwachen wurden wochentags mit 1,50 RM und Samstag zu Sonntag mit 3 RM honoriert und brachten die Erlaubnis, am nächsten Morgen erst zur zweiten Stunde zum Unterricht zu erscheinen, sofern der überhaupt noch regelmäßig stattfand. Der Druck auf Oberstufenschüler, sich freiwillig zum Kriegseinsatz zu melden, wurde verstärkt. Kriegsfreiwillige trugen sichtbar an der HJ-Uniform ein rotes Bändchen. In den Jahren 1942 bis 1944 gestellte Aufsatzthemen lauteten dann beispielsweise: »Die Wehrbauerngrenze«, »Vom Volkstumskampf« oder »Der deutsche Ritterorden im Kampf für das Ostland« – da haben wir es wieder –, und nachdem Italien das Bündnis aufgekündigt hatte, »Untreue schlägt ihren eigenen Herrn«.

Allgemein wurde das Niveau vor allem der höheren Bildung immer weiter gesenkt. Für das Jahreszeugnis wurde nicht selten die Beurteilung des zuständigen Batteriechefs herangezogen, wie in einem Fall 1943 in Dresden, als ein Vater gegen die Nichtversetzung seines Sohnes Einspruch erhob. Die Versetzung war mit der Begründung abgelehnt worden, dass die körperliche Leistung vor der charakterlichen und geistigen bewertet werden müsse. Die militärische Eignung entschied über Weiterkommen oder Straucheln in der Biografie. Sonderlehrgänge, Sonderreifeprüfungen und Sonderregelungen für spätere Studienberechtigungen verlagerten die Bildung zusätzlich immer mehr an die Front.

Auch die Mädchen wurden in zunehmendem Maße für den Krieg mobilisiert. Nach dem Erlass des Jugendführers des Deutschen Reiches Baldur von Schirach vom Juli 1943 wurden die Schülerinnen der siebten Klassen der Mädchenoberschulen zur Arbeit in Kindertagesstätten und ähnlichen Einrichtungen herangezogen. Ab 1944 griff eine generelle Musterung aller Abiturientinnen für den RAD. Dass bei alldem der Unterricht nur noch zweitrangig war, versteht sich von selbst. Lehrer fehlten ohnehin, auch sie waren zum Kämpfen und Sterben einberufen. Die Klassenstärken wuchsen, Klassen wurden zusammengelegt, alles wurde der militärischen Notwendigkeit untergeordnet. Selbst der Sportunterricht, das Paradepferd nationalsozialistischer Erziehung, fand aufgrund der Tatsache, dass die Sportlehrer allesamt abberufen waren, nur noch ersatzweise statt.

Die NS-Erziehungs- und Bildungsarbeit wirkte auf breite Bevölkerungsschichten wie geistiges Opium. Bezeichnend für die Abhängigkeit der Leute, der Älteren wie der Jungen, war die schleichende Sucht, die Notwendigkeit von immer größeren Dosen. Wer denkt, seine Schulausbildung oder der Unterricht während der Nazizeit sei individuell oder Zufall gewesen, die Vermittlung hauswirtschaftlicher Kenntnisse, die Betonung von Gemeinschaft, Kameradschaft und Verantwortung für die Gruppe sowie die Allgegenwart kriegerischen, militärischen Denkens sei unideologisch und einfach abwechslungsreich und vor allem Abenteuer gewesen, der erkennt dahinter nicht den Plan, der verschließt die Augen gegenüber der eigenen jugendlichen Manipulierbarkeit. Und die zu erkennen und sich einzugestehen, fällt oftmals umso schwerer, je mehr Zeit seither vergangen ist. Wer möchte schon gern unbemerkt verführt oder manipuliert worden sein. Gerade diese Tatsache machte es den Nachkriegsdeutschen nach 1945 vermutlich so schwer, zu erkennen und zuzugeben, ich gehörte dazu, ich war einer, eine der vielen, die verführt und gelenkt worden waren, ohne es zu bemerken. Auch dann, wenn sie sich darüber hinaus keines Vergehens schuldig gemacht hatten. Sie hatten nur mitgemacht.

Es geht eine helle Flöte,
Der Frühling ist über dem Land.
Birken horchen auf die Weise,
Birken, und die tanzen leise.
Es geht eine helle Flöte,
Der Frühling ist über dem Land.

Melodie und Text: Hans Baumann, 1938

Euch lass ich nicht mehr los fürs Leben

Reichssportwettkämpfe, Reichsberufswettkämpfe, »Hauswirtschaftliche Ertüchtigung im BDM« – das ganze Leben war ein fröhlicher Wettkampf. BDM, Pflichtjahr, Reichsarbeitsdienst – der Staat ließ nach 1938 kaum noch ein Mädchen, eine junge Frau aus – und nach Kriegsbeginn war jegliche Freiheit endgültig dahin. Die politische Erfassung und Erziehung der deutschen Jugend geschah systematisch und formal. Sie wurde jahrgangsweise »gemustert«, und der Jahrgang der 10-Jährigen wurde jeweils am 20. April, dem Geburtstag Hitlers, zur Hitler-Jugend, beziehungsweise die Mädchen in den »Jungmädelbund« eingezogen.

Der Bund Deutscher Mädel, BDM ist noch heute für viele damals Dabeigewesene relativ unverfänglicher Gesprächsstoff. Genau wie die romantischen Fackelumzüge oder Hitlers legendäre Autobahnen. Aber die Autobahnen waren weder vom Führer selbst während der Festungshaft in Landsberg »entworfen« worden, wie die Nationalsozialisten verbreiteten, sondern sie waren eine alte Planung aus den 20er Jahren. Die hatte damals aus Geldmangel und Uneinigkeit der einzelnen Länder nur in kleinen Teilstücken verwirklicht werden können. Der Autobahnbau hatte auch keineswegs den Arbeitslosen Arbeit gebracht, sondern wegen schlechter Bezahlung und miserabler Arbeitsbedingungen mussten Arbeiter im Gegenteil zwangsweise dienstverpflichtet werden und Fremdarbeiter die Hauptmaloche leisten. Und die schönen Fackelumzüge dienten dazu, das Herz zu wärmen und die Menschen enger ans System zu binden. Der BDM schließlich war genauso wenig nur harmlos gewesen.

Natürlich förderte es das Selbstbewusstsein kleiner Mädchen, einer Gemeinschaft anzugehören, wo Jugendliche Gleichaltrige führten. Es war schick, eine Uniform zu bekommen und gegenüber den eigenen Eltern bei Verbot auftreten zu können, mit »ich muss aber«, ... zum Heimabend nach Dunkelheit, am Wochenende zu einer Schulung, in den Ferien auf Fahrt gehen, war bestimmt etwas Großartiges. Mädchen wurden die gleichen Bereiche geöffnet, die bis dahin nur männlichen Jugendlichen zugestanden waren. So etwas hatte es vorher nicht gegeben.

Die Eltern wurden entmachtet, die Partei, der Staat nahm Einfluss auf möglichst jeden wichtigen Bereich des Jugendlebens. Die Manipulation verlief vermeintlich »unpolitisch«, wie viele Frauen das heute noch betonen. Das »Wir-Bewusstsein« wurde gefördert und das Gemeinschaftsleben der persönlichen Erfahrung nach selbst organisiert – Jugend führt Jugend. Und so blieb die BDM-Zeit positiv in Erinnerung.

Aber der BDM war kein Verein, in dem lediglich fröhliche Liedlein gesungen wurden. Bereits mit den Aufnahmepapieren unterschrieb jedes Mädchen, dass es arischer Abstammung sei, ohne farbiges noch jüdisches Blut in der Reihe der Vorfahren nachweisbar bis zum 1. Januar 1800. Rassismus und Rassenideologie durchdrangen alles und wurden durch die »Erziehungsarbeit« tief in die Herzen und Köpfe der Kinder und Jugendlichen versenkt. Allein die Bekenntnis- und Fahnenlieder, gesungen bei den ungezählten Fahnenappellen, beschworen im mentalen Feldaufschwung die Fahne, die Treue zum Führer und den Tod. »Ihr seid viel tausend hinter mir, und ihr seid ich und ich bin ihr. ... Und forme ich Worte, so weiß ich keins, das nicht mit eurem Wollen eins. Denn ich bin ihr und ihr seid ich, und wir alle glauben, Deutschland, an Dich!« So dichtete der Reichsjugendverführer Baldur von Schirach in der ›Fahne der Verfolgten‹. Und an Heimabenden wurde auch mal über die Grenze im Osten nachgedacht. Das waren politische Schulungen, auch wenn sie nicht als solche bezeichnet und erkannt wurden.

Wo so viel organisiert und vorgeschrieben war – wo hätte die eigene Entscheidung da noch Platz haben können? Sportliche

Wettkämpfe und Feiern wechselten sich ab, sowohl die eigenen Feste der Gruppen als auch die großen nationalen Feiern im Ritus des NS-Feierjahres. Und schließlich gehörten dazu die gesellschaftlichen Einsätze, die volkswirtschaftlichen und wohltätigen Sammlungen und die sozialen Hilfsdienste, zu denen die BDM-Einheiten beständig aufgerufen wurden und in die sie fest eingespannt waren. Und daneben wöchentlicher Sport am Samstagnachmittag, Heimabende am Mittwoch, Ausflüge, die sogenannte kleine Fahrt alle zwei Wochen oder mindestens einmal im Monat, großes Jugendlager beziehungsweise große Fahrt möglichst zweimal im Jahr. Aber Mädels durften nicht im Zeltlager campieren, weil zu unübersichtlich, die Angst vor ungewollten Schwangerschaften war zu groß. Die Mädels übernachteten züchtig in Jugendherbergen. Und selbst die Packlisten waren bis zur Größe der Seifenschalen vorgeschrieben.

Im März 1939 wurde die Jugenddienstpflicht gesetzlich ausgesprochen, HJ und BDM wurden zur Verpflichtung. Im Gegensatz zur HJ wurde der Dienst im BDM allerdings im Allgemeinen eher lasch gehandhabt. Vermutlich verbinden auch daher viele Frauen ihre BDM-Zeit bis heute kaum mit den Nazis. Für sie waren es Mädchengruppen ohne politische Aufgaben. Das Marschieren kam sehr unterschiedlich an und die Ordnungsübung dazu bemühte sich, wenig militärisch zu wirken. Die BDM-Uniform wurde teils geliebt, teils gehasst, und die Grußordnung wurde stellenweise überhaupt nicht befolgt. Die vielfach behauptete formende Kraft dieser »Erziehungsmittel« scheint in der gesellschaftlichen Praxis des BDM eher verpufft zu sein.

In den Kriegsjahren, in nationalsozialistischer Diktion der »Zeit des Dienstes und der Bewährung«, wurde die Hitler-Jugend einschließlich des BDM zur »Kampfjugend«. Die weiblichen Jugendlichen wurden für die ihnen als naheliegend zugesprochenen gesellschaftlichen Dienste und Hilfsleistungen, zuletzt aber auch zum aktiven »Kampfeinsatz« herangezogen. Dann erst recht galt es von oben zu steuern, lenkend einzuwirken, dass die Schützlinge sich freiwillig genau für das entschieden, was für das Volk lebenswichtig war. Von der Kinderbetreuung über die Hilfe in Lazaretten bis hin zur Pflege der Kriegsgräber – kein Bereich blieb ausgespart, wo man Mädchen und junge Frauen pflegend und unentgeltlich einsetzen konnte. Sie häkelten und strickten Hunderttausende von Strümpfen, Mützen und Jäckchen, bastelten und klebten Millionen von Spielsachen zusammen – freiwillig und unentgeltlich. Sie waren im Einsatz bei Straßensammlungen, beim Sammeln von Tee- und Heilkräutern, Eicheln, Altmaterial und Frauenhaaren. Sie arbeiteten bei der Partei, in der Landwirtschaft beim Steinelesen genauso wie beim Einebnen von Maulwurfshügeln, im Haushalt der Bäuerin oder als kostenfreie Stall- und Erntehelfer und für Arbeitslose und Bedürftige beim Winterhilfswerk. Als im Februar 1938 das Pflichtjahr für alle Frauen, die einen Beruf außerhalb von Haus- oder Landwirtschaft anstrebten, vorgeschrieben wurde, diente dies auch dazu, den Vierjahresplan zu sichern. Vordergründig wurde Idealismus eingefordert, an Kameradschaft, Gemeinschaftssinn und gesellschaftliche Verantwortung appelliert, und die Jugendlichen gaben alles. Wer hätte annehmen sollen, dass das schlecht sein und keinem guten Zweck dienen sollte. Dahinter verbarg sich jedoch der nackte ökonomische Zugriff.

Der Appell an das soziale Engagement stieß auf offene Ohren und sie waren zu mehr bereit, als nur ihre Pflicht zu Hause zu erfüllen. Die Kräfte, die freigesetzt wurden in ihnen, waren mächtiger als alle Vernunft. Lagerfeuer, nächtliche Fackelzüge, Großveranstaltungen, die »Fahnen der Freiheit«, die »stärker als der Tod« waren – es war die verführerischste Droge, die je für Jugendliche zusammengemischt wurde. Es enthielt alles, wonach sich junge Leute wohl zu allen Zeiten sehnten: Abenteuer, Größe, Wagnis und Bewährung. Und sie bewährten sich pausenlos.

Später ertrugen sie diesen Krieg, er musste sein, so lehrte man sie. Sie lebten eine Idee. Sie war wärmende Decke, wenn ihnen kalt war und Nahrung, wenn sie Hunger hatten und ihnen die spärlichen Kartoffeln einzeln auf den Teller gezählt wurden. »Wir verachteten die, die beteten, wenn der Putz von den Wänden rieselte – wir waren programmiert, Helden zu sein, und so waren wir es, auch wenn manches, was wir taten, nur noch als absolute Hirnlosigkeit bezeichnet werden kann«, erinnert sich die Schriftstellerin Ingeborg Bayer in ihrem Buch ›Bevor alles Legende wird‹.

Die Jugendlichen engagierten sich mit all ihrem Tatendrang und Enthusiasmus. Dadurch gelang es besonders gut, sie zu mobilisieren und zu motivieren. Sie wurden zu einem Glied in der großen Schicksalsgemeinschaft, sie knüpften mit ihrem Engagement die Verbindung zwischen BDM-Mädel und deutschem Soldaten und leisteten ihren Dienst an der Gemeinschaft, was eigentlich bedeutete an Fahne und Führer. Es war eine politische Ausbeutung der gesamten Jugend für die Gesellschaft, für die Wirtschaft und zuletzt für den Krieg. Für die männlichen Nachkommen galt das selbstverständlich in gleicher Weise – nur endete ihr Beitrag für die Volksgemeinschaft ab 1939 unweigerlich im Kriegseinsatz.

Auch der Reichsarbeitsdienst, RAD, für junge Frauen sollte »Ehrendienst am deutschen Volke« sein – analog zum Wehrdienst der Männer. Deren Wehr-Gesetz begann mit den Worten: »Wehrdienst ist Ehrendienst am deutschen Volke.« Der um 1931/ 32, zur Zeit der Weltwirtschaftskrise, geschaffene Arbeitsdienst für Männer und Frauen wurde im »Dritten Reich« systematisch ausgebaut und war für Frauen und junge Männer gleichermaßen verpflichtend. Als »Schule der Nation« sollte der RAD für die weibliche Jugend dazu beitragen, junge Frauen aller Schichten in die nationalsozialistische »Volksgemeinschaft« einzugliedern. Ein halbes Jahr lang lebten die »Arbeitsmaiden« zusammen mit Gleichaltrigen in Lagern, häufig isoliert und außerhalb von Städten oder Gemeinden, herausgelöst aus allen familiären Bindungen. Der Tagesablauf war streng reglementiert: Frühsport, Fahnenappell, Arbeit, Unterricht und organisierte Freizeitaktivitäten. So wie Frau Cosmann erfahren hatte, dass der RAD bald verpflichtend sein würde, erging es offensichtlich vielen anderen auch: Bis 1935 gab es wesentlich mehr Anmeldungen als verfügbare Plätze und einen überproportional hohen Anteil von Abiturientinnen. Um dem entgegenzuwirken, wurde der Anteil der Abiturientinnen pro Lager auf 20 Prozent der Belegschaft begrenzt. Vermutlich waren die schlecht zu lenken und allzu aufmüpfig in der Masse. Und ab 1936 wurde das Dienstjahr verpflichtend für alle.

Wer heute Pflichtarbeit wieder einführen will, unterschlägt, dass dieser Zwang bereits damals genervt hat. Selbstverständlich

Deutsches Mädel,
in der Zeit des größten Schicksalskampfes
unseres Reichs darf keiner untätig bleiben, ohne sein Anrecht darauf zu verwirken, Angehöriger des deutschen Volkes zu sein. Der deutsche Mann greift zur Waffe, um unser Reich zu schützen, du aber, deutsches Mädel, gehst in die Munitionsfabrik, um unseren Kameraden die Waffen zu reichen, greifst zum Pfluge, um die Ernährung unseres Volkes sicherzustellen. Überall, wo Arbeit wartet, packst du zu. Im Krieg adelt den Mann das Schwert. Dein Adel, deutsches Mädel, ist die Arbeit.

BDM-Reichsreferentin Jutta Rüdiger, Juli 1940

macht es stolz, wenn man etwas geschafft hat, was man sich zuvor nicht zugetraut hatte. Natürlich hat es auch Spaß gemacht, Anerkennung zu bekommen, wenn man einen fremden Haushalt plus Kinder plus einen fremden Mann so versorgt hatte, dass alle zufrieden waren. Aber der Zwang blieb doch, die eingeschränkten persönlichen Rechte, das ewige Antreten müssen, die unentgeltliche Arbeit. Kein Mensch lässt sich gern zu einem Zwangsdienst verpflichten – Bestrafung bei Nichterfüllung inklusive.

Elisabeth Cosmann war ja auch aufgefallen, dass die Mädchen dicker wurden, obwohl das am Essen keineswegs gelegen haben kann. Und die Regel blieb aus. Über die Anfänge des RAD sind wenige Unterlagen erhalten. Die Organisation war über das ganze Land verteilt und jedes Lager organisierte sich selbst. Im Allgemeinen kochten die Führerinnen für ihre Schützlinge und es wurde darauf geachtet, dass sie gut versorgt waren. Man brauchte sie schließlich als Arbeitskräfte, aber sie sollten auch gesund und proper nach Hause zurückkehren – als leuchtendes Beispiel der nationalsozialistischen Jugendorganisationen. Vermutlich wurden die Mädchen breiter, nicht dicker, weil sie einerseits ungewohnter körperlicher Arbeit nachgingen und außerdem tägliche Sportübungen absolvieren mussten. Dass die Regel ausblieb, ist anscheinend in ausschließlichen Frauengruppen keine Seltenheit.

Die Ehe kann nicht Selbstzweck sein!

Die Frauenpolitik der Nazis war raffiniert. Hitler hielt eine eingehende Behandlung der Frauenfrage für überflüssig. »Das deutsche Mädel ist Staatsangehörige und wird mit ihrer Verheiratung erst Bürgerin und damit politisch mündig.« Basta. Für die Frau sollte es nur ein Lebensziel geben, sowohl in privater als auch gesellschaftlicher Hinsicht, nämlich die Ehe. Ab 1933 waren keine Frauen mehr in politisch relevanten Ämtern oder akademischen Rängen zu finden. Medizinerinnen wurde die Kassenzulassung erschwert, Richterinnen, Schuldirektorinnen oder Verwaltungsbeamtinnen wurden versetzt oder, wenn sie durch Ehemann oder Vater »versorgt« waren, entlassen. Dies war schnell im »Gesetz zur Wiederherstellung des Berufsbeamtentums« vom 7. April 1933 beschlossen worden. Frauen durften erst ab dem 35. Lebensjahr verbeamtet und außerdem nur niedriger besoldet werden als ihre männlichen Kollegen. Das war spürbar, das muss Gesprächsstoff gewesen sein.

Aber »auch die Ehe kann nicht Selbstzweck sein, sondern muß

Liebe in Kriegszeiten, 1940

dem einen größeren Ziele, der Vermehrung und Erhaltung der Art und Rasse, dienen. Nur das ist ihr Sinn und ihre Aufgabe«, so Hitler 1941. Die Frau sollte der Volksgemeinschaft Mitglieder gebären und erst durch die Ehe mit einem Mann hatte die Frau ein Anrecht auf die Erlangung der vollen Bürgerrechte. Dennoch sollten Frauen und Männer in dieser Konstellation gleichwertig sein, ohne die alte Ordnung der Geschlechter tatsächlich infrage zu stellen – eine Spezifik der nationalsozialistischen Weiblichkeitskonzeption: Die Mutter ist nicht die passive Frau, die in einer abgeschiedenen Häuslichkeit eingeschlossen allein über den Ehemann den Kontakt zu Gesellschaft und Geschichte herstellen kann. Die nationalsozialistische Mutter wurde zur aktiv handelnden erklärt, ihr wurde in der Gesellschaft als solche eine wichtige Rolle zugedacht und sie sollte eine eigenständige Persönlichkeit sein. Durch diese Konstruktion, privat und doch in gesellschaftlich-politischer Funktion, lässt sich vielleicht erklären, wieso sich unsere Großmüttergeneration gar nicht so sehr als unemanzipiert erachtete. Im Gegensatz zur Generation unserer Mütter, widersprechen sie bis heute, wenn ihnen vorgeworfen wird, sie hätten doch nur ihren Männern gefolgt.

In der Realität der folgenden eineinhalb Jahrzehnte bescherte der Führer allerdings unseren Großmüttern und Urgroßmüttern ein Leben voller Wandlungen: Nach 1933 waren sie als junge Frauen die besondere Zielgruppe der nationalsozialistisch-arischen Bevölkerungs- und Frauenpolitik, die sie als die – zukünftigen – deutschen Mütter hochschätzte. Dann avancierten sie zu gesuchten Arbeitskräften in der Kriegsproduktion und wurden durch die Trennung von ihren Männern zu Alleinerziehenden und Alleinernährerinnen, zuletzt noch zu resoluten Verwalterinnen des traurigen Notstands.

Sportlich – durchtrainiert, erotisch – betrogen

Die Frauen sollten ihren Männern treue Arbeits- und Kampfgefährtinnen sein. Die ästhetischen Bilder, die während der Nazizeit von offiziellen Stellen mit Frauendarstellungen erschienen sind, erzählen jedoch etwas eindeutig anderes. Hier wurde Wert gelegt vor allem auf die schöne Frau, der Körper stand im Vordergrund, in Kleidern oder nackt, immer sportlich und durchtrainiert, gesund und sauber, aber in seinem kraftvollen Realismus eindeutig erotisch. Und die Frauen waren vom NS-Männerkollektiv auch so gesehen: In biologischer Weise waren sie auf ihren Körper fixiert, auf ihre biologische Funktion reduziert. Auf dem Weg dahin aber gab es mehrere Entwicklungsstufen: das liebe Jungmädel, das sportlich-frische deutsche Mädel und die tüchtige Frau im BDM-Altersverband und dazwischen die schöne junge Frau im BDM-Werk »Glaube und Schönheit«. Ein ungenierter Körper- und Schönheitskult, der ewige Jugendlichkeit und Gesundheit des deutschen Volkskörpers suggerieren sollte.

Und dennoch sollte die Frau in der Gesellschaft entsexualisiert sein, die deutsche Frau und Mutter sollte biologisch funktionieren, aber Körperlichkeit und Sexualität waren aus dem Bild gestrichen. Wo ein männliches Geschlecht heranwachsen sollte, »flink wie Windhunde, zäh wie Leder, hart wie Kruppstahl«, waren zärtliche und sinnliche Regungen hinderlich.

Diese Frauengeneration unserer Großmütter hatte ohne Arg als junge Mädchen im Reigen getanzt, an Gymnastikspielen teilgenommen. Sie hatten in engen Gymnastikdressen ihre nackten Beine gezeigt, die Söckchen modisch unter die Knöchel hinuntergeklappt, ihre gestählten Schultern und Oberarme unbedeckt – was war dabei? Es war »in« gewesen, sportlich zu sein, seinen Körper zu fühlen und ihn zu zeigen. Abbildungen nackter, junger, schöner Frauen waren völlig normal.

Vielleicht merkten sie nach dem Krieg, dass die Blicke der Männer damals nicht ohne Absichten gewesen waren, nicht frei gewesen waren von Falschheit. Auch das war möglicherweise gelogen gewesen, auch da waren sie betrogen worden. Und verboten nun ihren Töchtern, sich »unzüchtig« zu verhalten, zu enge Blusen, zu kurze Röcke zu tragen. In den 50er Jahren gab es Aufschreie, als Mädchen an Sportveranstaltungen teilnehmen sollten, eventuell sogar mit dem Verein in kurzen Hosen durch die Stadt marschieren wollten. War das wirklich nur die Prüderie der 50er? Oder war nicht die Scham die Haupttriebfeder?

In der DDR gelang es den Frauen, den Abstand zu ihrer Enterotisierung, Entsexualisierung, die sie während der Nazizeit erfahren hatten, zu überwinden – sah sich doch die DDR als das Land, das sich vom Faschismus befreit hatte. In der BRD waren die Faschisten gelandet, in der DDR die Befreier. Nach der Wiedervereinigung 1989 fiel uns Westfrauen das ungebrochene Verhältnis auf, das die DDR-Frauen zu ihrem Körper hatten, ganz im Gegensatz zu dem unseren. Im Westen war seit dem Krieg alles Erotische suspekt gewesen, schmutzig, schlüpfrig, nuttig, verpönt, verboten. Die westdeutschen Frauen zeigten und schmückten ihren Körper nur ungern, dafür verhübschten sie ihre Tische, ihre Schränke mit Häkeldeckchen und allerhand Nippes. Und dann kamen die DDR-Frauen mit wackelnden Hüften in zu engen Hosen, weite Ausschnitte an üppigen Busen – und wir staunten und rümpften selbstverständlich die Nase. Insgeheim aber bewunderten wir ihren unkomplizierten Umgang mit der eigenen Erotik.

Der Krieg und die Liebe

Und dann waren unsere Vorfahren alt genug für die Liebe. Hunderttausende von jungen Frauen verliebten sich wie unsere Protagonistinnen erst im Krieg, in junge Soldaten, die kurz davorstanden, an die Front geschickt zu werden oder nur mal eben auf Heimaturlaub waren. Oft wurde geheiratet, weil bald ein Kind unterwegs war oder weil die Frau abgesichert sein sollte, im Fall des Falles. Aber nicht nur im Todesfall sollte die Witwe versorgt sein, sondern, anders als im Ersten Weltkrieg, sollten die Ehefrauen zu Hause abgesichert sein, keine Unruhe an der Heimatfront die Soldaten von ihrer eigentlichen Aufgabe ablenken. Die Nazis hatten aus den Hungerdemonstrationen und dem Elend, das während des Ersten Weltkriegs Deutschland beherrscht hatte, gelernt und sicherten die Familien »in der Heimat« finanziell besser ab. Und so manche Ehe wurde schnell noch »ferngetraut« – die Braut gelobte Treue auf dem Standesamt und stellvertretend für den Bräutigam an ihrer Seite lag ein Stahlhelm auf dem Tisch. Der zukünftige Gatte sprach seinen Eid fernab an der Front und feierte im Kreis seiner Kameraden. Doch auch die Gattenwahl war nicht einfach frei erlaubt. Das Gesunde sollte zum Gesunden – also mischte der Staat sich ein, regulierte, forderte Beweise und Unterlagen.

Viele unserer Groß- und Urgroßmütter wurden schwanger im Krieg. Das war erwünscht, der Führer brauchte deutschen Nachwuchs, der Krieg fraß die deutschen Helden schnell. Göring hatte mit seinem zynischen Ausspruch unterstrichen, welche Aufgaben er für die Frauen sah: als »Arbeitspferd« oder »Zuchtstute« sollten sie ihre Erfüllung finden. Doch trotz aller Ideologie war es in der Praxis nicht erwünscht, dass sich Frauen ausschließlich ihrer Mutterrolle widmeten. Schon die Tatsache, dass Frauen in Organisationen wie dem Reichsarbeitsdienst, der NS-Frauenschaft oder im Pflichtjahr zwangsverpflichtet und erfasst wurden, widersprach den traditionellen Vorstellungen vom Platz der Frau in einer ausschließlich häuslich-privaten Sphäre.

Erst mal bekamen sie Kinder – ob der Nazipropaganda hörig, ob aus Liebe oder aus Versehen. Dann aber gerieten sie als »Deutsche Mutter!« in das nationalsozialistische Erziehungsmodell. Natürlich bekamen die Frauen ihre Kinder wie schon zuvor auch, in ländlichen Gegenden eher zu Hause mit Hebamme, in den

Städten zumeist im Krankenhaus. Aber wie sie ihre Kinder erziehen sollten, welche Haltung sie ihnen gegenüber einnehmen sollten, ob sie konsequent oder nachgiebig, freundschaftlich verständnisvoll oder elterlich distanziert sein sollten, in diesen Fragen waren die jungen Mütter damals genauso unsicher wie heute. Doch da gab es ein Buch, das bald in allen Haushalten lag, wo es kleine Kinder gab: ›Die deutsche Mutter und ihr Kind‹ von Johanna Haarer, das 1936 erschienen war und anschließend als Erziehungsratgeber Nachfolgebände bekam. Ein Renner – mit fatalen Empfehlungen.

Das ging schon gleich nach der Geburt los: Das Baby sollte erst einmal von der Mutter etwa 24 Stunden lang getrennt werden. Kein glückliches Verschmelzen von Kind und Mutter nach der Geburt, kein Aufsaugen mit neugierigen Augen, kein Kennenlernen des neuen Erdenbürgers. Trennung, um von vornherein keine anteilnehmenden Gefühle aufkommen zu lassen. »Noch bist du müde von der schweren Arbeit, die hinter dir liegt, bist vor allem seelisch noch empfindlich für alle Eindrücke und neigst vielleicht mehr als sonst zu Verzagtheit und ängstlicher Aufregung.« Und die Ermahnung, »Mutter, werde hart! Fange nur ja nicht an, das Kind aus dem Bett herauszunehmen, es zu tragen, zu wiegen, zu fahren oder es auf dem Schoß zu halten, es gar zu stillen.« Die Mutter wie das Kind sollten lernen, hart zu werden, sich von Gefühlen und Stimmungen nicht leiten zu lassen. Das, was die preußische Erziehung an Körperfeindlichkeit bereits verbreitet hatte, wurde nun noch übertroffen. Die Mutter stand für Haarer an der Heimatfront wie der Soldat im Feld. Sie sollte sich nicht von ihrem Kind berühren, verzaubern, entzücken lassen. Sie sollte es natürlich auch nicht verzärteln – und der Vater tat eventuell ein Übriges. Der Frontsoldat war in freier Luft, in Wind und Wetter, in Steppenhitze und Eissturm gehärtet. Er kam zurück, ein kurzer Urlaub, und riss vielleicht dem Säugling das Steckkissen herunter und alles Weiche, Kuschlige aus dem Stubenwagen. Mochte das Kind doch bloß gedeihen, mochte es aufwachsen wie die Pflanze in Regen und Sonne. Auch das »vornehme« Schmücken mit allerlei Stickereien und Spitzen sollte nicht sein; denn wirklich vornehm war nur das Sachliche, das Praktische, das der Natur Angemessene.

Das hieß, alles machen, was nötig war, versorgen, aber ohne gefühliges Gedöns. Denn »das Einfachste und Zweckmäßigste ist das Schönste!« Unter das, was geächtet war, fiel Aufmerksamkeit wie Aufwand oder Kritik an Verhältnissen. Und später, noch lange nach dem Krieg, hieß es gern: »Ach was, das hat's doch immer getan, das wird's auch weiter tun!« Hier wird manche Frau ihre Großmutter hören können.

Die Erziehungsmaximen der Nazis und insbesondere die Johanna Haarers sind ausführlich analysiert worden. Hier nur so viel wie zur Verdeutlichung beiträgt, was später von der Großmutter auf die Mutter und auf die Enkelinnen wieder weitergegeben wurde. Die tägliche Pflege des Kleinkinds geriet zum »Säubern«, eventuelles kurzes Spielen, und sei es beim Baden, oder gar zeit- und raumverlorenes Spielen waren strikt zu vermeiden. Die ganze Familie sollte dazu verdonnert werden, sich so wenig wie möglich oder gar ohne Anlass mit den Kindern abzugeben. Der Kontakt sollte auf das Versorgen reduziert bleiben. Auf Eigenheiten, »Besonderheiten« des Kindes zu achten und auf seine Eigenart einzugehen, wurde als »Pflichtverletzung« gegenüber den Staatszielen angeprangert. »Das Kind muß lernen, sich nach dir«, der Mutter, »zu richten – innerhalb vernünftiger und angemessener Grenzen natürlich – und nicht umgekehrt.«

»Früher waren alle Kinder mit zwei Jahren sauber!« Das ist nicht nur ein Märchen, der Wunsch, der dahintersteckte, hatte ganz praktische Gründe. In pamperlosen Zeiten waren Kinderwindeln sehr arbeitsaufwendig. Sie wurden eingeweicht, ausgespült, im Waschzuber über Holz- oder Kohlenfeuer oder in einem Topf auf dem Herd ausgekocht, wieder gespült, ausgewrungen und vielleicht auch noch bei Frost mit eiskalten Fingern auf dem Dachboden zum Trocknen aufgehängt. Wer hat da nicht gerne sein Kind dazu angehalten, sich möglichst beizeiten aufs Töpfchen zu setzen und sein Geschäft da zu erledigen? Oder die Mahnung gar nicht so weniger Großeltern, Zimmerarrest habe schon früher so manchen renitenten Jugendlichen zur Raison gebracht. Früher waren die Räume meist ungeheizt, das heißt, das gesellige

Leben spielte sich in der warmen Küche oder im gemeinsamen Wohnraum ab. »Auf dem Zimmer« war es kalt. Zweitens war man ausgeschlossen vom geselligen Beisammensein, geächtet und einsam. Heute hat jedes Kind in seinem Zimmer Radio, CD- oder MP3-Player, wenn nicht gar Gameboy, Fernsehen oder Computer mit Internet-Anschluss. Warm ist es obendrein und über das Handy lässt sich die Verbindung zu Freunden halten. Was soll ein Kind, ein Jugendlicher heute fürchten in seinem Zimmer? Manche »Erziehungsmethoden« haben sich überlebt und verabschieden sich auf natürliche Weise.

Das Wichtigste nach diesen restriktiven Regeln war allerdings, das Kind sollte lernen, dass es sich nicht wichtig zu nehmen hatte. Es sollte lernen, zurückzustehen, nicht im Mittelpunkt zu stehen. Wer kennt das nicht, gerade als Mädchen, dieses: »Nimm dich doch nicht so wichtig!« Eigenwille wurde diffamiert als Eigensinn und Eigensinnigkeiten konnten nicht geduldet werden, sonst »findet (das Kind) merkwürdig rasch heraus, daß sie ein Mittel sind, um die Mutter mit der eigenen kleinen Person nach Belieben zu beschäftigen«. Der Nachwuchs musste unter allen Umständen klein gehalten werden, er hatte sich in jedem Moment darüber im Klaren zu sein, wer die Ansagen machte. So als ob es schon immer ein fest gefügtes negatives Urteil über das Wesen des Kindes gab, das grundsätzlich erlaubte, sich über den jeweiligen Gefühlszustand des Kindes hinwegzusetzen. Das Kind war eigentlich der Feind, der immer im Auge zu behalten und unbedingt zu beherrschen war.

Aber auch die Mutter sollte nicht auf ihre Empfindungen achten, sie sollte sich abhärten, sich durchsetzen um jeden Preis, auch wenn sie eigentlich anders empfand oder dachte. Auch die Mutter sollte lernen, sich einzuordnen. Beide, Mutter und Kind, hatten sich vor allem anderen der nationalsozialistischen Gemeinschaft unterzuordnen und sich als nützliche Glieder der Volksgemeinschaft zu erweisen. Haarer war die bekannteste Vertreterin dieser Haltung, aber der Zeitgeist propagierte das in ähnlicher Weise. Alle kannten letztlich nur Dressur, also die Unterwerfung des eigenwilligen Individuums. Ein zusammen Agieren, ein sich aufeinander Einstimmen oder gar partnerschaftliches Übereinkommen war nicht vorgesehen. Folgerichtig heißt es bei Haarer: »Niemals aber dulden wir, daß das Kind an unseren Anordnungen herummäkelt, oder daß es mault und widerspricht.« Die Autorität hat immer recht – egal wie groß der Blödsinn, wie wahnsinnig der Befehl auch war, den sie verfügt hatte.

Gerade bemühte, unsichere Mütter werden das Buch gelesen oder sich in Mütterschulungen auf den Umgang mit ihren Kindern vorbereitet haben. Durch die Vermischung notwendiger Pflegehinweise mit dieser Beeinflussung wurde der jungen, Orientierung suchenden Mutter die Gewinnung eines eigenen Standpunktes erschwert. Auch hier mussten die Nazis nicht alles neu erfinden, manches war lange schon da. Autoritäre Grundmuster hatte die Erziehung zuvor schon aufgewiesen, die brauchten sie nur aufgreifen und in ihrem Sinne weiter gestalten. Doch so manches davon hat sich in die kollektive Kindererziehung eingeschlichen und fatalerweise bis heute gehalten: Was auf den Tisch kommt, wird gegessen, im Umgang mit dem Kind soll man nicht bummeln, beim Füttern auf dem Schoß wird das Ärmchen am besten zwischen dem eigenen Arm und dem Körper eingeklemmt, damit das Kind nicht etwa unkontrolliert nach dem Löffel greifen kann. Zimmer aufräumen, in vielen Familien der Albtraum schlechthin – und die Supernanny macht es heute wieder vor, wie es geht: ganz ruhig, einmal alles aus dem Schrank hinauswerfen, ohne zu schimpfen, ohne zu schreien, schon klappt's. Manches klingt vordergründig vernünftig, wird Zeit und vielleicht auch Ärger sparen – aber das Grundschema ist: kein Widerspruch, kein Dialog und ein angstbesetztes Verhältnis. Fragen werden nicht beantwortet, Disziplin und Gehorsam »erleichtern« das Zusammenleben. Wärme, Geborgenheit und Liebe aber blieben dabei auf der Strecke.

Gefühle waren ohnehin nicht gefragt. Emotionen waren allenfalls etwas für Frauen, doch die deutsche Frau sollte nun hart sein gegenüber sich selbst. Hedonismus, Glück, die eigene Individualität – das sind Begriffe, die für Deutsche damals nicht gelten durften und die es für viele noch immer nur abstrakt gibt. Und nur wenige konnten für sich selbst zulassen, das Leben als etwas sehr Komplexes zu sehen, als etwas Buntes, Vielschichtiges, Reiz- und Abenteuervolles. Das musste von den Nazis erst gar nicht verordnet werden. Nach der Naziideologie war das Leben etwas, das gemeistert werden musste, ein Kampf, dem der Einzelne sich zu stellen hatte, eine heilige Pflicht, vor der es kein Ausweichen gab. Das kannten sie doch alle schon, die preußische Pflichterfüllung. Und unhinterfragt gilt sie, seien wir ehrlich, für so manchen bis heute. Vor einiger Zeit sah ich im Fernsehen ein Interview eines deutschen Reporters mit einem Engländer. Mir ist besonders eine Antwort in Erinnerung geblieben, über die ich laut lachen musste. Der Journalist fragte den Mann, worin er denn den Sinn des

Beratungsstand des Deutschen Frauenwerks, Berlin 1939

Lebens sähe? Und der prustete los: »Oh nein! Das ist eine typisch deutsche Scheißfrage. Keine Ahnung. Mir gefällt das Leben, ich genieße es!«

Die Mutter musste entsprechend der Ideologie der Nationalsozialisten zur Übermutter werden. In der Mutterideologie ließ sich allerlei wabernde Esoterik unterbringen. Durch die Mutter sollte immerfort die Vergangenheit – natürlich die glorreiche deutsche, germanische – weitergetragen werden. Durch sie sollte der Ursprung des Lebens oder der Natur an sich in die Zukunft hineingetragen werden. Die reale Frau verschwand dabei als handelndes Wesen, ihr Körper wurde zum Medium, das schlicht den Ursprung bergen sollte. Und dabei wurden reale Umstände, Notwendigkeiten und Erfordernisse großzügig unter den Tisch fallen gelassen. Die nötige Versorgung Schwangerer und junger Mütter auch in Kriegszeiten wurde vernachlässigt, dafür waren keine Ressourcen mehr vorhanden. Die Krieger waren wichtiger, für sie war beispielsweise das neu entdeckte Penicillin reserviert, für Zivilisten gab es im Krieg keine Antibiotika. Vieles war mehr Gehirnschmiermittel als tatsächliche Anwendung und Umsetzung in der Wirklichkeit. Die Beratung über Verhütungsmittel war eingeschränkt und Abtreibungen wurden härter verfolgt. Der Volksgemeinschaft den Nachwuchs entziehen? Und seit 1938 wurde das Mutterkreuz verliehen, der quasi-militärische Orden für die Brust der Frauen, erlangt auf dem Schlachtfeld des Lebens. Und doch waren die Frauen alleingelassen, als die Bomben fielen, als die Lebensmittel knapp wurden. Sie waren sich selbst überlassen, als es mit Deutschland den Bach runterging. Mutterideologie hin oder her, sie sollten so lange wie möglich bei der Stange gehalten werden, aber letztlich konnten sie sehen, wo sie blieben.

Zum Muttertag 1943 wurde das zynische Weltbild der nationalsozialistischen Volksgemeinschaft mehr als deutlich: Im Zeichen der militärischen Niederlage von Stalingrad, des Tods Hunderttausender Soldaten, wurde die spezifische Verbindung von Leben und Tod deutlich herausgestellt: »Am Muttertag weilen die Gedanken aller Soldaten bei ihren Müttern, aller Männer bei den Frauen. ... Auch die Vollendeten, die Toten, sind unter ihnen. Auf einer unsichtbaren Straße, über weite Brücken nahten die Kämpfer ihren Müttern. Alle, alle kamen, um zu danken. Sie ruhen am Herzen der Mutter, und es ist wie in den Tagen der Kindheit.« Der Tod des Einzelnen war zur Nebensache geworden, die Volksgemeinschaft erscheint als geschlossenes System, in dem nichts verloren geht, sie garantiert das ewige Leben. Und im darauffolgenden Jahr, die Zeiten waren noch düsterer geworden, sollten alle Frauen, deren Männer oder Söhne gefallen waren, zum Muttertag gar einen bunten Blumenstrauß bekommen, kein Trauergebinde mit Beileidsbrief. Goebbels und Hitler, als die Repräsentanten des nationalsozialistischen Systems, gratulierten stellvertretend für die toten Männer zum Muttertag. Welch perfide Idee!

Der Kochlöffel als Waffe der Frau

Die Hausfrauenverbände in der Weimarer Republik hatten damit angefangen und die NS-Frauenschaft und das Deutsche Frauenwerk bemühten sich weiter um die Aufwertung und Professionalisierung der Hauswirtschaft. Neben der Mutterschaft sollte die Frau natürlich den Haushalt führen, sich als »Hüterin des heimischen Herdes« verwirklichen. Aber sie sollte den Haushalt nicht einfach bewältigen, sondern auch dieser Bereich wurde überhöht, indem von der hauswirtschaftlichen Tüchtigkeit der Frau nicht nur das Familienglück, sondern gleich das Staatsglück abhängen sollte. Die einzelne Frau wurde verantwortlich erklärt für das gesamte Wirtschaftsleben. Denn das Ziel war – und dafür stand ab 1934 die Abteilung »Volkswirtschaft-Hauswirtschaft« – die planmäßige Zusammenarbeit von Staat, Wirtschaft und Frauen. Um diese Ziele zu erreichen wurde eine Art Verbraucherinnen-Beratung eingerichtet, die über saisonal verfügbare Nahrungsmittel informierte, die im Falle von Versorgungsengpässen auf Ersatzprodukte und deren Verarbeitung hinwies. Dazu zählte unter anderem die Kampagne »Kampf dem Verderb«, bei der es um die effektive Nutzung und Verarbeitung von Lebensmitteln ging. Daneben gab es Ratschläge über »vernünftige Lebensführung im Wechsel von froh getaner Arbeit und schön gestalteter Freizeit«, tönte die Reichsfrauenführung in einer Verlautbarung der Presseabteilung 1937. Außerdem gehörte zu den Aufgaben der Abteilung die Verleihung des Titels »Meisterhausfrau« an Frauen, die ihren eigenen Haushalt fünf Jahre lang vorbildlich geführt hatten und zusätzlich über zwei Jahre verteilte Kurse absolviert hatten. Toll, großartig. Der Rahmen wurde dick golden lackiert, doch im Bild blieb alles beim Alten – Waschen und Putzen, was dann gleich wieder schmutzig war, und Essen kochen, was schnell gegessen war. Mehr war es letztlich meistens nicht, was die Hausfrauen zu tun hatten. Zumindest war es so, bis der Krieg und die Versorgungsengpässe ihnen das Letzte abverlangten.

Selbstverständlich wurden auch »Anregungen« erteilt, den arischen Einzelhandel und das arische Handwerk zu unterstützen, also sich rassepolitisch richtig zu verhalten. Die erste große antisemitische Ausschreitung gegen die deutsche jüdische Bevölkerung fand am 1. April 1933, zwei Monate nach dem Machtantritt statt. Reichsweit marschierten vor den Häusern, in denen sich

Geschäfte, Anwalts- und Arztpraxen jüdischer Inhaber befanden, SA-Männer auf und riefen die »deutsche«, das heißt die »arische« Bevölkerung zum Boykott auf. Die dabei ausgegebene Parole »Deutsche, kauft nicht bei Juden!« richtete sich in erster Linie an die deutschen Hausfrauen.

Die höhere Weihe bekam die Hauswirtschaft im »Dritten Reich« jedoch erst durch den Krieg. Seit 1941 mussten Mädchen nach ihrer halbjährigen Arbeitsdienstpflicht in der Landwirtschaft noch ein weiteres halbes Jahr »Kriegshilfsdienst« ableisten. Zwei Jahre später wurde noch eine Dienstpflicht in der Kriegswirtschaft für nicht berufstätige Frauen zwischen 17 und 45 Jahren eingeführt. Trotzdem kam es nicht zu der von Rüstungsminister Albert Speer geforderten rigorosen Dienstverpflichtung aller Frauen. Es gab unzählige Ausnahmeregelungen. Während Tätigkeiten als Angestellte bei Post, Bahn oder Wehrmacht beliebt waren, bemühten sich besonders bürgerliche Frauen, nicht in der Rüstungsindustrie mit ihren ruppigen Umgangstönen und harten Arbeitsbedingungen eingesetzt zu werden. Auch wenn positiv gefärbte Bildberichte über Fabrikarbeit vor allem die Vorbehalte bislang nicht erwerbstätiger Hausfrauen abbauen sollten, hatte alles Werben nicht den gewünschten Erfolg. Im Gegenteil, während sich kaum direkte Auswirkungen der immer schärfer werdenden Propaganda zur Steigerung der Geburtenrate feststellen ließen, führte ausgerechnet die Einführung der Dienstpflicht zu einem kleinen Babyboom. Denn Schwangere und junge Mütter wurden nicht dienstverpflichtet.

Der Mangel im Krieg und den elenden Nachkriegsjahren forderte die Frauen dann in ganz besonderer Weise. Sie übernahmen Aufgaben, die sie sich selbst zuvor niemals zugetraut hätten. Sie sollten sich und ihre Kinder durchbringen und ihre alten Eltern versorgen. Sie sollten ihre vertrauten Wohnungen, Dörfer oder Städte verlassen und heimatlos umherirren und millionenfach um getötete Männer trauern, oft genug die Väter ihrer Kinder.

Aus gegebenem Anlaß wird erneut darauf hingewiesen, daß bei Veröffentlichungen über den Fraueneinsatz in Handwerk und Industrie keinesfalls der Eindruck erweckt werden darf, als ob die Frauen im Krieg schwerste körperliche Arbeit anstelle von Männern verrichten oder etwa nach kurzer Anlaufzeit Berufstätigkeiten beherrschen, für die ein Mann eine lange Ausbildungszeit braucht.

Presseanweisung vom 1. Januar 1941

ERNA KNABE,
geboren 1911 in Wiesenau bei Frankfurt an der Oder

Wir waren ja in einem Dorf und weit weg von allem und hatten
keine Ahnung, was so vor sich ging. Wir haben das genommen,
wie es gekommen ist, und uns gar keine Gedanken gemacht.
Hier in Wiesenau war ein Teil des Dorfes Arbeitergebiet und
einer Bauernteil. Es gab immer wieder Ärger, einmal wurde
einer erschossen vor der Gaststätte. Es war schlimm. Wie die
Nazis im Anmarsch waren, sind wir nach Frankfurt gefahren
und zum Bahnhof, wir haben vor Freude geweint, der Hitler
ist gekommen. Wir waren froh, dass die Kommunisten weg waren. Ich war dann in der NSDAP, mein Mann auch.
   Aber unsere Hoffnungen haben sich so ganz nicht erfüllt.
Erst kam der Krieg und die Männer wurden eingezogen. Und
wie es dann weiterging, war auch nicht gut.

RENATE BRESCHING,
Tochter von Erna Knabe, geboren 1934 in Wiesenau

Ich habe das im Nachhinein, als ich erwachsen wurde, begriffen, was der im Radio erzählt hat, Hitler oder auch die
anderen Stimmen. Wir sind so aufgewachsen: Da kam der
›Stürmer‹, das war eine Zeitung. Darin haben sie über die
Juden geschrieben und das haben wir ernst genommen. Aber
als Kind hat man das nicht begriffen, was da passiert ist.
Wir haben nach dem einzigen Juden, der in unserem Dorf gewohnt hat, mit Steinen geschmissen. Das war ein freundli-
cher, alter Mann, der in Wiesenau ein Geschäft hatte. Nach
den Erzählungen seiner ehemaligen Kunden gab er ihnen immer mal Kredit, wenn es nötig war. Ein großer Teil der Bewohner von Wiesenau war der Familie des Juden zugetan. Als
die Verfolgung der Juden losging, wurde auch sein Geschäft
bei uns geplündert, von SA-Männern in Uniform. Das waren
aber Dorfbewohner. Nach ihm selbst wurden Steine geworfen
und Schimpfwörter gerufen. Einige der SA-Leute wurden
nach 1945 verhaftet, kamen nach einiger Zeit dann wieder
zurück. Was aus dem Juden und seiner Familie geworden ist,

weiß man nicht so genau. Nach der Plünderung haben sie
noch einige Zeit in Wiesenau gelebt. Der Sohn war wohl immer schon kränklich und starb bald und wurde auf unserem
Friedhof beerdigt, heimlich. Ich erinnere mich nur dunkel

Kriegshilfsdienst bei der Straßenbahn, Schwerin 1943

an all das, ich war erst fünf Jahre alt. Was ich heute noch
weiß, sind die Erzählungen meiner Mutter. Auch meine Eltern
haben nicht begriffen, was da vor sich ging. Wir haben gedacht, die da oben werden das schon machen, die werden das
schon richten. So war es ja auch beim Zweiten Weltkrieg, wir
haben gedacht, es ist alles in Ordnung. Man hat auch nichts
anderes gehört im Radio.

Aber ich erinnere mich, da war ein Onkel auf Urlaub da.
Der war in Russland und hat erzählt, wie die SS da gehaust
hat. Das konnte man gar nicht begreifen. Da war ich Kind,
aber es hat sich mir eingeprägt.

ERNA KNABE,
geboren 1911 in Wiesenau bei Frankfurt an der Oder

Als der Krieg ausbrach, war ich kurz davor im Krankenhaus mit der Blinddarmoperation und wie sie dann einberufen wurden, habe ich meinen Mann zum Bahnhof gebracht. Ich weiß noch, ich konnte kaum richtig laufen und wie am Bahnsteig die Männer standen, haben sie gesagt: »In vier Wochen sind wir wieder zu Hause!« Das war 1939 — und es sind sechs Jahre geworden.

LISA KÜHNE,
geboren 1921 in Hannover

Ich wartete auf die nächste Post von meinem Mann. Als sie endlich kam, wusste ich, mein Mann ist in Demiansk. Ich bin dann zum Arzt gegangen, der stellte die Schwangerschaft offiziell fest. Das musste sein, weil wir Zusatzkarten für werdende Mütter erhielten, für Milch, Haferflocken, Butter. Dann habe ich zu Hause erzählt, dass ich schwanger bin. Die haben sich alle gefreut, das war klar. Im Juni 1942 bin ich zur Schwiegermutter nach Recklinghausen gefahren, die hatte eine riesengroße Wohnung. Ich kam ja aus einfachen Verhältnissen und sie hatte ein Mädchen und ein Telefon und Büro, sie betrieb in Recklinghausen ein Kino. Sie war streng, aber gerecht, aber sie hatte keine hausfraulichen Qualitäten. Sie war eine regelrechte Geschäftsfrau. Meine Schwägerin, ihre jüngste Tochter, lebte noch bei ihr und wir beide halfen nun zusammen im Haushalt und nachmittags bin ich schön ins Kino gegangen. Ich habe versucht, mich in allem einzuarbeiten, auch mit dem ganzen Bürokram, es war sehr, sehr schön.

Eines Tages kam meine Schwiegermutter zu mir und stellte fest, hausfrauliche Qualitäten hat die Lisa nun nicht, jetzt kriegt sie bald ein Kind und davon versteht sie auch so viel wie gar nichts. Es gab in Düsseldorf so eine Art Internatsschule für Mädchen, die einen SS-Offizier heiraten wollten oder bereits geheiratet hatten oder die mit Offizieren verheiratet waren und die Schule nachholen mussten. Es wurden aber auch andere angenommen, die mussten jedoch bezahlen. Die von der SS hatten es frei.

Meine Schwiegermutter hat mich dort angemeldet, ohne mich zu fragen. Das war eine Art Privatschule, und wenn ich es heute überlege, war das Haus vermutlich einem Juden weggenommen worden. Da fuhr ich nun hin für sechs Wochen in die Nähe der holländischen Grenze. Im Ruhrgebiet hatten wir jeden Abend Alarm gehabt und mussten jede Nacht im Keller verbringen, da war ich froh, dass ich die nächsten Wochen schlafen konnte.

Wir waren höchstens 15 bis 16 Mädchen, wurden in Gruppen eingeteilt zu drei oder vier. Eine Gruppe musste in der Küche mithelfen, eine Gruppe hatte Unterricht für Kinderkriegen, dann gab es eine Gruppe, die national politischen Unterricht hatte, in dem wir unterrichtet wurden, was die Regierung so machte, das war wie eine Schule. Wir waren, glaube ich, nur drei, ich und noch zwei andere, die bezahlen mussten, und wir schliefen auch in einem Zimmer. Morgens nach dem Aufstehen um sieben war um halb acht Flaggehissen. Dann standen wir im Hof und die Flagge wurde hochgezogen. Anschließend mussten wir uns aufstellen, immer drei in einem Glied, durften uns einen Mantel überziehen, es war ja schon November und kalt und dann mussten wir zu zweien jeweils singend durch die Moorlandschaft marschieren. Jeden Morgen. Das kann man sich nicht vorstellen, das war eine moorige Gegend, wir sind da durch das Moor gegangen und haben immer dabei gesungen. Wir fanden das alles normal. Das heißt, ich fand das ganz schön, einen Morgenspaziergang zu machen. Und dann fing der normale Tag an.

Es gab eine Kochlehrerin, eine für Baby-Unterricht, eine für national politischen Unterricht und die Leitung. Nachmittags war Handarbeitsunterricht und wir hatten Puppen, die wir gebadet haben, an denen wir geübt haben wie man mit Kindern umgeht. Da haben wir schon etliches gelernt. Ich war im sechsten Monat schwanger. Ich habe da nie putzen müssen, kochen und anderes, ja. Es kann sein, dass die Schwangeren

Hohe Nacht mit großen Feuern,
Die auf allen Bergen sind,
Heut' muß sich die Erd' erneuern,
Wie ein junggeboren Kind!
Mütter, euch sind alle Feuer,
Alle Sterne aufgestellt;
Mütter, tief in euren Herzen
Schlägt das Herz der weiten Welt!

Hans Baumann, 1936

nicht haben putzen müssen, wir waren zwei schwangere Frauen. Abends habe ich lange gesessen mit den anderen in einem sehr schönen Raum und da haben wir auch gesungen. Es war die Vorweihnachtszeit und wir haben ein sehr schönes Lied

Feier ohne Braut – Ferntrauung an der Front

gesungen, »Hohe Nacht der klaren Sterne«, daran erinnere ich mich. Sonst waren es lauter Kinderlieder, wir sollten ja Kinder kriegen.

Wir kriegten dorthin alle viel geschickt, viele Pakete zur Unterstützung, also ging es uns nicht so schlecht wie der Gesamtbevölkerung. Mein Vater hatte Beziehungen, ich kriegte Pakete mit Marmelade und Brotmarken. Im Ruhrgebiet, in Recklinghausen, wo ich hingezogen war nach meiner Hochzeit, hatten wir ganz wenig gehabt. Hier hat man auch mal etwas abgegeben, wenn man mehr hatte. Also gehungert haben wir in der Schule nicht.

Nach sechs Wochen kam ich nach Hause und meine Schwiegermutter dachte, ich kann nun alles. Ich hatte viel gelernt, aber alles nun auch nicht. Mir war das egal, sie hat ja alles bezahlt, ich hatte gar kein Geld dafür. Ich wurde auch immer dicker und dicker und meine Schwägerin sagte

Statt Bräutigam nur ein Stahlhelm – Ferntrauung 1940

irgendwann: »Also Mama, die Lisa kann man wirklich nicht mehr im Kino gebrauchen mit ihrem dicken Bauch, die soll jetzt mal zu Hause bleiben.« Das habe ich auch gemacht.

Es war Vorweihnachtszeit und Bombenalarm. Meine Schwiegermutter hat von einem Schreiner zwei Stockbetten bauen lassen, die standen dann im Keller, da schliefen meine Schwiegermutter, meine beiden Schwägerinnen und ich mit meinem dicken Bauch. Bei jedem Alarm sind wir vom dritten Stock runter in den Keller. Nach dem Voralarm kam der Feueralarm und die Meldung: »… Verbände über sowieso fliegen Köln an.« Das waren noch nicht die ganz schlimmen Nächte, es war erst 1942.

Am 14. März 43 ging es bei mir los. In der Nacht habe ich Blutungen gehabt, meine Schwiegermutter wurde ganz hektisch, wahrscheinlich ist die Blase schon geplatzt. Wir haben die ältere Schwägerin geweckt und mit der bin ich dann

Was will die Bräuteschule?
Sie will das notwendige Wissen und Können vermitteln auf den Gebieten:

Haushaltführung

Säuglingspflege

Nähen

Erziehungsfragen und Anleitung zu Kinderbeschäftigungen

Allgemeine Gesundheits- und häusliche Krankenpflege

Heimgestaltung Brauchtum - Volkstum

und somit die Frau für ihre Aufgaben in Haus, Familie und Volksgemeinschaft vorbereiten

»Die Schule können besuchen Bräute und junge Frauen, die sich auf ihre hausmütterlichen Aufgaben vorbereiten wollen.«

ins Krankenhaus. Das war ungefähr eine Viertelstunde zu laufen. Unterwegs hatte ich immer wieder Wehen, da sind wir stehen geblieben, dann wieder weitergegangen. Als wir im Krankenhaus ankamen, hat mich eine Schwester untersucht, zum ersten Mal seit bei mir die Schwangerschaft festgestellt worden war, und hat mich mit den Worten, »Na ja, es ist noch nicht so weit, Sie können noch mal heimgehen«, wieder weggeschickt. Gott sei Dank war kein Alarm. Wir sind also wieder zurück zum Haus gelaufen. In der Nacht vom 14. zum 15. habe ich gemerkt, jetzt ist es wirklich so weit. Ich habe wieder alle geweckt, wir sind wieder zum Krankenhaus gelaufen und ich kam wieder mit Wehen an. Ich wurde untersucht, es war immer noch nicht so weit, aber ich konnte dableiben, die anderen sind heimgegangen. In der Nacht ist meine Tochter dann geboren worden. Aber wie: Die Schwestern waren alle eingezogen und das Krankenhaus war nur notdürftig besetzt. Es war ein ganz trostloses, kahles Zimmer. Ich lag bei der Geburt in meinem Mantel von zu Hause auf einem Feldbett und hatte furchtbare Schmerzen und wusste gar nicht, was ich machen sollte. Die Hebamme war sehr jung und stand am Waschbecken mit dem Rücken zu mir und hat sich die Hände gewaschen. Auf einmal fühlte ich einen wahnsinnigen Schmerz und habe geschrien und dabei ist das Baby durchgerutscht. Der Damm ist gerissen von der Scheide bis zum Darm. Diese Schmerzen bei der Nachgeburt! Die Hebamme hat die Kleine in ein Jäckchen oder eine Windel gewickelt und mir gegeben. Ich konnte gar nicht reagieren, so weg war ich. Sie ist morgens um fünf geboren und ich lag auf dieser Pritsche. Mir war alles egal, ich war so fix und fertig. Irgendwann kam dann ein Arzt und ich wurde mit Narkose genäht.

Wegen Fliegeralarm kamen die Babys in den Keller, weil sie da sicherer waren, die Mütter kamen in den ersten Stock und alle anderen Kranken noch höher. Ich war ein paar Nächte im Krankenhaus, dann bekam ich das sogenannte Wochenbettfieber. Früher war das lebensbedrohlich. Eine Woche nach der Geburt kam endlich ein Doktor und ich bekam sofort Infusionen, damit ist dann das hohe Fieber Gott sei Dank zurückgegangen. Meine Freundin aber, die zur gleichen Zeit schwanger war, ist dadurch fast blind geworden.

Als ich mit dem Kind zu meiner Schwiegermutter nach Hause kam, war es kalt, sie hatte überall elektrische Heizung, doch der Strom war rationiert. Überzog man und heizte mehr, wurde er abgestellt. Außerdem wollte mein Kind nicht saugen. Die Schwiegermutter kannte einen Apotheker, der empfahl Eledonmilch. Die war säuerlich und das funktionierte, sie war aber schwer zu bekommen. Und jede Nacht kamen die Flieger. Meine Schwiegermutter konnte gut reden, war aber keine große Unterstützung. Meine Mutter kam, um mir zu helfen, und mein Mann bekam Urlaub. Doch nach vier Wochen musste er wieder weg. Im März kam die Hannelore zur Welt und sie war drei Monate alt, als ich von Recklinghausen zurück nach Hannover ging, weil die Angriffe unerträglich wurden. Jede Nacht war Bombenalarm.

Mein Mann war weg, ich war in Hannover und meine Regel blieb aus. Um Gottes willen, was sollen wir denn verhüten?! Es gab ja auch gar nichts, Verhütungsmittel hatten wir nicht! Was es gab, das war immer nur zu sagen, »pass auf, pass auf!«, das war furchtbar. Ich bin in Hannover zum Frauenarzt gegangen und da habe ich geheult. Die Ärztin versuchte mich zu trösten: »Die Periode verzögert sich wahrscheinlich nur, Sie werden sehen.« Aber sie kam nicht. Also bin ich wieder zum Verbraucheramt gegangen, um mir meine Karten für die nächste Schwangerschaft zu holen. Da war ich fertig.

Luftangriff, Berlin 1944

IRMA KÜHN,
geboren 1921 in Spremberg bei Cottbus

Der Leiter dieses Labors kaum auffallend oft zu mir und ich habe immer gedacht, vielleicht mache ich irgendetwas falsch. 1943 wurde der Betrieb nach Lauben verlegt und da war der wieder da. Langsam wusste ich warum. Er war dann derjenige. 1944 haben wir noch schnell geheiratet, bevor er an die Front musste. Vielleicht zu schnell. Wie es so war.

Er war auf seinem Gebiet ein As und unabkömmlich, und er wurde dann auch nach Berlin zurückbeordert im Februar 45.

Wir waren gerade mal ein halbes Jahr verheiratet. Ich war schwanger, bin aber nicht nach Berlin gegangen, weil er sagte, Berlin sei zu gefährlich, ich solle in Spremberg bleiben.

Am sechzehnten April '45 kam die SS in jedes Haus und sagte, bis morgen früh um sieben muss das geräumt werden, die ganze Stadt wird evakuiert, Spremberg ist zur Festung erklärt. Wir mussten raus und durften nur jeder einen Koffer mitnehmen. Wir haben vor allen Dingen Babywäsche und Wäsche eingepackt. Was wir vergessen haben, das waren die ganzen Fotoalben. Die haben wir vergessen. Keiner von uns hatte dran gedacht. Wir haben bloß noch gepackt, jeder das nötigste, die haben uns abgeholt und wir wurden auf die einzelnen Militärfahrzeuge verteilt.

Meine Eltern und ich, meine Cousine mit ihrer Mutter wurden auf Funkwagen verteilt. Die haben gesehen, ich bin schwanger und da sind noch zwei kleine Kinder. Wir haben im Funkwagen gesessen und fuhren aus Spremberg raus. Erst mal bis Jessen, das ist ein Dorf bei Spremberg. Dort haben sie uns vorerst untergebracht. Wir dachten, wir bleiben in Jessen, bis wieder alles vorbei ist. Inzwischen waren aber in die Nähe die Russen gekommen, circa zehn Kilometer von Spremberg weg.

Also ist die SS wieder weitergeflüchtet. Da sind wir auch in einen Kampf mit den Russen reingeraten, aber die Funkwagen sind grade noch durchgekommen. Weiter sind wir über Bischofswerder in Richtung Dresden gefahren. Irgendwo haben wir übernachtet. Einmal haben wir in einem Haus geschlafen, da bin ich am Tisch eingeschlafen. Ich war so fertig, ich war im achten Monat schwanger.

Dann haben sie uns mitgenommen bis nach Kunersdorf, das ist schon in der Sächsischen Schweiz. Dort waren wir zwei oder drei Tage. Es waren so heiße Tage und ich weiß noch, dass meine Mutter in dem Bach dort Wäsche ausgewaschen hat. Von Kunersdorf sind wir dann bis Pirna gefahren. In Pirna war die einzige Brücke, die noch frei war. Doch jetzt waren die Amerikaner schon ziemlich weit und die SS hatte Angst, denn zu den Amerikanern wollten sie nicht, zu den Russen aber auch nicht. Also sind sie die Elbe ganz runter. Und in Pirna sind wir wieder in Beschuss gekommen.

In Pirna mussten wir aussteigen und über die Brücke laufen und dabei wurde ein Fräulein von uns erschossen. Wir sind über die Brücke und die SS sind hinterhergekommen. Jedenfalls sind wir wieder eingestiegen. Die haben uns immer mitgeschleift und wir sind immer wieder eingestiegen, ich weiß auch nicht warum. Es waren fünfzehn oder zwanzig Wagen und wir waren nicht die Einzigen. Ich habe auch nicht gedacht, dass das schiefgehen könnte, wir wollten bloß fort. Wir waren uns nicht bewusst, wie gefährlich es war, ausgerechnet mit der SS zu flüchten.

Von Pirna sind wir nach Glashütte gefahren und haben dort eine Nacht im Bahnhof übernachtet auf der Bank, das werd ich nie vergessen. Dann kamen wir nach Schmiedeberg. Dort waren wir wieder zwei oder drei Tage bei einem Ehepaar, die haben gesagt: »Bleibt doch hier, ihr könnt doch nicht weiter.« Aber wir sind wieder weitergefahren. Inzwischen hatte sich meine Cousine mit dem Oberscharführer Helmig angefreundet, der war aus Stuttgart und der war so scharf auf die beiden kleinen Kinder. Die Ingeborg war vier und der Eckhard war zwei Jahre alt und dem Mann taten die Kinder so leid. Dadurch kriegten wir immer mehr zu essen als die anderen. Wegen der Kinder und weil ich schwanger war. Und weil ich damals so schnell und flink war, hat der immer gesagt »na, das wird eine Heidi«, und so hat sie ja dann auch geheißen!

Wir sind weiter in Richtung Teplitz und Usti, da sind sie plötzlich von der Straße ab und links reingefahren. Da war mit einem Mal Ruhe, keine Russen und nichts und auf einmal hörten wir so ein Geräusch und es kam ein endloser Zug. Wir glaubten, das seien Kriegsgefangene, und in Wirklichkeit waren es KZ-ler aus Theresienstadt. Die wurden von SS-Leuten mit Hunden geführt und hatten Holzschuhe an, und dieses Getrapple kam von den vielen Schuhen. Wir wussten das ja gar nicht von den KZs und haben gedacht, das sind alles Gefangene. Die hatten so grau gestreifte Sachen an. Aber dazwischen waren auch Frauen. Das haben wir erst viel später erfahren, dass sie aus Theresienstadt kamen. Die sind aber nicht in Richtung Tschechei weiter, sondern rein nach Deutschland.

In der Nähe war ein kleiner Ort, da haben sie uns unter-

gebracht. Wieder saßen wir in einem leeren Haus. Mein Vater
und noch zwei Männer waren die einzigen älteren Männer,
alle anderen waren eingezogen. Wir waren unruhig, was nun
wird. Mein Vater und die beiden anderen haben an dem Haus
ein bisschen Wache gestanden und auf einmal war die SS
verschwunden. »Wir holen euch wieder«, hatten sie gesagt,
das weiß ich noch. Da kam mein Vater rein und sagte, »von
wegen. Die sind alle verschwunden, die haben sich Zivilsa-
chen angezogen und sind fort«, in Richtung Prag. Einer hatte noch zu meinem Vater gesagt: »Wir kämpfen dort weiter!«
Nun saßen wir da — und die Russen kamen.

RENATE BRESCHING,
Tochter von Erna Knabe, geboren 1934 in Wiesenau

Im Dezember '44 kamen die Flüchtlinge aus Ostpreußen hier
durch. Die haben in der Schule übernachtet, wir hatten keine Schule mehr. Und wir wurden evakuiert, aber heimlich
sind noch welche dageblieben. Mein Großvater hatte zwei Wagen und vier Pferde. Da wurde auf einen Wagen mit Dachpap-
pe ein richtiges Haus draufgebaut, mit dem sind wir geflüchtet. Das war am fünften oder sechsten Februar 1945
und dann mussten wir noch mal zurück, weil die Wehrmacht
uns nicht durchließ. Auf dem Wagen waren oben Oma und Opa
mit den Schwiegereltern, Mutti, ich, Inge, Tante Hilde, Inge-
lore. Wir waren zehn Personen insgesamt. Jedenfalls sind
wir geflüchtet. Zuerst nach Lindow und dann hat mein Vater
geschrieben: »Vor den Russen rennt, so weit ihr könnt.«

ERNA KNABE,
geboren 1911 in Wiesenau bei Frankfurt an der Oder

Mein Mann hatte Decken geschickt und aus den Decken habe
ich Mäntel gemacht für die Mädchen. Wenn wir nach Russland
kommen, damit wir was Warmes zum Anziehen haben.

RENATE BRESCHING,
Tochter von Erna Knabe, geboren 1934 in Wiesenau

Muttis Bruder war Soldat und war wegen einer Verwundung
an der Hand hier im Lazarett. Der ist dann mit Muttis Cousine noch mal zurück ins Dorf, die Kühe mussten doch gefüttert werden. Und sie sollten noch einiges mitbringen. Meine
Schwester und ich hatten so kleine Bernsteinkettchen, die
waren in Blattgold eingefasst, und Mutti hatte eine Handta-
sche aus Schlangenleder gehabt und Schuhe sollte er mitbringen. Die beiden sind bis an den Schlaubenberg gekommen
und da stand die SS. Denen haben sie dann gesagt: »Wir wollen noch mal nach Wiesenau.« — »Ja, ihr könnt rein, der
Russe ist nicht drinnen.« Und dann kamen sie bis an die
Mühle und dann waren da die Russen! Sie haben den Bruder
von Mutti, der war ja in Uniform, erschossen und Muttis Cousine, die Gisela war sechzehn Jahre alt, wurde verschleppt
bis über die Oder.

ERNA KNABE,
geboren 1911 in Wiesenau bei Frankfurt an der Oder

Wir haben Glück gehabt, wir konnten mit dem Pferdewagen
fahren, aber die anderen waren zu Fuß unterwegs.

RENATE BRESCHING,
Tochter von Erna Knabe, geboren 1934 in Wiesenau

Wir sind den ganzen Tag unterwegs gewesen. Unsere erste
Station war dann etwa acht Kilometer von Wiesenau entfernt,
in Lindow. Da blieben wir zwei Tage. Dann sind wir in einem
großen Bogen nach Reudnitz bei Beeskow gekommen, etwa 45
Kilometer von Wiesenau, dort blieben wir sechs Tage. Die
Verpflegung hatten wir mitgenommen von zu Hause. Die Leute
unterwegs waren überhaupt nicht hilfsbereit, die haben uns
schief angekuckt. Manchmal haben wir von den Bauern ein
Quartier für die Nacht gekriegt, manchmal aber auch nicht,
das war furchtbar. Die dritte Station war dann bei Lucken-

walde, dort blieben wir bis April 1945. Wir waren dort mit
zwei anderen Familien auf einem großen Gut untergebracht,
auch noch, als mein Vati auf Urlaub kam. Da hatte er den
Arm schon verloren gehabt. Geschlafen haben wir immer in
einem Raum auf Stroh, alle Mann zusammen. Nur als mein Vati
auf Urlaub kam, haben Mutti und Vati alleine im Zimmer geschlafen in der Bücherei. Da waren schon alle Kisten gepackt mit ganz viel Geschirr und Besteck.

Als die Front immer näher kam, wurde das Dorf auch wieder evakuiert und wir flüchteten noch einmal. Mutti und
wir Kinder wollten mit deutschen Soldaten weiter flüchten.
Doch dann hat ein deutscher Soldat gesagt: »Bleiben Sie
hier, der Ami ist nicht besser, der hat ein ganzes Lazarett
bombardiert.« Unterwegs kamen die Tiefflieger. Wir mussten
runter vom Wagen und von der Straße und uns im Wald verstecken. Schließlich kamen wir über Halbe, Jüterbog bis hinter Kamenz kurz vor die Elbe. Da hat uns dann der Russe
eingeholt.

Dort wurden meine Tante, sie war 24 Jahre alt, und zwei
Mädchen, beide 18, von den Russen vergewaltigt. Die mussten
ganz schön leiden. Meine Mutti war besorgt, denn mein Opa,
Muttis Schwiegervater, und wir Kinder hingen an ihrem
Rockzipfel. Auch bekam sie vor lauter Angst ihre Regel, die
nach der Geburt meiner Schwester weggeblieben war. Ich weiß
noch, wir lagen in der Küche und da kam ein Russe an mit
Wodka und wir sollten alle trinken und ich habe nicht getrunken. Er hatte eine Handgranate dabei. Dann hat Mutti
immer gesagt, »trink doch«, aber ich habe nicht getrunken.
Es war so schlimm, meine kleine Schwester Heidemarie war
zwei Jahre, und dann kamen die Russen mit den Panzern und
ich habe sie auf dem Arm gehabt.

Jedenfalls war das so schlimm, dass wir uns das Leben
nehmen wollten. Die eine Familie, das war der Schmied aus
unserem Heimatort mit Frau und 18-jähriger Tochter, wollte
sich das Leben nehmen: Der Mann erschlug seine Frau und
Tochter mit der Axt. Er selber erhängte sich. Die beiden
Frauen waren aber nicht tot. Als wir von dem Heuboden nach
einer Weile runterkamen, sind die Mutter und die Tochter
blutüberströmt wieder zu sich gekommen und aus der Scheu-
ne gelaufen. Eine russische Ärztin versorgte sie fürs Ers-

te, die hat sich ganz toll um sie gekümmert. Und meine Großmutter hat die Bettbezüge zerrissen und alles mit Schmalz
eingeschmiert. Das Schweineschmalz hatten wir von zu Hause
mitgenommen. Den Vater, den Schmiedemeister, haben meine
Großeltern beerdigt. Die beiden Frauen nahmen wir dann
später wieder mit nach Hause, sie hatten keine Schäden da-
vongetragen und bekamen später je eine Metallplatte eingesetzt. Das mit den Russen war schlimm.

Auch wir wollten uns das Leben nehmen. Die Eltern meiner
Mutter, unsere Tante mit Tochter von eineinhalb Jahren und
wir, drei Kinder von elf, neun und eindreiviertel Jahren.
Mein Bruder wurde erst 1948 geboren. Meiner kleinsten
Schwester, Heidemarie, wollte meine Mutter die Pulsadern
aufschneiden, sie hatte schon angefangen zu bluten. Ich
wollte es mir selber machen. Die Eltern von meinem Vater haben dann aber so lange gebettelt und uns beschworen, es
nicht zu tun, und immer gesagt, wenn unser Vati aus dem Krieg
nach Hause kommt und uns nicht mehr vorfindet, das wäre
doch furchtbar. Und so haben wir es dann doch nicht getan.

Mein Großvater hatte schon die Schlinge um den Hals, aber
nach der Erzählung meiner Großmutter kamen russische Soldaten und hinderten ihn daran, so blieben auch sie am Leben. Die Russen haben uns zwar alles weggenommen, was wir
hatten, aber wir haben alle überlebt.

LISA KÜHNE,
geboren 1921 in Hannover

Dann fielen die Bomben über Hannover. Nun war es dort genauso schlimm wie im Ruhrgebiet. Jede Nacht in den Keller
oder in den Hochbunker. Ich hätte heulen können, wenn die
Tür hinter uns zugemacht wurde.

Bei einem Angriff im Juli verlor meine Tante, die in der
Innenstadt wohnte, alles, was sie besaß. Sie hatte nur noch
das, was sie auf dem Leib trug. Dann kam eine Nacht im September. Das war so schlimm. Als wir aus dem Bunker rauska-
men, haben wir nur Feuer gesehen. Da hat mein Vater gesagt:
»Mädchen, hier kannst du nicht bleiben, wir müssen sehen,

dass du hier wegkommst.« Die schickten die Frauen immer auf die Dörfer. Ich bin also zum Büro der NSDAP gegangen und da hieß es: »Ja, Mutter mit Kind und eines im Bauch: sofort, ja. Sie können innerhalb von drei Tagen weg.« Dann

Auf Heimaturlaub kurz vor Kriegsende, 1945

kriegte ich Bescheid, dann und dann melden und da sein auf dem Lastauto. Meine Mutter fuhr mit mir mit, weil, »das Mädchen kann nicht allein gehen«. So sind wir mit Kinderwagen und Kinderbett, mit allem Drum und Dran, in ein kleines Örtchen, nach Hammelspringe, nördlich von Hameln gekommen. Es war ein schöner Ort, er lag direkt am Berg, hatte sogar ein Hotel, aber sonst gabs nichts. Nach der Ankunft bekamen wir in einer großen Gaststätte – ich war ja nicht allein, es waren viele, die wegwollten –, erst mal Himmel und Erde, Kartoffeln mit Äpfeln, zu essen. Danach wurden wir verteilt auf die verschiedenen Kleinbauern im Ort. Meine Mutter und ich mit dem Kind wurden zu einer Mühle eingeteilt. Aber die wollten uns alle natürlich nicht. Wir sind dann noch mal umgezogen im Haus, weiter runter, aber die Zimmerchen waren immer zu eng für uns zwei Erwachsene, das Kinderbett und dann sollte noch ein Kind kommen.

Plakat zur Obdachlosenproblematik der Nachkriegszeit, 1945

Dann bin ich zum Bürgermeister gegangen und habe ihm gesagt: »Herr Wille, schauen Sie sich das an, mein Kind und ich bin wieder schwanger, bei den Beerens kann ich nicht wohnen bleiben, ich brauche etwas Größeres.« Dadurch kriegte ich eine Wohnung, das war eine Küche mit einem Herd, daneben war ein Zimmer wie eine Bodenkammer, schräg und überall an den Schrägen waren Nägel. Daran hatte man die Würste getrocknet, das war mal eine Wurstkammer gewesen. Darin konnten sich keine zwei Menschen umdrehen, vor unser Bett konnte ich nur noch das Kinderbett stellen. Da blieben wir und haben uns recht und schlecht durchgeschlagen. Meine Mutter hat gehamstert! Die hatte ihr Fahrrad mit und fuhr über Land. Wir hatten die Marken für Zigaretten, haben ja aber nicht geraucht. Man tauschte gegen Rauch und sie hat die dann getauscht. Mein Mann kriegte Sold, den bekam ich und das hat gereicht. Für die Kinder bekam ich dann auch wieder mehr Lebensmittel.

Einmal kam eine Mütterberatung in die Schule. Da habe ich ein Mittel gegen die englische Krankheit, die Kinderlähmung, bekommen. Das war das einzige Mal, dass ich dort mit dem Kind beim Arzt gewesen bin. Wir haben in dem Dorf ein Jahr verbracht, dann kamen auch meine Schwiegermutter und die eine Schwägerin nach Hammelspringe. Die war ausgebombt. Als Nächste kam meine Oma aus Hannover. Sie war die ganze Zeit in Hannover geblieben, weil sie dachte, ich kann doch den Jungen nicht alleine lassen. Da waren mein Bruder noch zu Hause und der Vater, aber als es immer schlimmer wurde, kam sie. Die Schwester meiner Mutter war sowieso die ganze Zeit schon dagewesen. Sie war schwer körperbehindert und konnte nur am Stock gehen, aber sie hat mit den Kindern gesessen und gespielt, sie hatte einen ganz schönen Garten erwischt. Also war der ganze Familienclan versammelt. Und alle waren immer für meine Kinder da. Hannelore ist im März 1943 geboren und die andere im März 1944, also praktisch nach 12 Monaten. Das war toll.

IRMA KÜHN,
geboren 1921 in Spremberg bei Cottbus

Nach vielleicht ein, zwei Stunden kamen die Männer und sagten: »Setzt euch Frauen alle in einem Zimmer zusammen, die Russen kommen gleich.« Mein Vater hatte damals so eine Motorradjacke aus Leder an. Kam er rein ohne die Jacke, sagt er: »Die haben sie mir jetzt geklaut.« Als er das nächste Mal reinkam, sagte er: »Jetzt bin ich die Uhr los«, da waren die Russen schon da. Die haben uns am Tage gar nichts getan, abends kamen sie rein. Einer kam und sagte: »Du und du und du, ihr kommt jetzt mit.« Meine Cousine nahm er mit und auch die anderen Frauen. Nach nicht allzu langer Zeit kamen dann die Frauen wieder, setzten sich hin — und meine

Cousine weinte die ganze Nacht. Und so haben sie immer welche rausgerissen, es waren ja eine Menge Frauen da. Am nächsten Tag waren die Russen weg. Wir sahen sie nicht, aber wir hatten Angst und wussten nicht, was ist. Die nächste Nacht haben wir nicht im Haus geschlafen, sondern im Garten. Da war ein großes Gebiet mit Himbeeren, es war ja warm, es war Mai, da haben wir uns unter die Himbeeren gelegt. Aus dem Dorf kam dann jemand und sagte, innerhalb von vierundzwanzig Stunden müssen alle Deutschen raus. Da haben wir uns aufgerappelt und sind losmarschiert. Die Russen waren nicht zu sehen und von unseren Soldaten, den deutschen, auch nichts. Wir waren jetzt allein.

Wir sind losgegangen über Usti, irgendwo über die Elbe und sind immer an der Elbe entlanggegangen. Rechts von uns waren verlassene Militärwagen und die Leichen. Die kleine vierjährige Ingeborg kann sich heute noch erinnern, dass immer Autos an der Seite waren. Das war so niedlich, das kleine Ding ist gelaufen und gelaufen, aber immer mit der Milchkanne, warum wir immer die Milchkanne getragen haben, wissen wir nicht. Mein Vater ist dann in die verlassenen Autos gegangen mit meiner Cousine und hat geklaut, was eben da war. Mal kam er mit Zucker an und einmal kam er mit zwei Eimern Marmelade, und die Eimer haben wir bis nach Spremberg geschleppt.

Als wir losgingen am sechzehnten April hatte ich ein Kleid an mit langen Ärmeln. Das hatte vorne Falten, die man rauslassen konnte, mein Bauch wurde ja immer dicker. Als es dann warm wurde, hat meine Cousine die Ärmel gekürzt und wieder ein paar Falten rausgelassen. Dann hatte ich so große Blasen an den Füßen, da hat mein Vater gesagt: »Lass, ich werde sehen, dass ich ein Paar Schuhe auftreibe, die mir passen.« Woher er die hatte, weiß ich nicht, ob er die nun Soldaten ausgezogen hat oder sonst was, weiß ich nicht. Jedenfalls kam er mit ein Paar Stiefeln an, die passten ihm, und ich habe Vaters Schuhe angezogen. Die waren mir zu groß, da haben wir sie vorne mit Papier ausgestopft. So sind wir bis Hoyerswerda gelaufen. Wir sind jeden Tag ungefähr fünfundzwanzig bis dreißig Kilometer gelaufen und mir hat das überhaupt nichts ausgemacht. Bis Hoyerswerda waren es elf Tage.

Mal haben wir was zu Essen bekommen, mal haben wir uns
etwas gesucht. In Hoyerswerda haben wir Bekannte aus
Spremberg getroffen, die schon wieder aus Spremberg zurückkamen, weil sie alles verloren hatten. Die wollten jetzt
nach Hoyerswerda zu Verwandten und haben uns gewarnt:
»Geht bloß nicht nach Spremberg, Euer Haus steht nicht
mehr, es ist alles weg, bleibt hier irgendwo.« Mein Vater hat
gesagt: »Trotzdem, wir gehen.« Als wir nach Hause kamen,
war bloß noch Ruine, nichts. Unser früherer Bücherrevisor
fürs Geschäft, heute würde man Steuerberater sagen, kam
und sagte: »Bei uns ist noch Platz.« Dort haben wir dann
vorläufig gewohnt.

RENATE BRESCHING,
Tochter von Erna Knabe, geboren 1934 in Wiesenau

Auf dem Gutshof, auf dem wir waren, war ein großer Park.
Wir waren Kinder und da haben die Schneeglöckchen geblüht.
Als wir das zweite Mal dort vorbeikamen, sind wir auch wieder auf den Gutshof und in der großen Empfangshalle lag
Papiergeld, alles verstreut und überall lag das ganze Besteck und Meissner Porzellan. Im Keller haben wir noch Kartoffeln gefunden. Aber wir haben uns nicht viel Geld genommen. Ein Kinderbett haben wir mitgenommen und Gardinen.
Aber wir haben nicht geglaubt, dass wir das jemals wieder
brauchen würden. Wir haben doch gedacht, wir müssen alle
nach Sibirien, wir brauchen bloß dicke Wintermäntel und
Stiefel, weiter brauchen wir nichts.

ERNA KNABE,
geboren 1911 in Wiesenau bei Frankfurt an der Oder

Wir sind dann zurück nach Wiesenau. Einen Wagen hatten wir
noch, sonst war alles weg. Zu Hause war auch alles zerschos-
sen, überall lagen Munition und Minen herum. In unserem
Haus hatten sie aus dem Schlafzimmer einen Pferdestall ge-

macht und die Schränke waren Futternäpfe. Alles war weg, bis auf einen großen Kuchenteller, den habe ich heute noch, ein Messer, meinen Kamm und die Bibel. Das war alles. Das war der Start, dann haben wir uns wieder hoch gewirtschaftet.

Behelfsmäßiges Leben in den Ruinen von Nürnberg, 1945

IRMA KÜHN,
geboren 1924 in Spremberg bei Cottbus

Die Hebamme, Fräulein Fischer, kannte ich schon durch meine Schwester. Der Termin war der 21. Juni, aber das ging schon früher los. In der Früh wurde ich munter, sehr früh, und dachte, das wird die Kartoffelsuppe sein. Wir hatten am Abend so eine wässrige Kartoffelsuppe gemacht mit allerhand Kräutern, die wir aufgetrieben hatten. Dann wurde aber klar, das war nicht die Kartoffelsuppe, sondern es war so weit. Mein Vater wollte Fräulein Fischer holen, das ging aber gar nicht. Wir hatten Sperrzeit. Irgendwie hat das dann doch geklappt und Fräulein Fischer war kaum da, da kam sie auch schon. Da sagte Fräulein Fischer: »Ja, das ging wirklich Heidi«, ohne dass sie wusste, dass vorher der Helmig das auch gesagt hatte. Kunststück, ich bin ja vorher über hundert Kilometer gelaufen, war gut trainiert. Wir wissen nicht, wann sie auf die Welt kam. Mein Vater hatte keine Uhr mehr, die Rathaus- und die Turmuhr gingen nicht, die Kirchturmuhr war kaputt. Heidi musste sie heißen, das war klar. Sie war normal entwickelt, wog sechs Pfund, es war alles in Ordnung.

Drei, vier Tage später hatte ich ungeheuer Hunger. Wir hatten kaum Brot, wir hatten ein paar Kartoffeln, die wir organisiert hatten von den Feldern, auch die Marmelade hatten wir noch. Da hat meine Mutter mir Pellkartoffeln mit Marmelade gegeben, das werde ich nie vergessen, und das hat geschmeckt! Ein Eimer war Hagebuttenmarmelade mit Vitamin C für die SS und wahrscheinlich hat die uns gerettet. Und schwarzen Kaffee hatten die Herzogs, bei denen wir wohnten, was anderes gab es nicht.

Ein paar Tage später kam meine Schwägerin, von meinem Bruder die Frau, die auch schwanger war. Die waren bis in den Spreewald gekommen und konnten nicht mehr weiter, und da hat meine Schwägerin dann das Baby gekriegt. Jedenfalls kamen auch da die Russen und haben alle Frauen genommen. Da ist meine Schwägerin mit dem Baby in ein großes Gurkenfass mit zwei anderen Frauen, dass sie die Russen nicht finden. Das ist aber eine extra Geschichte. Jedenfalls kam sie zurück und hatte die kleine Gabriele. Die sah aus wie eine kleine Spinne, meine Schwägerin hatte überhaupt keine Nahrung und nichts. Da sagte das Fräulein Fischer zu mir: »Ach weißt du was, die legen wir zu deiner dazu, die wird auch noch satt«, und ich habe meine kleine Dicke und die andere Kleine gestillt, die wog noch nicht mal drei Pfund. Die wurde nachher erst kräftiger.

Als Heidi geboren war, hatten wir gar nichts, kein Bett, nichts. Und das sprach sich herum, da schickte die Frau Kader, die Fleischermeistersfrau mit ihren zwei Töchtern einen ganzen Korb mit Wäsche von ihren Kindern. Und die Bäckermeistersfrau hatte eine Tochter, die Inge, die war vier

Jahre grade alt, die schickte ein Körbchen mit dem Überhang drüber, aber ohne Matratze und alles. Da hat sich mein Vater hingesetzt und aus der alten Decke schnell eine Matratze gemacht, und von den Herzogs kriegten wir ein Kopfkissen und das Kind hatte ein Bettchen. Beide Kinder hatten ein Bettchen, denn die Kleine war auch noch mit drin.

Dann starb mein Vater im Juli, das war schlimm. Wir haben gar nicht darauf geachtet, dass er alle fünfe gab. Und wenn wir gefragt haben: »Hast du denn auch was gegessen?«, antwortete er: »Ja, ja, ist alles in Ordnung.« Aber er hatte nichts gegessen, er hatte gehungert für uns und ist dann innerhalb kürzester Zeit gestorben. Das war schlimm, dann waren wir alleine.

Später stand plötzlich unsere alte Haushaltshilfe wieder vor der Tür, die Grete.

GISELA BÖHNLEIN,
geboren 1918 in Kattowitz, heute Katowice/Polen

Mein Mann durfte nach seiner Entlassung nicht von Berlin nach Lübeck kommen. Da schmuggelte er sich nachts und in einem Gefangenentransport versteckt Richtung Lübeck. Ihm

1945–1955 Hermann Hesse erhält Literaturnobelpreis und Thomas Mann Goethe-Preis in Frankfurter Paulskirche. ++ Wiedereröffnung des Deutschen Theaters in Berlin mit dem während NS-Zeit verbotenen Drama ›Nathan der Weise‹ von Lessing. ++ Rundfunksender und Zeitungen nehmen mit Genehmigung der Alliierten nach und nach Betrieb wieder auf. ++ Gründung von Kabarett »Kom(m)ödchen« von Lore Lorentz in Düsseldorf. ++ Bertolt Brecht und Helene Weigel kehren aus Exil nach Ost-Berlin zurück. ++ Uraufführung des ersten deutschen Nachkriegsfilms ›Die Mörder sind unter uns‹, Regie: Wolfgang Staudte. ++ Johannes R. Becher veröffentlicht ›Ausgewählte Dichtungen aus der Zeit der Verbannung. 1933–1945‹, Thomas Mann ›Doktor Faustus‹. Eugen Kogons ›Der SS-Staat‹ macht Gräuel in Konzentrationslagern breitem Publikum bekannt. ++ Von Simone de Beauvoir erregt ›Das andere Geschlecht‹ Aufsehen. Heinrich Böll veröffentlicht ›Und sagte kein einziges Wort‹,

haben viele geholfen, sonst hätte er das nicht geschafft. Und die Frauen, die ihm halfen, sich zu verstecken, oder ihm zu essen gaben, wussten oft nicht, wo ihre eigenen Männer waren. Kurz vor Lübeck, bei Grefelsmühl hat er sich aus dem fahrenden Zug fallen lassen, ist dann noch zum Friseur gegangen, damit er ein bisschen ordentlich aussieht, ist dann nachts heimlich über die Grenze und stand plötzlich vor der Tür. Ich habe es nicht geglaubt, ich habe gesagt, »Hans!« Er sah aus, ich habe immer gesagt, nichts als Nase und Ohren, er war ja kahl geschoren von den Russen. Es war lustig, trotzdem. Meine Mutter hat, was sie noch hatte, aufgetischt und mein Vater hat Wein aus dem Keller geholt. Wir haben eine kleine Feier gemacht, so gut, wie es ging. Wir haben ja alle nicht mehr viel gehabt.

Bei uns sammelten sich alle. Nicht nur Verwandte aus Oberschlesien, wo wir her waren, sondern auch Bekannte und völlig Fremde kamen bei uns an. Sie hatten alle vereinbart, wir treffen uns in Lübeck. Da kamen eben Matratzen auf den Boden, auch in meinem Zimmer. Meine Eltern konnten das, irgendwie haben die es organisiert und es ist gegangen.

> *Das sind die Städte, wo wir unser »Heil!« / den Weltzerstörern einst entgegenröhrten. / Und unsre Städte sind auch nur ein Teil / von all den Städten, welche wir zerstörten.*
>
> Bert Brecht, ›Kriegsfibel‹ 1955

Wolfgang Koeppen ›Das Treibhaus‹. ++ Olympische Winterspiele in St Moritz; Deutschland und Japan sind von den Spielen ausgeschlossen. ++ Karl Valentin stirbt, Filmregisseur Ernst Lubitsch stirbt in Hollywood, Maler Max Beckmann in New York, Thomas Mann in Zürich. ++ Illustrierte ›Revue‹ »grüßt alle Schlesier«. Serie ›Schau heimwärts Vertriebener!‹ verklärt Vergangenheit. ++ Bundesdeutsche Radiostationen schließen sich in München zur Arbeitsgemeinschaft der Rundfunkanstalten Deutschlands, ARD, zusammen. ›Tagesschau‹ wird zur regelmäßigen Nachrichtensendung. ++ Planwirtschaft in der DDR. ++ Skandal um ›Die Sünderin‹ mit Hildegard Knef. Beliebter sind Heimatfilme wie der erste deutsche Nachkriegsfarbfilm ›Schwarzwaldmädel‹ oder ›Grün ist die Heide‹ mit Sonja Ziemann und Rudolph Prack. Konkurrenz machen die ›Sissi‹-Filme mit Romy Schneider und Karlheinz Böhm. Curd Jürgens erobert als verwegener Offizier in ›Des Teufels General‹ die junge Marianne Koch. ++

INGE TSCHETSCHORKE,
geboren 1931 in Hilden

Meine ganze Kindheit ist durch den Krieg versaut worden.
Vorher haben wir normal gespielt. '39 kam der Krieg, da war
ich noch keine acht Jahre alt. Dann ging das los, wir muss-
ten von der Schule, wenn Fliegeralarm in Abstand von zehn
Minuten kam, nach Hause rennen, weil der Keller in der
Schule zu klein war. Alarm, also wir raus, Richtung nach
Hause, war man auf dem halben Weg, kam Entwarnung, also
zurück, dann Vollalarm, wieder hin. So ist das manchmal den
ganzen Tag gegangen. Bei Tillmanns haben wir immer kurz
Pause gemacht, die hatten den Drahtfunk an, da wussten wir,
wo die Flieger herkamen, von Arnheim und wo überall her.
Drahtfunk war ein Sender, den durfte man eigentlich nicht
hören.

In der Nacht, wenn Fliegeralarm kam, hieß es, ab in den
Bunker. Da haben wir Kinder schon auf die Uhr geguckt:
»Hoffentlich dauert das bis nach zwölf, dann haben wir eine
Stunde später Schule.« Wir hatten einen Lehrer, der war so
versessen auf Bomben: »Wo sind denn diese Nacht die Eier
gefallen?« Wir antworteten: »Meine Mutter meinte da« und
»der Opa meinte da«. Dann wollten wir wissen: »Wie sieht
denn eine Brandbombe aus?« Der hat uns alles haarklein er-

Herbert von Karajan wird Sergiu Celibidaches Nachfolger bei Berliner
Philharmonikern. ++ Jugendweihe in der DDR setzt sich durch. ++ »do-
cumenta« zieht Kunstbegeisterte nach Kassel. ++ Prinzessin Elizabeth von
England heiratet Oberleutnant Philip Mountbatten und wird Königin
Elizabeth II. ++ Nierentische, Schalensessel und Tulpenlampen erobern
bundesdeutsche Wohnstuben. ++ Goggomobil, Kabinenroller, Isetta,
VW-Käfer und Vespa-Roller machen Deutschland mobil. ++ Kinsey-
Report in USA. ++ Zeitschrift ›Hör zu‹ stellt Igel Mecki vor. ++ Erstes Mi-
ckey-Maus-Heft in deutscher Sprache. ++ Bundesbürger verfolgen ge-
spannt erste deutsche TV-Serie »Unsere Nachbarn heute abend: Familie
Schölermann.« ++ Entschlüsselung der DNS gelingt. ++ Petticoat und
Nylonstrümpfe setzen sich durch. ++ Camping wird bei Bundesbürgern
beliebt.

klärt. Und auf einmal hieß es: »Jetzt müssen wir los, wir
müssen Kartoffelkäfer sammeln.« Dann mussten wir Heilkräu-
ter sammeln, in den Schulferien mussten wir Seidenraupen
füttern. Das war unser Lernen. Wir hatten ein Jahr über-

Trümmerfrauen machen eine Pause, 1945

haupt keine Schule gehabt. Im Zeugnis stand: »Sieben Jahre
die Schule besucht, die Leistungen entsprechen einem acht-
jährigen Schulbesuch«, doch das kann nie im Leben sein. Wir
waren nicht doof, als wir aus der Schule kamen, aber wir
haben doch vieles versäumt.

Wir sind immer gelaufen. Wir Kinder haben uns alle zusammengetan und sind nach Unterbach gelaufen. »Da gibt es auf
den und den Abschnitt von der Lebensmittelkarte ein Pfund
Zucker.« Da waren wir den ganzen Nachmittag auf Tour. Dabei mussten wir natürlich aufpassen, dass kein Fliegeralarm
kam. Einmal haben wir Kartoffeln klauben müssen beim Bauern, als die Flieger kamen. Die haben uns verschossen, aber

all die Einschüsse sind in die Karren gegangen. Wir Kinder
haben druntergesessen und niemand hat was abgekriegt.

Bei uns sind genug Bomben gefallen. Wir hatten fast jede
Nacht Fliegeralarm und die letzten vier oder fünf Wochen

Kinder spielen in den Trümmern, 1945

haben wir unten im Keller geschlafen. Mein Vater war Soldat,
er war 1945 noch eingezogen worden, da war er gerade mit
der Ausbildung fertig. Er und sein Freund Heini, der war so
ein Kleiner. Die beiden haben alles zusammen gemacht, die
Ausbildung, sie wurden zusammen Soldat, waren in einer Einheit, kamen beide wieder und haben beide wieder ihre alte
Stelle bekommen. Wir waren zu Hause noch meine Mutter, meine Schwester und ich und meine Großeltern. Wir haben den
Keller ganz ausgeräumt und haben immer zu zweit in zwei
alten Metallbetten geschlafen, meine Schwester war ja noch
klein. Bei dem Haus, in dem wir gewohnt haben, war das Dach
weg und die Scheiben waren kaputt. Das wars. In Hilden wa-

ren vereinzelte Häuser weg. In der Schulstraße waren Bomben gefallen und unserem Rektor mussten wir nachmittags aufräumen helfen, die Privatwohnung.

So war unsere Jugend. Meine Mutter ging teilweise arbeiten, Putzstellen hat sie gehabt und bei einer Familie hat sie bei der großen Wäsche geholfen, und ich musste spülen und was so anfiel. Wir mussten dafür sorgen, dass die Kaninchen frisches Gras hatten, mein Opa hatte viele Kaninchen. Dann musste ich helfen putzen und kehren. Zum Beispiel den Gartenweg von Unkraut frei machen. Samstags wurde die Straße vorn gekehrt, dann wurde das mit Muster gemacht und geschaut, wer das schönste hat.

Meine Mutter wusste immer, wo sie etwas zu essen herbekam. Sie ist auch später, als der Krieg zu Ende war, hamstern gefahren in die Eifel. Not haben wir nicht gelitten.

Nach der Schulentlassung ein Jahr Pflichtjahr machen, das musste man nicht mehr, aber meine Mutter hat mich zum Bauern gesteckt, mit dem Gedanken, da kriegt sie gut zu essen. Aber satt gegessen habe ich mich abends immer zu Hause, nicht bei dem Bauern. Es gab dort nicht viel. Das war so eine Familie, das verstehe ich heute noch nicht. Da saß der Sohn von der Bäuerin und die Schwiegertochter und Enkelkinder sowieso. Wir saßen alle an einem Tisch. Die Oma hatte Bohnenkaffee, aber die Schwiegertochter kriegte nicht mal eine Tasse Bohnenkaffee ab. Die Oma hatte auch ihre Butter, die anderen kriegten Margarine und möglichst dünn drauf. Ich kriegte jede Woche am Freitag einen Liter Milch, den konnte ich mit nach Hause nehmen für die Mutter. Hat die Mutter mal Mehl gekriegt und wollte eigentlich backen, sagte sie: »Frag mal, ob du die Milch schon am Mittwoch haben kannst.« Und dann sagte die Oma am Donnerstag Abend zu mir: »Also die Kanne brauchst du morgen nicht mitzubringen, du hast ja deine Milch schon.« Aber zum Herrn Pastor, da durfte ich immer schwere Taschen hinschleppen. Ich wusste nicht, was drin war, aber ich konnte es mir denken.

Ich wollte Friseuse werden. Als mein Vater aus der Gefangenschaft kam, hatte die Mutter für mich die Friseurstelle, und ich glaube, zwei oder drei Wochen bevor es losgehen sollte, kriegten wir Bescheid, sie haben eine andere eingestellt, eine Bekannte von ihnen. War die Frage, was mach ich

jetzt? Bei uns in der Nähe war eine Maschinenstrickerei. Da
bin ich da hingegangen und später, 1949, war ich bei Spind-
ler. Da hatten wir in der Strickerei Akkord und der Durch-
schnittslohn war etwa dreiundsiebzig Pfennige pro Stunde.

IRMA KÜHN,
geboren 1921 in Spremberg bei Cottbus

Mein Mann war in Berlin. Ich wusste nichts von ihm, er wusste nichts von mir. Ende September kam er aufs Geratewohl
nach Spremberg. Grete war bei meiner Mutter und er wollte
mich mit nach Berlin nehmen. Da sind wir im Güterwagen gefahren mit Heidi, Kinderbettchen und einem geschenkten alten Kinderwagen. Das war Mitte September und wir hätten eine
Wohnung kriegen können. Am zwölften Oktober mussten sich
mein damaliger Mann und sein Vater in Köpenick melden auf
der Polizei. Sie waren beide in der Gema, dieser Firma für
Funkgeräte, tätig gewesen, sein Vater als Betriebsingenieur
und er als Diplomingenieur. Die sind nie wiedergekommen.
Ich bin am nächsten Tag nach Köpenick zur Polizei gefahren
und da hat der Uniformierte gesagt, »Ihr Mann und sein Vater
waren hier, alle Ingenieure, die wir erreichen konnten, die
von der Gema waren, mussten sich gestern hier melden.« Ich
sagte: »Und weiter?« Dann hat er gesagt: »Ich weiß auch
nicht, was weiter war.« Sie sind jedenfalls nicht wiederge-

1945–1955 Kriegsende – Deutschland kapituliert. Alliierte Truppen befreien Konzentrationslager. ++ Aufteilung Berlins und Deutschlands in
vier Besatzungszonen – SBZ und drei westliche Zonen: »Trizonesien«.
Oberste Gewalt übernimmt Alliierter Kontrollrat, später Alliierte Hohe
Kommissare. ++ Neugründung von SPD, KPD, CDU, CSU und Zusammenschluss der liberalen Parteien aus den westlichen Besatzungszonen
zur FDP. Parteien müssen jeweils in den einzelnen Sektoren ihre Wiederzu-
lassung erreichen. ++ US-Atombomben auf Hiroshima und Nagasaki.
++ Japan kapituliert – Ende des Zweiten Weltkriegs weltweit am 2. September 1945. Bilanz: Mehr als 55 Millionen Tote. ++ Notwinter 1946/47:
In Berlin werden pro Tag bis zu 1000 Menschen mit Erfrierungen in Kran-

kommen. Die Russen haben sie abgeholt! Alle von der Gema damals, die sie gekriegt haben, haben sie abgeholt nach Sachsenhausen, für vier Jahre.

Der Schwiegervater war stark zuckerkrank, der ist gleich im ersten Jahr gestorben. Wir haben nichts von meinem Mann gehört, keine Nachricht, weder seine Mutter noch ich, niemand!

Kurz vor Weihnachten 1949 kriegte ich einen Brief, dass er wieder zurück ist und dass er nicht in die Zone, damals schon DDR, kommt, ich sollte nach Berlin kommen.

Niemand hat die Absicht, eine Mauer zu errichten

Walter Ulbricht
am 15. Juni 1961

Für Heidi war das komisch, sie war schon über vier Jahre alt und kannte ihren Vater nicht. Wir haben uns bei meiner Tante getroffen, da hat er schon so rumgedruckst. Anschließend haben wir uns noch mal getroffen, und er sagte dann, er lasse sich scheiden. Warum? Er hatte in Sachsenhausen eine Frau kennengelernt, mit der er die ganzen vier Jahre das ganze Elend geteilt hatte. Wir waren ja nur ein halbes Jahr verheiratet gewesen. Ich habe ihm das gar nicht übel genommen. Ich habe gedacht, der hat die ganzen Jahre dieses Leid mit der Frau gemeinsam gehabt. Ich hatte schon die Anstellung in Spremberg und irgendwie tat er mir leid, ich kann das heute nicht mehr beschreiben. Damals gab es noch die Regelung, wenn man drei Jahre getrennt gelebt hat, wurde man sofort geschieden. Wir haben niemals ein böses Wort miteinander gewechselt, wurden geschieden, er ging in den Westen und ich wieder zurück nach Spremberg.

kenhäuser eingeliefert, in amerikanischer Besatzungszone werden wegen Kälte 75 % aller Industriebetriebe zeitweise stillgelegt. ++ Streiks und Demonstrationen hungernder Arbeiter in Städten in NRW. ++ Rotes Kreuz richtet Suchdienst zur Auffindung vermisster Personen ein. ++ »Nürnberger Prozesse« gegen deutsche Kriegsverbrecher. ++ Verdächtige müssen sich »Entnazifizierung« unterziehen – wird in den einzelnen Besatzungszonen unterschiedlich streng gehandhabt. ++ Beschluss der Auflösung des Völkerbundes. Übertragung der Aufgaben an Vereinte Nationen, UNO. ++ Durchgangslager in Friedland wird erste Anlaufstation für heimkehrende Rotkreuzschwestern und Kriegsgefangene aus sowjetischer Kriegsgefangenschaft, später auch für Flüchtlinge aus DDR. ++

ELISABETH COSMANN,
geboren 1918 im Hessischen

Mein Bruder war tot, meine Mutter war tot und mein Vater allein. Perniziöse Anämie ist eine bösartige, unheilbare Bluterkrankung. Mein Vater litt seit Jahren daran. Aber er bestand darauf, dass ich meine Ausbildung zur Musterzeichnerin noch erweitern sollte. So kam ich nach München. In der großen Altbauwohnung der Pension »Van Emden« in der Hess-Straße — sie wurde später total zerstört —, lernten sich die Mieter rasch kennen. Ein Mitbewohner machte mich auf einen jungen Mann aufmerksam, »in dessen Haut er jetzt nicht stecken möchte«, da er Halbjude sei. Dieser war als »Mischling«, in der »Organisation Todt« erfasst. In München mussten sie Bombenschäden beseitigen, nachts durften sie zu Hause schlafen. Sie konnten sich also noch recht frei bewegen. Wir verlobten uns und wollten unbedingt ein Kind. Und zwar auch deshalb, weil Mischlingen 1. Grades untersagt war, Kinder zu bekommen und ihnen die Sterilisation drohte. Über Weihnachten lud ich meinen Verlobten nach Marburg ein.

Ich kehrte zuerst nach Marburg zurück. In unser Haus hatte ich eine befreundete Dame aufgenommen, die vor den Bombenangriffen in Berlin geflüchtet war. Mein Verlobter hatte sich ebenfalls nach Marburg abgesetzt. Eines Abends führten die beiden ein angeregtes Gespräch. Am nächsten Morgen in aller Frühe trommelten uns die Herren mit den Regenmänteln aus dem Bett. Diese Dame hatte uns verraten.

Währungsreform 1948: Einführung von D-Mark in den drei westlichen Besatzungszonen. ++ Blockade Berlins durch Sowjetische Militäradministration – Versorgung Westberlins über »Luftbrücke«. ++ Generalstreik von 9 Millionen Arbeitnehmern West gegen steigende Preise und für demokratische Struktur der Wirtschaft. ++ Beginn der Verstaatlichung und Lenkung der DDR-Wirtschaft. ++ Ost- und Westberlin werden geteilt. ++ Verabschiedung der Verfassung der künftigen DDR. ++ Beginn des Koreakriegs. Angst vor neuem Krieg in Deutschland. ++ 1949: Verabschiedung des Grundgesetzes als Verfassung für künftige Bundesrepublik. ++ Erstmals Wahl zum Bundestag 14. August 1949; Koalition aus CDU/CSU, FDP und DP, Konrad Adenauer Bundeskanzler, Theodor Heuss

Mein Verlobter kam sofort in ein Arbeitslager, ich, nach langen Verhören, auf unbestimmte Zeit ins Gefängnis. Mein Vater wurde verhaftet und eine Freundin, die ebenfalls anwesend gewesen war, wurde vom Studium suspendiert und

Fräuleinwunder auf Hamsterfahrt, 1946

wird 1. Bundespräsident. ++ Bildung der DDR mit eigener Verfassung. Staatspräsident wird Wilhelm Pieck, Otto Grotewohl wird Ministerpräsident. ++ Beginn des Kalten Krieges. ++ Arbeitslosenzahl in Westdeutschland beträgt 1950 mehr als 2 Mio. Sinkt bis 1960 auf etwa 1 %. ++ Lebensmittelrationierung in der Bundesrepublik und Westberlin wird aufgehoben. ++ Bundeswirtschaftsminister Ludwig Erhard konzipiert Modell der »Freien Marktwirtschaft« – BRD erlebt wirtschaftlichen Aufschwung. ++ »Stasi-Gesetz« zur Bildung von Ministerium für Staatssicherheit, MfS. ++ Walter Ulbricht wird Generalsekretär des Zentralkomitees der SED und Parteiführer. ++ Pläne zur Wiederbewaffnung der BRD – Bundesinnenminister Gustav Heinemann tritt aus Protest zurück. ++ DDR

musste die Marburger Universität verlassen. Nach acht Tagen wurde ich eines Abends sang- und klanglos wieder entlassen. Mein Vater war bereits zu Hause. In der Folgezeit wurde mein Verlobter wiederholt bei mir gesucht — vergeblich. Er war aus dem Lager bei Außenarbeiten in dichtem Nebel geflüchtet. Ich hörte nichts mehr von ihm und erwartete in Todesangst das Schlimmste.

Unsere Tochter wurde im Januar 1945 bei Vollalarm und strahlend blauem Himmel geboren. Wir jungen Mütter wurden in den Keller des Krankenhauses, in den Luftschutzraum gebracht. Alle weinten. Mein Vater kam, glücklich über das Enkelkind und fassungslos über die Berichte der Flüchtlinge aus dem Osten. Sein Postamt war einer der Sammelpunkte. Von hier aus konnte telefoniert werden, um Verwandte oder Hilfe zu finden. Aber wehe, es fiel das Wort, dass der Krieg längst verloren war. In der Öffentlichkeit durfte das nicht laut werden. Die Wunderwaffe, die Hitler noch in petto hatte, würde doch noch kommen!

Marburg trafen die Bomben und der Beschuss völlig überraschend. In mir löste die Angst um mein Kind eine solche Panik aus, dass mein Vater uns zu Verwandten aufs Land verfrachtete. Zu Hause hatten wir die ganze Zeit unter Beobachtung der Gestapo gestanden. Hier, in dem Dorf, lief ein betresster Herr Wichtig die Dorfstraße auf und ab, verwickelte die Leute in Gespräche, streute Gerüchte und verursachte Unruhe und Angst vor Denunziationen. Ständig waren feindliche Flugzeuge über uns, sie schossen herab, sobald

baut Kasernierte Volkspolizei auf – Vorläufer der Nationalen Volksarmee. ++ Ausstand von Bauarbeitern an Ostberliner Stalinallee wegen Erhöhung der Arbeitsnormen und Preiserhöhungen für Grundnahrungsmittel mündet in Aufstand vom 17. Juni 1953; wird blutig beendet, Tausende verhaftet. ++ Hallstein-Doktrin: BRD beendet Verbindung zu Staaten, die DDR anerkennen. ++ BRD tritt Europäischer Verteidigungsgemeinschaft bei – Eskalation im innerdeutschen Verhältnis: DDR kappt Telefonverbindungen und errichtet Sperrzone entlang der innerdeutschen Grenze. Später »Todesstreifen« und Synonym für »Eisernen Vorhang.« ++ Aufbau der Bundeswehr.

sich ein Mensch auf der Straße zeigte. Mein Onkel wollte sein Feld bestellen – es ging nicht. Ich hockte zwischen Kartoffeln im Keller, mein Kind im Arm, die Angst verließ mich nicht.

Eines Morgens brausten Lastwagen ins Dorf, oben darauf grölende Soldaten mit Panzerfäusten, um das Dorf zu verteidigen. Panik brach aus, niemand wusste, ob man bleiben oder wegrennen sollte, alles schrie durcheinander. Ich war mit meinem Kind im Arm schon gelaufen, hörte meine Tante hinter mir mit gefasster Stimme sagen: »Wenn wir zurückkommen, werden wir alle Hunger haben.« Wie konnte sie so sicher sein, dass wir zurückkommen? Das halbe Dorf rannte und die Panik steigerte sich, als aus den ersten Gehöften Rauchwolken aufstiegen. Wir rannten, von der gegenüberliegenden Höhe schoss es herunter, das Feld endete mit einer fast senkrechten Böschung, wir kraxelten hinauf und fielen drüben auf einen mit Gras bewachsenen Feldweg hinunter. Frauen und Kinder wirr durcheinander, die Männer waren zurückgegangen.

Mit einem Mal war die Welt von einer absoluten Stille umschlossen. Kein Laut mehr. Dann setzte ein ungeheures gleichmäßiges Grollen ein. Ein Junge erschien oben auf der Böschung und schrie: »Kommt zurück, die Amerikaner sind da!« Der Krieg war aus. Für uns war er aus. Wir hatten alle Hunger und die Kartoffeln waren gar.

Ich hatte nie die Zeit, mich selbständig mit irgend etwas zu beschäftigen, nie die Zeit, mich mit mir zu beschäftigen. Meine Kräfte und meine Zeit mußten stets für das herhalten, was die Familie – Mann oder Kinder – jeweils gerade von mir verlangten. Und nun bin ich auf einmal alt, habe all meine geistigen, seelischen und körperlichen Kräfte für die Familie verausgabt und bin, wie Serjoscha sagt, ein Kind geblieben. Nach all der Plackerei für die Familie kann ich nur die Hände ringen, daß ich keine bessere Bildung habe, in keiner der Künste bewandert bin, wenig Menschen kennengelernt und wenig von ihnen gelernt habe – doch zu spät.

Sofia Andrejewna Tolstaja, Tagebücher 1862–1897

CHARLOTTE SCHLANG,
geboren 1924 in Waldstetten bei Schwäbisch Gmünd

Im April 1945 haben die Amerikaner unser Dorf besetzt. An jedem Haus und an der Kirche hingen tagelang weiße Leintücher als Zeichen der Kapitulation. Der Zimmerermeister, der Bürgermeister, hat das Dorf nachher an die Amerikaner übergeben. Und da ist es für mich richtig losgegangen, ich mit meinem Schulenglisch. Da hat man ja die Bekanntmachungen übersetzen müssen. Oft waren Soldaten der Besatzungsmacht auf dem Rathaus, und es war nicht einfach, wenn ein Offizier einen solchen Slang sprach und ich in meinen Schulbüchern das Wort nicht fand. Ich hatte ja niemanden, der mir das korrigiert hätte. Die Schulkameraden, die mit mir Englisch gehabt hatten, waren nicht mehr da. Die waren im Krieg.

Wir haben noch einen Ausrufer gehabt, den Amtsboten mit der Glocke. Das war ein älterer Mann und der hat das natürlich nicht lesen können auf Englisch, der hat es auf Deutsch gesagt. Das musste ich immer übersetzen und auf Englisch schreiben. Da waren sicher Fehler drin, aber das ist nicht bis in die Registratur gelangt.

Die Amerikaner hatten keinen schlechten Ruf. Es war so eine Sache mit den Schwarzen, da hat man ja das erste Mal

1956–1965 ZDF wird gegründet, Werbung auf maximal 20 Minuten täglich begrenzt. Ab 1964 auch dritte Programme. ++ Fernsehen in DDR. Sandmännchen bringt die Kleinsten ins Bett, »Schwarzer Kanal« des politischen Chefkommentators Karl-Eduard von Schnitzler ärgert Westen. ++ Ab 1956 erste Gastarbeiter aus Italien, wenig später auch Anwerbeverträge mit Griechenland, Spanien, Türkei, Portugal, Tunesien. ++ Lebensmittelkarten in DDR werden abgeschafft. ++ Amerikanisches Hilfsprogramm CARE wird beendet. ++ Uraufführung der Komödie ›Besuch der alten Dame‹ von Friedrich Dürrenmatt in Zürich. ++ SED sieht in Jazz »Gefährdung der Jugend«. ++ Erstmals ›Bild am Sonntag‹. ++ Heinz Rühmann ist Hauptmann von Köpenick, Horst Buchholz und Karin Baal schrecken die Republik im Film ›Die Halbstarken‹ von Georg Tressler. ++ Münchner Lach- und Schießgesellschaft beginnt Programm. ++ Kölner Buchhändler Gerhard Ludwig eröffnet ersten Taschenbuchladen in BRD. ++ Massenimpfungen gegen Kinderlähmung. ++ Nitribitt-Affäre in

Schwarze gesehen. Die hat man dann angestarrt, die armen Leute. Der Schwiegervater meines Bruders ist dann Bürgermeister geworden. Das war ein Wagnermeister, den haben die Amerikaner eingesetzt. Der Mann konnte natürlich auch kein Englisch. Und ich hatte nur mein Wörterbuch. Und die Amerikaner wollten immer alles lesen, die kamen und haben die Bekanntmachungen gelesen. Und wenn sie dann getuschelt und gelacht haben, habe ich gewusst, dass ich wieder etwas verdreht hatte.

Dann mussten die Parteigenossen und die Einwohner ihre Radios, die Fotos, Fahrräder, Waffen und Gewehre abgeben. Alles wurde im Spritzenhaus der Feuerwehr gesammelt. Mein Vater hat damals seinen alten Fotoapparat abgegeben und den guten zusammen mit seinen Briefmarkenalben, die ihm so lieb und teuer waren, unter dem Bretterboden des Bienenstands im Garten verstaut.

Am Ende vom Krieg, bevor die Flüchtlinge kamen, sind Soldaten in Trupps durchgezogen. Ich musste dann oft abends noch bis neun auf dem Rathaus sein, wegen dem Telefon. Der Bürgermeister war überfordert, er hat gesagt, er muss ausschlafen, ich solle das Telefon hüten, wenn die Soldaten kommen. Eine eigentliche Aufgabe hatte ich nicht. Die wollten auch keinen Stempel wegen Lebensmittelkarten. Und eine

Frankfurt – größter Skandal der Nachkriegsjahre – Politiker verstrickt. ++ Max Frisch veröffentlicht ›Homo Faber‹, Alfred Andersch ›Sansibar oder Der letzte Grund‹. Heinrich Böll ›Billard um halbzehn‹ und ›Ansichten eines Clowns‹, Günter Grass ›Die Blechtrommel‹, Uwe Johnson ›Mutmaßungen über Jakob‹, Christa Wolf ›Der geteilte Himmel‹. ++ Happenings und Fluxus-Aktionen revolutionieren Kunstwelt. ++ Krimireihen ›Stahlnetz‹ und die Krimis von Francis Durbridge werden zu abendlichen Straßenfegern. ++ Marlene Dietrich absolviert erfolgreiche Deutschland-Tournee. ++ Johannes XIII. wird Nachfolger von Papst Pius XII. Nach dessen Tod 1963 folgt Papst Paul VI. ++ Deutsches Segelschulschiff »Pamir« sinkt. Sechs der 86 Besatzungsmitglieder können gerettet werden. ++ Mit ›James Bond jagt Dr. No‹ startet erfolgreichste Serie der Kinogeschichte. Erster 007 ist Sean Connery. ++ Schlagwetter-Explosion in Grube Luisenthal bei Völklingen im Saarland, 300 Bergleute kommen ums Leben. ++ Flutkatastrophe in Norddeutschland, 330 Menschen sterben.

Gruppe kam, das waren lauter Offiziere. Ich bin dann auch runter in den Schulsaal und habe einen gesehen, den ich später wiedererkannt habe, den Rudolf von Habsburg. Der hat so wunderschöne glänzende Stiefel angehabt und war irgendwie etwas Besonderes, und die anderen sind alle so ein bisschen um den rumgestanden und haben ihn so quasi hofiert. Das muss Anfang April '45 gewesen sein. Sie haben im Schulsaal in Feldbetten übernachtet und das dürftige Schulklo benutzt. Die haben natürlich nicht gesagt, woher sie kamen. Die waren auf der Flucht, auf dem Rückzug. Das waren Zeiten!

Dann kam die schwere Zeit der Flüchtlinge und Vertriebenen, die alle unterzubringen waren. Das war schlimm. Die kamen auf offenen Lastwagen, das sehe ich heute noch, und da hat man sich überlegt, wo sie hinsollen. Es war klar, sie mussten zu den Bauern, da gab es große Höfe und die hatten auch noch Platz. Die haben das natürlich nicht gewollt, aber sie mussten sich eben einschränken. Wir hatten schon Ausgebombte aus dem Ruhrgebiet aufgenommen und Evakuierte aus der französischen Grenzregion. Das war die Zeit, wo alle Leute im Rathaus angemeldet sein mussten, wegen der Lebensmittelkarten. Wenn so ein Transport kam, ist man natürlich runter zu den Leuten und hat gesagt, dass sie warten müs-

++ »Wunder von Lengede«: Elf Bergleute werden nach zwei Wochen unter Tage befreit. ++ Nach Krawallen und Übergriffen der Polizei in München-Schwabing erlässt Münchner Polizeipräsidium Katalog mit »goldenen Regeln« für Polizeibeamte, mit denen es auf die öffentliche Kritik am harten Vorgehen der Polizei reagiert. ++ Schlafmittel Contergan führt zu schweren Missbildungen bei Neugeborenen: Firma Grünenthal steht unter Anklage. ++ Mit ›Der Schatz am Silbersee‹ beginnt Serie von Karl-May-Filmen mit Pierre Brice als Winnetou. ++ Einführung der Antibaby-Pille in BRD. ++ Bei Olympiade in Innsbruck und Tokio starten zum letzten Mal Sportler aus DDR und BRD als gesamtdeutsche Mannschaft. ++ Nordrhein-Westfalen erkennt Smog-Gefahr. ++ Ulrike Meinhof wird zu 600 DM Geldstrafe verurteilt, weil sie Franz-Josef Strauß in Zeitschrift ›konkret‹ als »infamsten deutschen Politiker« bezeichnet hat. ++ Minirock entsetzt anständige Bürger. ++ Hula-Hoop-Reifen erobert Europa. ++ Modetanz des Jahres 1961 ist »Twist«.

sen, bis der Bürgermeister da ist, der eingeteilt hat, wer wohin kam. Der hatte sich vorher schon überlegt, wie man sie verteilt. Dann sind sie losgefahren mit den Lastwagen, den offenen. An einen Schwung kann ich mich erinnern, da haben

Soldatengrab und Frauenüberschuss am Badesee, 1946

wir noch in der Wohnung im Schulhaus gewohnt. Da hat man aus dem Schulsaal die Bänke raus und Feldbetten aufgestellt. Sie kamen mit ein paar Päckchen, irgendwas verschnürt, oder einem Sack, wo sie ihre Sachen drin gehabt haben. Decken von der Gemeinde hat es noch gegeben, mit denen haben sie den Schulsaal ein bisschen abgeteilt. Geheizt wurde der mit Kohlen, mit Koks.

Im April 1946 trafen die Vertriebenen aus Ungarn und Jugoslawien ein, im Juli 1946 kamen die Ausgewiesenen aus dem Sudetenland und der ČSSR. Da mussten innerhalb kurzer Zeit 400 Menschen im Dorf untergebracht werden, im Mai 1939 hatte Waldstetten 2222 Einwohner gehabt.

Das macht mein Mann

Den Krieg hatte Marthel überstanden. Sie hatte ihre Kinder durchgebracht und auch ihre Mutter. Ihre Wohnung hatte sie verloren, wie so viele im Ruhrgebiet – das Haus wurde von einer Bombe getroffen, außer der Küche war kaum noch etwas da. Sie fanden Unterschlupf bei Nachbarn und einer Schwester, wo sie erst in einem Keller und später in einem notdürftig hergerichteten Schuppen hausten. Es müssen sehr ärmliche Jahre gewesen sein. Wolfgangs Tante Margot, die älteste Tochter von Marthel, war 1945 bereits 18 Jahre alt und hatte nicht nur häufig die Mutterrolle für ihre jüngeren Geschwister übernommen und ihre jüngeren Brüder damit genervt, sondern sie war anscheinend, so wird erzählt, sehr geschickt im Hamstern gewesen. Margot ging bei Bauern in der Umgebung arbeiten und kam ab und zu zur Freude aller mit prall gefülltem Rucksack nach Hause. Und bis heute wird gemunkelt, dass sie auch mal mehr mitgehen ließ, wenn es niemandem auffiel. Marthel wusste das wohl, wollte es aber nicht wissen. Wolfgang erzählt, dass sie sich noch viel später darüber aufregen konnte, dass damals die Zeiten so schlecht waren, dass anständige Menschen zu Dieben wurden.

Die Frauen strickten viel, wann immer sie Zeit hatten, rebbelten alte Pullover auf und strickten daraus Kinderkleidchen und Röcke. Und die tauschten sie ein gegen Lebensmittel und das, was sie sonst noch zum Leben benötigten – ganz legal. Nach dem Krieg rappelten sich die drei Frauen mühsam wieder hoch. Sie kümmerten sich gemeinsam und abwechselnd um die kleinen Buben von elf und fünf Jahren. Sie strickten, nähten, stopften und putzten sich durch die schlechten Zeiten. Marthel fand 1950 wieder eine Stelle in einem Büro und blieb dort, bis sie mit Mitte 60 in Rente ging. Tochter Margot hatte noch während des Krieges mehr schlecht als recht in einer Drogerie gelernt und konnte nach der Währungsreform 1948 dort wieder anfangen. Und Marthels Mutter starb im gleichen Jahr mit erst 67 Jahren, vermutlich an Auszehrung. Die Belastungen waren für sie zu groß gewesen und als es endlich wieder langsam bergauf ging, kam der Aufschwung für sie zu spät. Vielleicht ist das allgemein ein Kennzeichen dieser

Die Normalisierung schreitet voran

Frauengenerationen, dass die Besserungen, der Fortschritt für sie immer zu spät kamen.

Marthel blieb, nachdem ihr Toni an der Ostfront gestorben war, alleine. Sie hatte Freunde, wohl auch mal einen mehr als guten Freund, so wird in der Familie kolportiert, aber heiraten wollte sie nicht noch einmal. Wieder dreckige Socken waschen, das wolle sie nicht, habe sie ihre Zurückhaltung begründet. Als ihre Tochter heiratete und schließlich in eine Wohnung in der Nachbarschaft zog, blieben ihr noch die beiden Buben. Wolfgangs Vater machte dann eine Lehre im nahen Stahlwerk und zog bald aus, der Jüngere der beiden studierte, was dank der staatlichen Unterstützung aus dem »Honnefer Modell«, dem Vorläufer des BAFÖG, finanzierbar war. Marthel richtete sich ein, hütete begeistert ihre Enkelkinder und machte mit Mitte 50 endlich ihren Führerschein. Sie kaufte sich ein paar Jahre später einen gebrauchten VW-Käfer in blassem Türkisblau, und als ihr Jüngster aus dem Gröbsten raus war, fing sie an zu reisen. Von der Nordsee bis Berchtesgaden eroberte sie Deutschland. Über die Landesgrenzen hinaus traute sie sich nicht, da sie keine andere Sprache sprach.

Endlich Heimkehr

Irgendwann nach dem Krieg wurde das Leben der Frauen ruhiger. Die große Dramatik war erst mal vorbei, sie kam wieder mit der Angst um die Kinder oder der Trauer um Angehörige oder die häufig zuerst verstorbenen und so oft schmerzlich vermissten Ehemänner. Aber erst einmal zogen die Frauen ihre Kinder groß, erschöpften sich im Haushalt, im Ärger mit der Schule oder im Beruf. Und allein oder zusammen mit ihrem Mann schufen sie sich wieder ein gewisses Maß an Wohlstand.

Die Normalität hatte sie wieder – und der Krieg und die braunen Jahre traten in den Hintergrund. Jedoch nur scheinbar. Ihr zweites Leben begannen sie inmitten von Ruinen und mit einem Erbe, das nie ganz verstummen wird. Dieses Erbe ist vor allem eines nicht: unbelastet. Auch wenn sie jung waren in den Nazi- und Kriegsjahren und die eigentlichen Entscheidungsträger damals ihre Eltern und Großeltern waren – ihre Rolle war die der mehr oder weniger intensiv in das NS-System eingetauchten Zeitgenossen, manchmal die des stillen oder offenen Widerparts, oft die der Täter, in den meisten Fällen allerdings die der Sympathisanten, der Mitläufer.

In den 60er und 70er Jahren hieß die Parole: Das Private ist das Politische. Unseren Großeltern hatte sich bis Kriegsende kaum der folgenreiche Zusammenhang von Kameradschaft und Verführung, von Engagement und Missbrauch erschlossen. Natürlich war ihnen nicht entgangen, dass sie in allem gegängelt wurden, dass selbst ihre Freizeit verwaltet wurde, dass sie nicht ohne Weiteres Abitur machen oder studieren konnten oder ihre Freunde frei wählen durften, dass sie sich nicht kleiden durften, wie sie wollten, nicht schminken, nicht schön machen. Sie haben es vielleicht bemerkt, aber oftmals hingenommen. Sie hätten vielleicht protestieren müssen, sich beschweren, sich zurückziehen oder Widerstand leisten müssen. Und vermutlich hätte das nicht überall und immer ernste Konsequenzen gehabt. Aber hätten sie wirklich aufbegehren können? Sie waren jung und sie waren zumeist so, wie man es von ihnen verlangte, brav und angepasst. Für sie hieß die erste Pflicht, Ruhe und Ordnung zu bewahren. So ertrug man vieles, hielt aus, nahm das Schicksal so, wie es kam. Dass ausgerechnet diejenigen, die für die Wiederherstellung der Ordnung eintreten wollten, am lautesten brüllten, war die Ironie der Geschichte.

Viele mögen im Nachkriegsdeutschland und über die ganzen Jahrzehnte geahnt haben, dass es notwendig wäre, eigene Verantwortlichkeiten zu sehen, das fatalistische Hinnehmen selbst der ungeheuerlichsten Erlebnisse in unmittelbarer, ziviler Nachbarschaft als schuldhaft anzuerkennen. Aber da gab es immer Gründe, die Augen wie die Münder zu verschließen und nur nach vorne zu blicken: »Wir sind ja noch einmal davongekommen!« In den unmittelbaren Nachkriegsjahren waren es die ganz existenziellen Probleme, die gemeistert werden wollten, ein Dach über dem Kopf und etwas zu essen in der Hand, später riss das aufstrebende Deutschland beinahe jeden mit und band Männer wie Frauen ein ins wirtschaftliche Aufbauwunder. Das brachte im Westen die Vollbeschäftigung bis 1960 und den mehrheitlichen Willen, »endlich« die Vergangenheit ruhen zu lassen. Im Osten war »Arbeit für jeden« Programm und die Auseinandersetzung mit der jüngeren Geschichte geschah aus der vermeintlichen Perspektive der Siegerdistanz.

Die jüngste Geschichte wurde verschwiegen und unter die Teppiche in den neuen Wohnungen und Häusern gekehrt, und doch gingen die Frauen in der Verarbeitung oftmals ganz anders damit um als ihre Männer. Die Leistungen der Frauen inmitten der Barbarei bewerten wir allgemein positiv – die Löwenmütter, die für das Leben ihrer Kinder und Eltern kämpften, die Trümmerfrauen, die solidarisch und unverzagt aus dem Staub des untergegangenen Reiches die Zukunft aufbauten. Wir haben sie gelobt und bewundert und ihnen doch vorgeworfen, dass sie einfach so weitergemacht haben. Stumm, scheinbar unverzagt haben sie schnell und lautlos die Spuren des Desasters weggeschafft. Die Hände rührten sich, wo Kopf und Herz hätten schreien müssen.

Aber hätten sie denn Innenschau halten können, wären sie dazu in der Lage gewesen? Man könnte vermuten, dass Frauen, die ja vornehmlich für die unmittelbaren Bedürfnisse und Nöte ihrer Kinder und anderer Angehöriger zuständig waren, sich ein größeres Maß an Emotionalität, Anteilnahme und damit auch an Fähigkeit bewahrt haben müssten, das Leid um sie herum wahrzunehmen. Doch hätte das vermutlich ihre Kräfte überschritten. Sie mussten das, was nicht in unmittelbarer Umgebung geschah und sozusagen ihre eigene Brut betraf, verdrängen, hintanstellen, ausblenden. Viele reagierten auf das konkret erfahrene Leid durch die Zerstörung ihrer Straße, Häuser oder Wohnung, die Trauer um den Verlust von Familienmitgliedern, das Entsetzen über die Grausamkeiten mit einer möglichst großen inneren Distanz. Nur so schien es ihnen möglich, weiterzumachen, nur so behielten sie vermutlich die Fähigkeit zur Bewältigung der allernächsten, oft sehr kurzzeitigen Überlebensaufgaben. Es scheint, als ob die Frauen einen strikten Trennungsstrich zogen zwischen drinnen und draußen, vielleicht oft auch zwischen oben und unten, mächtig und ohnmächtig, und den Gegensatz haben sie nicht anders empfinden können als schicksalhaft. Ihre Aufmerksamkeit lag auf dem Überleben von sich selbst, von ihren Kindern, ihren Nächsten. Alles andere blieb außen vor. Dem hatte man sich schicksalhaft zu ergeben. Allenfalls suchte man Hilfe im Überirdischen, vielleicht konnten Gebete etwas bewirken, der Rosenkranz oder die Mutter Gottes.

Könnte die Forderung nach Innehalten und Nachdenken, nach Reue und Scham nicht eine sein, die erst später, aus nachgeborener, sozusagen satter Sicht entsteht? War vielleicht bei sehr vielen unter Verbitterung und Verzweiflung Überlebenden der »seelische Raum« schließlich einfach erschöpft, wie der Psychotherapeut Tilmann Moser zu bedenken gab? Und war es nicht vielmehr so, dass sie alle gar nicht gelernt hatten, Innenschau zu halten? Allen, Frauen wie Männern, selbst Kindern schon, war doch systematisch jedwede Beschäftigung mit der eigenen Befindlichkeit ausgetrieben worden. Die Nazis hatten die Beschäftigung mit der Psyche, der Seele, dem Innern des Individuums allgemein verabscheut. Da wurden Gefühle angesprochen und Gefühle hatte man nicht zu haben. Auch wenn sich die Nazis psychologischer Zusammenhänge geschickt zu bedienen wussten, wie Goebbels und sein Propagandaministerium zur Lenkung der Heimatfront oder etwa die Militärführung zum optimalen Einsatz von Panzerfahrern und Piloten. Für Otto-Normalmensch wurde die eigene Seele höchst suspekt und Psychologie wurde gleichgesetzt mit Irrenanstalt, hieß die nun Klingenmünster wie in der Pfalz oder Haar für die Münchner. Und wer nach dem Krieg Hilfe brauchte und sich tatsächlich an einen Arzt wandte, traf zumeist auf Gleichaltrige. Das hieß unter Umständen auf Ärzte und Therapeuten, die die gleiche Prägung erfahren hatten, wenig sensibilisiert waren für die Leiden und Traumata der Verzweifelten und sich eher nach dem Motto verhielten, wo nichts ist, ist auch nichts krank. Allenfalls wurden nach eigenwilligen Diagnosen hilflos Kuren verordnet. Bäder, Ruhe und Spaziergänge für die zerschlissenen Nerven der Kriegsgeschädigten.

Dazu kam, dass sich ein nicht unerheblicher Teil der Frauen – ob jung oder alt – mit Hitler und dem NS-Staat tatsächlich identifiziert hatte und nach dem Zusammenbruch den Verlust dieses – sie selbst erhöhenden –, Ideals und dieses Traumgebildes vom auserkorenen deutschen Volk erst bewältigen musste. Auch das lähmte. Doch das Motto der Nachkriegszeit hieß weitermachen, nach vorn blicken und nicht zurück. Tätigkeit war gefordert, Aktionismus, Ärmel aufkrempeln und zupacken. Leben war das

Ziel, zurück zur Normalität. Die zielstrebige Beseitigung der Ruinen und die Konzentration auf den materiellen Wiederaufbau waren jedoch von ambivalenten Gefühlen begleitet. Darüber sprachen die Frauen so wenig wie die Mehrzahl der Männer. Die Frauen waren, entsprechend der Rolle, die sie gelernt und verinnerlicht hatten, in ihren Familien für Harmonie und Ordnung zuständig. Leicht war das nicht immer. Denn sie hatten in vielfacher Hinsicht Spannungen aufzufangen: Die Familien wohnten oftmals, bis sie sich Besseres erarbeitet hatten, auf bedrückend engem Raum zusammen. Die Väter, die aus Krieg oder Gefangenschaft zurückkehrten, waren häufig den eigenen Kindern fremd. Und sie waren entweder anfangs hilflos im neuen Zivilleben, hilfloser als ihre Frauen, die darin mancherlei Kompetenz entwickelt hatten. So mancher durfte ohne Entnazifizierung nicht ins langsam anlaufende Arbeitsleben zurückkehren und wurde eine gute Zeit lang zur Untätigkeit verdammt. Nicht wenige waren durch ihre Erlebnisse im Krieg traumatisiert und dies weit stärker, als das lange angenommen worden war.

Doch zur Unterstützung ihrer beschädigten Männer lief in den Frauen die gesamte Hilfsmaschinerie an. Sie mussten ihre Männer aufbauen, wenn sie sich irgendwann wieder an sie anlehnen wollten. Also versuchten sie, Konflikte und Spannungen zwischen Vätern und Kindern genauso aufzulösen wie die Unordnung aufzuräumen in der nervenaufreibenden Enge der provisorischen Wohnungen. Aufgaben, die kaum zu lösen waren, zu scheitern war fast wahrscheinlicher. Viele Frauen reagierten darauf mit Schuldgefühlen, das weiß man heute, sie konnten das nicht leisten. All das Selbstvertrauen, das sie sich in den Jahren des Alleinseins gegen das sie umgebende Chaos angeeignet hatten, ging häufig zwischen Durcheinander und Misere, Aussichtslosigkeit und Zank wieder verloren.

Dagegen war Steineräumen und Trümmerbeseitigen, notdürftig ein Dach oder Fenster zu reparieren oder auch ein ganzes Haus zu bauen ein leichterer Job – dabei war Fortschritt spürbar. Und beim Aufbau wie beim Arbeiten außerhalb der Familie waren auch die Männer eher wieder in ihrem Element, also war auch das Miteinander-Auskommen leichter. Die Frauen nahmen nicht selten ihre alten Verhaltensmuster wieder auf, passive Bewältigungsstrategien im Konfliktfall. Sie stützten und pflegten, kümmerten sich und strichen Sorgen glatt.

Von ihren Kindern, ihren Töchtern, mussten sie sich später fragen lassen, warum sie sich wieder untergeordnet hatten, nachdem sie doch schon mal die Hosen angehabt hatten? So viel Auswahl hatten die meisten aber nicht. Sie brauchten ihre Männer, sie waren müde, wollten endlich die Verantwortung wieder auf vier Schultern verteilen. Und letztlich wäre es für die Mehrheit schwer gewesen, sich anders als entsprechend der überkommenen Rolle zu verhalten. Die tradierte Sichtweise wies ihnen ihren Platz eindeutig zu – so wie ihre Mütter bereits den ihren akzeptiert hatten. Auch sie hatten ja gelernt gehabt, dass sie, wenn es drauf ankam, ihren Mann stehen konnten, im Ersten Weltkrieg. Die wenigsten der Nachkriegsfrauen konnten sich gegen die weibliche Linie, gegen die eigenen Mütter stellen. Sie mussten funktionieren, also funktionierten

Die Diskussionen zu Frauenrechten kamen zu spät. Titelbild der Zeitschrift ›Twen‹ zur Abtreibung, 1962

sie, sie setzten einen Schritt vor den anderen, bauten auf, was die Männer in Schutt gelegt hatten, und lebten. Nachzudenken, die Hände in den Schoß zu legen, hätte nicht nur Stillstand bedeutet, sondern das Ende.

Genauso gab es aber auch Frauen, die ihre Selbstständigkeit nicht so ohne weiteres wieder aufgeben wollten, die gleich schon in den Aufbaujahren der Republik versuchten, eine Doppelrolle zu leben. Die wurde ihnen von Teilen der Gesellschaft jedoch eher übel genommen. Berufstätige Frauen galten schnell als geld- und konsumgierig und verantwortungslos ihren Familien gegenüber, oft selbst auch dann, wenn das Gehalt des Mannes allein für das Familienauskommen nicht ausgereicht hätte. Schließlich musste von den meisten jungen Paaren fast der gesamte Hausstand neu angeschafft werden. Zwar blieb das Gelsenkirchner Barock der beliebteste Einrichtungsstil, aber drum herum musste alles abwaschbar, pflegeleicht und staubfrei sein. Und alles kostete Geld.

Plakat zum Film von
Wolfgang Staudte, 1946

Was in den Häusern gelang, dauerte in den Köpfen weit länger. Was in die Hirne hineinversenkt worden war während der braunen Jahre, ließ sich so leicht nicht wieder hinauskehren. »Frauen gehören ins Haus«, »Gefühle zeigt man nicht«, »man hat immer etwas zu tun«, »Müßiggang ist aller Laster Anfang« – Kalendersprüche und hohle Stammtischparolen waren noch mit unheilvollem Leben gefüllt. Dennoch standen in den 50er, 60er Jahren Frauen andere Möglichkeiten offen, beruflich wie gesellschaftlich, als etwa nach dem Ersten Weltkrieg. Doch die Biografien waren – genau wie die der Männer – wegen der Bevormundung seitens der Nazis und durch die Kriegsjahre, bei vielen durcheinandergeraten. Für die meisten traten daher Interessen und Neigungen ihr Berufsleben lang eher in den Hintergrund – wichtiger war, überhaupt Geld zu verdienen.

Und so manche Neuerungen brauchten noch Jahre, wenn nicht Jahrzehnte, bis zur wirklichen Verbesserung der Situation für die Frauen. Bis etwa im Familienrecht das letzte alleinige Entscheidungsrecht des Mannes fiel, die Amtsvormundschaft für die Kinder alleinstehender Frauen oder ein reformiertes Scheidungsrecht

Frauen mehr Rechte zuerkannte. Und bis Männer nicht mehr als die alleinigen Paschas in den Familien wie in den Amtsstuben galten, auch das dauerte, oft genug bis in die 80er, selbst 90er Jahre. Viele Frauen der Großmüttergeneration hatten diese Machtkonstellation längst verinnerlicht, ihnen kam einfach nicht in den Sinn, den Männern etwa irgendetwas beweisen zu wollen. In ihrer Welt und nach ihren Erfahrungen waren die Männer die Entscheider, das war in ihrer Kindheit so gewesen, in ihrer Jugend und eben immer noch so. Und sie haben sich ganz selbstverständlich untergeordnet, das war in ihrer Generation anders als in den folgenden. So manche führten auch ein zwiespältiges Leben. Sie ließen ihren Mann in dem Glauben, er sei der Entscheider, derjenige, ohne den nichts geht. Und spannen heimlich im Hintergrund die Fäden; mit Schwestern, Freundinnen oder der Mutter trafen sie die wichtigen Entscheidungen allein. Der Schein blieb gewahrt, schließlich war Liebe im Spiel.

Aber war es nicht manchmal auch bequemer, alles so zu lassen? Hieß das nicht oft auch, davon will ich nichts verstehen? Etwa sich ums Geld zu kümmern, ums Konto, die Unterlagen der Versicherung, ums Haus – war es nicht auch bequemer, zu sagen, »das macht mein Mann«? Sie hatten sich um so vieles zu kümmern, da sollte der Gatte sich ruhig um den Rest bemühen.

Wer war Oma?

Unsere Groß- und Urgroßeltern mussten sich später von ihren Kindern und Enkeln fragen lassen, ob sie denn nichts gemerkt hätten, als der Kommunist von gegenüber verschwand oder der jüdische Schneider aus der Straße mitsamt seiner Tochter, mit der sie doch früher immer gespielt hätten? Die wenigsten aber haben jemals detailliert über die Nazi-Politik und deren Auswirkungen gesprochen. Heute beschäftigt die Vergangenheit viele alte Menschen stärker als in den zurückliegenden Jahrzehnten. Die einen haben nun im Alter endlich Zeit zu lesen, sich zu interessieren, befreit von den alltäglichen Anforderungen und familiären Verpflichtungen. Bei anderen, vor allem bei traumatisierten Menschen, die unaufgearbeitete Ereignisse lange in sich herumgetragen haben, meldet sich nun mit einem Mal die Vergangenheit zurück, oftmals mit einer Vehemenz, die erschreckt und sie zwingt, ärztliche Hilfe zu suchen. Einerseits dominierte das Schweigen oftmals die Familien, wurde in den Ohren der Kinder bisweilen unerträglich laut, andererseits bauten sich viele Familien quasi eine häusliche, ganz eigene Geschichtsschreibung. Ein privater

Jetzt soll das Leben wieder beginnen

Strom an Informationen, Teilinformationen, Anekdoten und oft auch Verklärungen floss und setzte sich fest – oft gegen jede historische Plausibilität.

Den eigenen Kindern und Enkeln konnte der Opa nicht erzählen, was er in der Wehrmacht alles erlebt oder getan hatte, oft genug nicht einmal seiner Frau. Wie hätte er erzählen können, dass er gesehen hatte, wie Zivilisten oder Partisanen, selbst Frauen und Kinder, Kriegsgefangene oder Juden jeden Alters einfach erschossen worden waren – oder dass er gar selbst daran beteiligt gewesen war. Wie hätte er ihnen von seiner Scham, von seiner Schuld erzählen sollen. Nur die wenigsten konnten das. Die meisten verschlossen ihre Erlebnisse in sich, immer mit der Hoff-

nung, die Zeit würde die Wunden schon heilen. So blieb Opa in
der Familiengeschichte der Wehrmachtssoldat, der normale ehr-
bare Landser, der jahrelang umsonst sein Leben aufs Spiel gesetzt hatte. Und die Oma gilt bis heute als die Frau, die sich rüh-
rend nicht nur um ihre Angehörigen, sondern auch um Nachbarn
oder den Fremdarbeiter auf dem Hof gekümmert hatte, immer
hilfsbereit. Geradezu selbstlos und mitmenschlich hatte sie sich
vielleicht sogar über Gesetze und Regeln der Nazis hinwegge-
setzt. Und hatte sich vielleicht doch mit diesem unmenschlichen,
verbrecherischen System identifiziert und den Rassismus der Faschisten ganz selbstverständlich in sich aufgesogen. Oder den
Führer verehrt, und wenn sie jung und schwärmerisch genug gewesen war, unter Umständen sogar sich inständig ein Kind von
ihm gewünscht. Sie wäre nicht die Einzige gewesen.»Ich kann
nicht von ihm lassen und von meinem Glauben an ihn, dem ich
gedient habe und dienen wollte, mein Leben lang. So sehr gehöre
ich dem an, der meinen Vater gemordet hat, daß noch kein klarer
Gedanke gegen ihn aufzustehen gewagt hat.« Und:»Mein Führer, ich war eine der Treuesten. Noch bin ich nicht los von Dir,
mein Führer – noch wünsche ich, vor Dir zu stehen, von Deinem
Blick festgehalten, und dann befiehl mir, was Du willst, ich werde
sterben für Dich.« Das schrieb die ältere Schwester der Journalis-
tin Wibke Bruns mit 21 Jahren in ihr Tagebuch, im November
1944 – nachdem ihr Vater von den Nazis hingerichtet worden war.

Das Leben unserer Großeltern erstreckte sich über sehr unter-
schiedliche Phasen dieses zurückliegenden 20. Jahrhunderts,
aber sie blieben doch immer Kinder ihrer Epoche. So wie sie gelernt hatten, dass der Schutzmann immer recht hat, dass Männer
auf Amtssesseln sitzen und sagen, wo es langgeht, so hatten sie
gelernt hinzunehmen, dass ihre jüdischen Nachbarn und Mit-
schüler eines Tages einfach nicht mehr da waren. Erklärungen
suchte man allenfalls im Stillen, die meisten sprachen nicht wirklich darüber. Still und heimlich wurde oft genug einfach angenommen, dass die Leute, die ins KZ kamen, vermutlich doch irgendwas ausgefressen haben mussten, sonst würde ihnen das
doch nicht passieren, vermutlich waren das eben doch Verbrecher, unsichere Kantonisten. Als anständiger Mensch sprach man
nicht darüber,»mit denen hatte man doch nichts zu tun«.

Und in den Nachkriegsjahren ließen die meisten das Thema
auch nur an sich heran, wenn von außen, von den Siegermächten

der Impuls kam. Und da war es gleichgültig, ob die Inhaftierten politisch anderer Meinung gewesen waren oder Juden. Antisemitische Ressentiments hielten sich in den 50ern und 60ern genauso eisern wie soziale Vorurteile gegen »Asoziale«, Zigeuner oder Fremde, die dann bald die Gastarbeiter waren. Genauso hatten sich die Feindbilder aus dem Krieg in den Köpfen festgesetzt und waren noch lange gesellschaftlich akzeptiert.

Politik hat mich nie interessiert

Trotz alledem waren die wenigsten Frauen in Nazideutschland Täterinnen im eigentlichen Sinne gewesen. Die Mehrheit bildete eine gefährliche, weil schweigende, jede Anordnung und noch die größte Ungeheuerlichkeit fatalistisch ertragende Masse. Die Schuld unserer Vorfahren besteht darin, von etwas Schlechtem begeistert gewesen zu sein und Heil geschrien zu haben. Sehend und doch nicht sehend, dass das Unrecht, das sie wahrnahmen, nur durch Zufall vor ihnen haltmachte.

Die Frauen dieser Generation sind mit einem eher distanzierten Verhältnis zu Politik groß geworden. Politik hatten sie so kennengelernt: Der Kaiser hat's gerichtet, man hatte sich um nichts

1956–1965 Einführung der Bundeswehr, Bundestag ändert Grundgesetz. DDR bildet NVA, Nationale Volksarmee. ++ Adenauer ächtet Kernwaffen als »größte Gefahr für die Menschheit«, tritt bald darauf unter Eindruck des Kalten Krieges für atomare Aufrüstung der Bundeswehr ein und erklärt Bereitschaft der Bundesrepublik zur Teilnahme an multilateraler Atomstreitmacht der NATO. ++ Demonstrationen gegen Wiederbewaffnung und für Wiedervereinigung Deutschlands in Bundesrepublik und West-Berlin, Parolen: »Ohne mich«, »Nie wieder Krieg«, »Kampf dem Atomtod«, Beginn der Ostermärsche. ++ Beginn der Distanzierung von Stalin in der UdSSR und der DDR. ++ Wirtschaft in DDR wird durch Fünfjahrespläne gelenkt. ++ KPD wird in BRD verboten. ++ Einführung der 45-Stunden-Woche im Westen. ++ Aufstand in Ungarn – wird niedergeschlagen mit sowjetischen Panzereinheiten. Kriegsangst in Deutschland. ++ Saarland wird 10. Bundesland der BRD. ++ Rentenreform in BRD: Dynamische Rente – Rente wird im Vertrag zwischen Generationen an Bruttolöhne gekoppelt. ++ IG-Farben verpflichten sich zu Entschädigungs-

kümmern müssen, er hat alles arrangiert und gelenkt. Wer aufbegehrte, war suspekt, gehörte zu den Sozis, gegen die sich schon Bismarck hatte wehren müssen. Später in der Weimarer Zeit verlor sich der Verdacht, Politik, Mitsprache habe automatisch etwas mit Aufruhr zu tun, bei vielen nicht ganz. Wie auch, waren doch diese Jahre von Unruhe und Umsturzaktionen geprägt. Und später haben sie vielleicht Politik wahrgenommen als traurige Abschiede von ihren Männern in Uniform auf zugigen Bahnhöfen. Politik, das waren auch die schnarrenden und sich überschlagenden Stimmen aus dem Volksempfänger, die über Siege in weit entfernten unbekannten Gegenden jubelten oder unerreichbare Ziele versprachen, über die dann vielleicht die Frauen beim Bohnenschnippeln den Kopf wiegten: »Na, das werden wir ja erst mal sehen ...« Politik haben sie auch erlebt in der unmittelbaren Bedrohung während der Bombardierung, auf den Flüchtlingstrecks und in der Ohnmacht gegenüber den Besatzern. Oder in den kalten Hungerwintern, in der langen Strümpfestopfzeit vor der Währungsreform.

Politik blieb für viele dieser Frauen in erster Linie das, was von außen kam und das Familienleben durcheinanderwirbelte. Und das war von ihnen so wenig beeinflussbar wie das Wetter. Folglich stieß Politik bei vielen auf eine Mischung aus Desinteresse, Misstrauen und Fatalismus. Also galt generell: »Politik ist Män-

zahlungen an ehemalige jüdische KZ-Häftlinge. ++ Stationierung sowjetischer Streitkräfte auf dem Territorium der DDR. USA teilen mit, dass ihre Streitkräfte in BRD über Atomwaffen verfügen. ++ Bundestag verabschiedet Gesetz zur Gleichberechtigung von Mann und Frau. ++ Bundesarbeitsgericht erklärt »Zölibatsklausel« für ungültig, nach der Arbeitsverhältnis im öffentlichen Dienst mit Eheschließung einer Arbeitnehmerin endet, sofern das Familieneinkommen für ihre wirtschaftliche Versorgung ausreicht. ++ CDU/CSU erreicht bei 3. Bundestagswahl nach dem Krieg absolute Mehrheit – Adenauer wieder Kanzler. ++ Willy Brandt wird Oberbürgermeister in West-Berlin. ++ UdSSR starten ersten künstlichen Erdsatelliten »Sputnik 1« und eröffnen Ära der Raumfahrt – löst in westlicher Welt »Sputnik-Schock« und in BRD Bildungsdebatte aus. ++ »Pionierorganisation Ernst Thälmann« wird sozialistische Massenorganisation für Kinder in DDR. ++ Kalter Krieg erreicht Höhepunkt – Bundeswehr soll Atomwaffen bekommen, falls kein Abrüstungsvertrag dies verbietet, Verteidigungsetat wird größter Posten im Staatshaushalt der BRD. ++ Bun-

nersache« und »Davon verstehe ich nichts«. Viele dieser Frauen haben tatsächlich immer schon und bis ans Ende ihres Ehelebens gehört und erlebt, dass es Bereiche gab, in denen sie nichts zu suchen hatten, Zusammenhänge, die ihnen komplett verschlossen blieben, weil sie nichts darüber wussten. Informationen wurden ihnen oftmals von vornherein vorenthalten. Der Großvater einer Bekannten führte ein nicht unübliches Regime: Er unterstrich mit einem roten Stift Sätze in der Zeitung, die er für richtig und wichtig hielt und mit einem blauen, das, was er für Unfug hielt – und die Großmutter las anschließend nur die rot unterstrichenen Sätze. Was wie ein Witz anmutet, ist lediglich die verkürzte Form der oftmals tatsächlich gelebten Informationsweitergabe an Frauen in früheren Jahrzehnten – mit Wirkung bis in die Jetzt-Zeit. Wenn Mädchen und Frauen dazu angehalten wurden, über Stickmuster, Häkeln und Kinderkriegen zu sprechen und von den »Raucherrunden im Herrenzimmer« ausgeschlossen waren, geschah das nicht aus Sorge um ihre Gesundheit, sondern weil viele Herren – und Damen –, davon ausgingen, dass Geschäfte und Politik nichts für Frauenhirne sind. Frauen sollten sich mit weiblichen Dingen und Themen beschäftigen, ihr Gehirn nicht unnötig anstrengen, sondern dem Leben zu seiner allzu oft fehlenden Lieblich- und Leichtigkeit verhelfen, Klavier spielen, stricken, kochen, wickeln.

deswehr kauft 96 Starfighter in den USA. Stürzen in Folgejahren reihenweise ab. ++ Heinrich Lübke wird Bundespräsident. ++ Einführung der Landwirtschaftlichen Produktionsgesellschaften, LPGs, in DDR. ++ Streitpunkte zwischen DDR und BRD: verweigerte Friedensverträge, Interzonenabkommen und Beschränkungen des Reiseverkehrs nach Ost-Berlin. ++ Walter Ulbricht wird nach Tod von Wilhelm Pieck Staatsratsvorsitzender und bleibt Erster Sekretär der SED. ++ John F. Kennedy wird US-Präsident. ++ Sowjetischer Kosmonaut Juri Gagarin startet als erster Mensch ins Weltall. ++ Bau der Mauer zwischen DDR und BRD führt zur endgültigen Teilung Deutschlands. Amerikanische Regierung gibt Sicherheitsgarantien für West-Berlin ab. Amerikanische und sowjetische Panzer stehen sich am Checkpoint Charlie gegenüber. DDR führt Wehrpflicht ein. ++ Kuba-Krise zeigt Gefahr eines Dritten Weltkrieges. ++ Kennedy besucht Berlin und verkündet Bekenntnis zur Freiheit: »Ich bin ein Berliner.« ++ Spiegelaffäre in BRD: Angriff auf die Pressefreiheit, führt zum Rücktritt von Verteidigungsminister F.-J. Strauß ++ SPD formuliert neue Ostpolitik:

Die Erkenntnis, dass Politik etwas Lenkbares, etwas von uns Menschen Gemachtes ist, das wir Menschen also beeinflussen können, und nichts an sich Verwerfliches, setzte sich bei so manchen Älteren erst allmählich durch. Darüber hinaus aber blieb Politik für diese Generation mehrheitlich Männersache.

Das mit dem Männerbild ist ohnehin eine eigene Geschichte. Unsere Großmütter wuchsen mit einem ganz klaren Männerbild auf: Der Mann machte die Ansagen, in der Welt, auf der Straße, in den Ämtern und auch zu Hause. Der Mann ordnete die Welt, die Frauen hatten sich einzufügen. Junge Frauen, die dagegen opponierten, stießen überall an schier unüberwindbare Mauern.

Unser Männerbild heute ist diffuser, reicht vom Softi bis zum Macho. Das unseren Großmüttern vertraute Bild hat einen gewaltigen Wandel durchgemacht. Was für Männer hatten sie einst gekannt, sich als Gemahl erträumt, später zum Gatten auserkoren. Und was für Männer hatten sie schließlich aus dem Krieg, aus der Gefangenschaft zurückbekommen? Der deutsche Mann gewann nach der Naziideologie nicht zuletzt durch seine Stärke die angebetete Frau. Und im Krieg sollten Ehre und Rasse bis zum letzten Blutstropfen verteidigt werden. Der Mann sollte bis zum Äußersten kämpfen, auch wenn es längst sinnlos war. Die Geschlechter sollten im gemeinsamen Kampf das Vaterland verteidigen, das Le-

»Wandel durch Annäherung.« ++ Konrad Adenauer tritt zurück, Ludwig Erhard wird Bundeskanzler. ++ John F. Kennedy wird in Dallas ermordet. ++ Zwei Jahre nach Mauerbau öffnen sich Sektorenübergänge – DDR erlaubt Westberlinern Einreise nach Ostberlin. ++ Auschwitz-Prozess in Frankfurt gegen 21 ehemalige KZ-Aufseher – endet nach zwei Jahren 1965 mit teilweise milden Urteilen und Protesten im In- und Ausland. Danach intensiv geführte »Verjährungsdebatte« mit Kompromisslösung: NS-Verbrechen verjähren 1969. ++ USA tritt in Vietnam-Krieg ein – Deutschlandfrage wird zweitrangig. ++ Besuchserlaubnis für Rentner der DDR bei Verwandten in BRD und West-Berlin. ++ Otto Grotewohl stirbt, Willi Stoph wird Nachfolger als Ministerratsvorsitzender und Stellvertretender Staatsratsvorsitzender. ++ In Hannover formiert sich NPD neu. ++ Bundestag tagt in West-Berlin – als Reaktion überfliegen sowjetische Düsenjäger Tagungshalle und sowjetische und DDR-Soldaten sperren Zugänge nach West-Berlin.

ben des Einzelnen war der Gemeinschaft allemal untergeordnet. Deutschland musste bis zum letzten Mann verteidigt werden oder notfalls in Flammen untergehen, so hatte es der »Führer« propagiert. Und die Frau sollte eher ihr Leben opfern, als dem Feind zu unterliegen oder gar ihren Körper der Gefahr der Schändung auszusetzen. Letztlich aber hatten die Männer, diese deutschen Männer, keine Kraft mehr gehabt, die Frauen zu beschützen.

Und danach sollte alles wieder auf Anfang, zurück in die alte Rollenaufteilung möglich sein? Es gelang. Die Frauen bauten ihre Männer wieder auf, akzeptierten sogar, dass sie weiterhin das größte Stück Fleisch wie das letzte Wort für sich in Anspruch nahmen und traten in die zweite Reihe zurück. Nur wenige brachten den Krieg in Zusammenhang mit der Männerwelt. Die Frauen, die nach dem Krieg selbst politisch aktiv wurden, empfanden, nun sei es endlich Zeit für eine andere Politik – und scheiterten wenige Jahre später an der wieder erstarkten Männerbündelei. Es sollte gut 50 Jahre dauern, bis wir Deutschen nicht mehr maßlos erstaunt waren, eine Frau zur Bundeskanzlerin zu wählen.

GISELA BÖHNLEIN,
geboren 1918 in Kattowitz, heute Katowice/Polen

Von Lübeck sind wir nach Nördlingen gegangen, da fing mein Mann in seiner alten Stelle wieder an, bei der Bank. Der alte Eigentümer durfte nicht weitermachen, das verboten die Amerikaner, da holte er meinen Mann zurück. Das war ohne Telefon damals ziemlich umständlich. Jedenfalls erreichte er meinen Mann und wir zogen um.

Ich habe mich einsam in Nördlingen gefühlt. Ich habe mit der Schwiegermutter nicht richtig Ärger gehabt, aber man kam nicht an sie ran. Außer Ja und Nein hat die nicht viel gesagt und ich war es anders gewöhnt von zu Hause. Mein Schwiegervater hat immer gesagt – ich hatte einen ganz lieben Schwiegervater –, »armes Mädel«. Mein Mann hat in Nördlingen damals wenig verdient. Aber jeder war froh, wenn er überhaupt im Beruf unterkam. Nördlingen war nicht zerstört, aber es gab trotzdem zu wenige Wohnungen. Ich musste sechs Wochen in Nördlingen wohnen, damit ich überhaupt über das Wohnungsamt eine Wohnung gekriegt habe. Das war alles kompliziert und schwierig, weil man nicht wusste, klappt das oder nicht. Bei jedem wurde gefragt, was man gemacht hat. Vieles ist einem schwer gemacht worden, ohne dass

Bescheidene Anfänge

es hätte sein müssen. Jeder hat um sein bisschen gekämpft. Wir haben dann ganz schön am Stadtrand gewohnt in einem Reihenhaus. Oben lebte ein uraltes Ehepaar, beide über 80, die waren ein bisschen bissig, aber das war natürlich für die nicht einfach. Die mussten die Hälfte hergeben.

Der Ekkehard ist 1944 noch in Lübeck geboren, da ging es mir gut. Wir hatten eine recht große Wohnung. Kurz vorher war mein Bruder Ekkehard gefallen und da waren meine Eltern glücklich, dass sie wieder einen Ekkehard zu Hause hatten. Sie haben mich nicht gerne gehen lassen. Dann kam ich nach Nördlingen und hatte noch weniger. Von Lübeck ging ja nichts runter. Möbel und alles, da fingen wir klein in Nördlingen an und ich war zu Hause mitsamt den Kindern. Da hat man sich anstellen müssen wegen der Lebensmittelkarten. Die Kleine, die Roswitha im Wagen und der Ekkehard vorne drauf. Früh um fünfe habe ich meine Tochter gestillt, angezogen und bin mit den Kindern zu Fuß in die Stadt. Habe mich angestellt, und bis ich drankam, hatte der Letzte sein Käschen gekriegt. Früh um fünfe, und ich bin heulend wieder nach Hause gegangen. In Nördlingen, das war eine nicht schöne Zeit. Das war nicht so schön.

Mein Mann bekam so wenig Gehalt, vier Personen sollten mit 160 Mark auskommen. Die Miete, einkaufen, die Kinder, wir brauchten ja auch nach dem Krieg jeder etwas. Da habe ich gesagt, so geht das nicht und dann haben wir unseren letzten Zaster zusammengesammelt, damals hat die Bahnfahrt von Nördlingen nach München 20 Mark gekostet, und mein Mann ist nach München gefahren und klapperte die ganzen Leute ab, mit denen er beruflich zu tun hatte. Und er kam wieder und hatte eine Stelle bei einer Bank. Nach vier Jahren Nördlingen wechselte er nach München.

Bis wir aber in München eine Wohnung bekommen haben, das hat ungefähr ein Jahr gedauert. So lange kam mein Mann nur alle 14 Tage am Wochenende zu uns. Die Kinder haben immer gesagt, »Ach, es ist Sonnabend, da kommt der Papi«, da musste ich sie oft enttäuschen.

Im Krieg und nach dem Krieg musste ich zu Hause bleiben. Ich hätte gern was getan, wir haben ja alles anschaffen müssen, stückeweise. Ich habe aber auch nicht richtig gesucht. Denn wenn es etwas gab, musste man sich anstellen und warten. Ich bin überall mit meinen zwei Kindern rumgesaust. Auch nachher in München, da sind wir eben auch in der Früh gleich losgesaust. Da gab es mal Seifenpulver, sonst gab es das nicht. Da sind wir hin. Sonst gab es immer nur die Tonseife, so habe ich das genannt, da war die Wäsche nachher brauner als vorher. Mein Mann kam mit der zerschossenen rechten Hand aus der Gefangenschaft wieder, da musste ich mich auch kümmern. Ich habe vieles von zu Hause gekriegt. Ab und zu Butterpakete oder mal Bettwäsche. Wir hatten nichts, nichts. Bis dann die ersten Möbel kamen, das dauerte. 1950 war das. Aber dann ging es langsam aufwärts. Wir waren jung, wir haben die zwei Kinder gehabt.

ELISABETH COSMANN,
geboren 1918 im Hessischen

Ich kehrte nach Marburg zurück, mein Haus stand noch und mein Vater öffnete die Tür. Er hatte bereits die Verdunkelungen an den Fenstern entfernt, das Haus war hell und leer. Wir machten sauber und entfernten den hinterlassenen Unrat. Und meine Tochter bekam ihr erstes Vollbad. Dem Inhaber einer Apotheke gelang es, aus einem Versteck der Kreisleitung Aletemilch herbeizuschaffen. Die Briefpost funktionierte, die Ämter arbeiteten wieder.

Nun wollte niemand ein Nazi gewesen sein und wir wurden um Persilscheine angegangen. Und dann im Mai kam eines Tages mein Mann zurück. Er hatte alles überstanden, eine schier unglaubliche Flucht, erneute Verhaftung und dank der Hilfe eines langjährigen Häftlings das KZ Buchenwald und schließlich die Befreiung durch die Amerikaner. Die Bevölkerung Weimars war nach der Befreiung aufgefordert worden, Häftlinge in Pflege zu nehmen, so kam es zu der späten Heimkehr meines Verlobten.

Anfang Juni heirateten wir in Marburg. Und nun sollte das Leben beginnen, in München, der Heimatstadt meines Mannes. Ausbildung und berufliche Möglichkeiten boten sich an, wurden verworfen, ergriffen, als falsch erkannt und so weiter. Nach 20 Jahren wurden wir geschieden.

Mein Vater starb im Februar 1950. Im Sterben murmelte er einen Goethe-Vers vor sich hin: »Ach ich bin des Lebens müde, was soll all der Schmerz und Lust, süßer Friede, komm, ach komm in meine Brust ...«

LISA KÜHNE,
geboren 1921 in Hannover

Der Krieg war aus und mein Mann kam wieder, der hatte sich durchgeschummelt von Russland, irgendwie mit Zügen immer weiter, immer weiter. Ich weiß nicht, wie er das gemacht hat, aber er hat es geschafft. In Hannover war er bei meinem Bruder, der hat ihm seinen Konfirmationsanzug gegeben, in den hat er reingepasst. Und Schuhe, er konnte ja nicht in den Soldatenschuhen gehen. Dann kam er zu uns nach Hammelspringe. Eines Tages ging so eine Art Dorfschreier durch das Dorf, man hatte ja nicht immer Radio, und der hat geklingelt, alle guckten aus dem Fenster und dann hat er die neuesten Nachrichten erzählt. Eines Tages sagte er, alle ehemaligen Soldaten, die zurückgekommen sind, müssen sich beim Bürgermeister melden. Da musste sich auch mein Mann melden. Wir wussten, dass sie ihn gleich dabehalten werden, da stand schon ein Lastauto. Sie sollten alle nach Rheinsberg, ins Kriegsgefangenenlager. Mein Mann hatte sich überlegt, dass das vielleicht nicht gut geht und ist unterwegs abgehauen. Er hat sich dann durchgeschlagen mit Hilfe etlicher Leute und ist bis Recklinghausen gekommen. Das Haus stand noch und seine Mutter hatte den Wohnungsschlüssel bei der Nachbarin hinterlassen – »falls der Sohn kommt«. Ich wusste nicht, wo er war, wochenlang habe ich nichts von ihm gehört. Meine Schwägerin hat dann erfahren, dass er in Recklinghausen war. Er hatte dort keine Lebensmittelmarken, er musste sich also irgendwo melden. Da ist er zum Arbeitsamt gegangen, hat gesagt, er sei versprengt und müsse nun ja aber leben von irgendwas, er brauche Arbeit. Und die bekam er dann auch, in der Hindenburgallee suchten sie für die Offiziersmesse einen Koch – und mein Mann war doch Koch von Beruf. Die haben ihn genommen, in der Messe der englischen Offiziere. Ausgerechnet die Tommys, denen er vorher ausgebüchst war.

Ich konnte dann auch wieder nach Recklinghausen zurück und habe ihn abends oft abgeholt. Er kam jeden Tag mit einer Tasche voller Lebensmittel raus! Die Engländer waren unser Glück. Die Ulla, unsere Zweite, hätte das sonst nicht überlebt, ich hatte überhaupt keine Milch und sie hat keine Flasche angerührt. Eine Ärztin hat sogar gesagt: »Ihre Tochter ist mit einem Fuß im Grab.« Da hieß es, sie brauche Haferflocken. Es gab aber nur so grobe Gerstenflocken, das

Schaffe, schaffe, Häusle baue,
Und net nach de Mädle schaue.
Und wenn unser Häusle steht
Dann gibts noch lang kei Ruh,
Ja da spare mir, da spare mir
Für e Geißbock und e Kuh.
Schaffe, schaffe, Häusle baue

Ralf Bendix, 1954
Text und Musik: Josua Röckelein

ging nicht. Da haben die von der Küche ihm in einer ver-
schlossenen Dose Haferflocken gegeben, ganz feine und die
besten Haferflocken. Und damit habe ich meine Ulla praktisch groß gekriegt. Die Tommys haben uns viel geholfen.

CHARLOTTE SCHLANG,
geboren 1924 in Waldstetten bei Schwäbisch Gmünd

Bei der goldenen Hochzeit meiner Großeltern 1947 lernte ich
meinen Mann kennen. Er war erst Weihnachten 1946 aus der
Kriegsgefangenschaft heimgekehrt. Damals ist er immer noch
umgefallen, er hat noch epileptische Anfälle bekommen von
der Hirnverletzung. Er war am 22. Juni 1944 während der In-
vasion bei Cherbourg am Kopf schwer verwundet worden. Ich
erinnere mich, wie er wieder mal im Flur gelegen ist mit
seinem Anfall. Da habe ich schon gewusst, woher das kommt,
das hatte er mir erzählt. Was passiert war und was er in
Russland und in Frankreich erlebt hatte, habe ich peu à peu
mitgekriegt. Und einmal haben wir uns einen Nachmittag eingeschlossen und er hat mir alles erzählt.
Mein Mann ist dann verletzt nach England als Kriegsgefangener gekommen, später mit einem Truppentransporter vom
Roten Kreuz nach Amerika. Es war sein Glück, dass er dorthin gekommen ist, auch in Deutschland hätte man ihm nicht
so helfen können wie in Amerika. Er war noch keine 20 Jahre alt, als es passiert ist. Aber er konnte nie sagen, wann
genau alles war, er musste wieder anfangen, das ABC zu lernen. Meine Jugend war im Vergleich zu dem, was er erlebt
hatte, leichter. Wir haben auf dem Dorf vom Krieg nicht so
viel verspürt. Wir haben unseren Garten gehabt, Kartoffeln
haben wir angebaut. Fleisch hat man nicht so gehabt, aber
sonst … Mein Vater hat Bilder gemalt und hat dafür wieder
etwas getauscht wie Butter oder irgendwas.
Wir haben am 21. April 1951 in Waldstetten geheiratet und
14 Tage vorher begann mein Mann mit dem Studium. Vorher
hatte er eine Lehre gemacht, wegen seiner Kopfverletzung,
zum Radiomechaniker. Da es damals noch kein BAföG gab, war
ich froh, dass ich mein Gehalt hatte, vom Rathaus. Wir hat-

ten noch keine Wohnung, es war Wohnungsnot, aber wir konnten bei meinen Eltern in Waldstetten wohnen. Im Haus hat auch noch mein Bruder mit Familie gewohnt und eine Flüchtlings-Oma war auch noch da. Das ist prima gegangen. Man hat sich gegenseitig geholfen, die Flüchtlings-Oma hat meiner Mutter mit der Wäsche geholfen oder im Garten. Das war eine schöne Zeit.

1953 war mein Mann mit dem Studium fertig, dann kamen bald die Kinder, 1954, 1956 und 1962. Es war gar nicht so einfach, das hinzukriegen, dass Margit erst kam, als er schon fertig war. Heute können die Frauen das planen, damals ging das nicht. 1955 hatten wir als junge Familie unsere Wohnung in einem Wohnblock vom Fernmeldeamt in der Innenstadt von Ulm bekommen und plötzlich waren wir alleine. Das war eine Umstellung. Ich hatte im Rathaus aufgehört bei der zweiten Schwangerschaft. Und dann zogen wir um und waren ohne Mutter, ohne Verwandte und ohne Garten. Das war schwierig. Meine Tochter war zwei, die habe ich runtergebracht, dann hat man den Kinderwagen aus dem Keller holen müssen, dann war sie nicht mehr da, es war einfach schwierig. Auch das Kochen — daheim hatte die Mutter gekocht. Einkaufen, mit einem bestimmten Betrag auskommen, auch das war nicht so einfach.

Wieder Zeit für Schönheit

LISA KÜHNE,
geboren 1921 in Hannover

Im September 1945 sind wir alle von Hammelspringe weg. Die Schwiegermutter konnte gut organisieren, ich weiß nicht, wie sie es gemacht hat. Wir konnten jedenfalls unser ganzes Mobiliar, was so alles angekommen war in den vergangenen zwei Jahren, in einem Eisenbahnwaggon nach Recklinghausen holen. Wir sind dann bei ihr eingezogen, sie hatte eine große Sieben-Zimmer-Wohnung. Wir nahmen drei Zimmer und sie vier, Bad und Klo hatten wir zusammen. Da haben wir gewohnt bis 1950.

Auf Cuba sind die Mädchen braun, und braun ist der Kakao. Auf Cuba sind die Nächte schön, und schön ist der Baião. Auf Cuba sind die Mädchen süß, so süß wie Cubawein. Sie lassen hier auf Erden schon im Paradies dich sein. Auf Cuba sind die Mädchen braun
Jimmy Makulis, 1955

Musik: Erwin Halletz
Text: Franz Hiller

Im Jahr 1946 zog die Truppe ab in den Israel-Krieg und da wollten die Engländer meinen Mann mitnehmen. Das hätte er auch gemacht, aber ich war schwanger und er wollte mich nicht alleine lassen. Dann hat er eine Anstellung bekommen bei einem anderen Tommy, bei Mister Smart. Der hat die Zechen kontrolliert. Die waren beschlagnahmt und wurden von den Tommys kontrolliert. Mein Mann fuhr ihn in einem Jeep und bekam von ihm oft große, mit Corned Beef belegte Weißbrotscheiben geschenkt. Da brachte er manchmal so vier, fünf Scheiben mit. Das war natürlich toll für uns.

Ich habe damals ein Kindermädchen gehabt, ich weiß nicht, wie ich mit diesen drei Kindern sonst fertig geworden wäre. Man musste ja überall stundenlang Schlange stehen und wenn du dann drankamst, war nichts mehr da. Aber wir haben, das muss man ehrlicherweise sagen, keine Not gelitten. Wir konnten uns nicht beklagen, weil mein Mann sehr viel mitgebracht hat vom Tommy. Er hat auch geklaut zum Teil, Kakao oder Kaffee. Der Schwarzmarkt blühte ja, so sind wir durchgekommen.

RENATE BRESCHING,
Tochter von Erna Knabe, geboren 1934 in Wiesenau

Uns ging es nicht so schlecht. Mein Vater und mein Onkel sind fischen gegangen. Es ging im Dorf manchem schlechter. Als mein Bruder getauft wurde, hatten sie so viel Krebse gefangen, davon hat meine Großmutter Suppe gemacht und die hat für alle gereicht.

LIANE RÖBENACH,
Enkelin von Frau Knabe, geboren 1954 in Wiesenau bei Frankfurt an der Oder

Ihr wart immer praktisch veranlagt, ihr habt immer versucht, aus dem, was da war, etwas zu machen.

ERNA KNABE,
geboren 1911 in Wiesenau bei Frankfurt an der Oder

Wir haben aus Zuckerrüben Schnaps und Sirup gekocht, dann haben wir den Hund geschlachtet und das hat geschmeckt.

Ich glaube, unser Grundsatz in all den Jahren war, wir nehmen es nicht ganz so schwer.

Ich hatte Glück, dass ich den Handarbeitsunterricht in der Schule übernehmen konnte, so hatte ich Arbeit, als mein Mann im Krieg war. Und in der Schule habe ich mit dem Handarbeitsunterricht nach 1945 weitergemacht. Das haben sie bei mir alle gelernt: Stricken, Häkeln, alle im Dorf haben bei mir gelernt. Und dann habe ich bei der Gemeinde eine Nähmaschine beantragt. Mit der habe ich Hemden genäht und die Spitzen oben, die mussten sie häkeln und die wurden dann angesetzt.

RENATE BRESCHING,
Tochter von Erna Knabe, geboren 1934 in Wiesenau

Mein Vater war Malermeister. Er hatte fünf Gesellen und zwei oder drei Lehrlinge. Das war erst privat und als die LPG eingeführt wurde, kam auch die Produktionsgenossenschaft für die Handwerker. Mein Vater hatte die PGH Form + Farbe, und die Firma steht heute noch als Fußbodenfirma.

JOHANNA DÜLMEN,
geboren 1922 im Rheinland

Wir hatten 1946 keine Wohnung. Wir haben zwei Zimmer bekommen und da lebte meine Mutter mit meinem Bruder. Ich bin in einen Haushalt gegangen, damit ich Essen und Trinken hatte und schlafen konnte.

Das waren liebe Leute, da hatte ich Glück. Der Chef hat immer gesagt: »Ich habe zwei Frauen!« Der war Prokurist und bekam alles. Da hat er immer gesagt: »Ich brauche zwei Paar.« Zum Beispiel gab es schon die ersten Nylonstrümpfe. Was seine Frau kriegte, bekam ich auch, und ohne jeden Nebengedanken. Weihnachten waren auf den Tischdecken eine Menge Weihnachtsgeschenke drauf, nur für mich. Also ich war der Engel da, aber ich habe mir auch sehr viel Mühe gegeben. Ich lebte dort, ich war da zu Hause.

Dort war ich vier Jahre und es war

Entspannung war angesagt

alles bestens. Samstags ging ich nachmittags nach Hause und brachte meiner Mutter Brot, Öl und all das, was mein

Chef bekommen und mir geschenkt hatte. Sonntags habe ich nur gekocht und nachmittags ging ich auch zu meiner Mutter, und wenn ich abends zurückkam, dann ging die Tür unten auf, »Hier ist noch ein Ei für Sie«, schwarz gekauft, das Stück zu 13 Mark.

Ich wurde auch mit den Söhnen besser fertig als sie. Immerzu hieß es »Frau Hilde« hier »Frau Hilde« da. Ich wurde immer schon mit »Frau« angesprochen, weil ich ja auch nicht mehr ganz jung war, ich war ja ein spätes Mädchen. Damals war ich vierundzwanzig. Meine Mutter hätte lieber »Fräulein« gehabt. Bei der wäre ich auch ein Fräulein geblieben. Und das Komischste war, ich heiße gar nicht Hilde, die Kinder in dieser Arbeitsstelle haben mich Hilde getauft. Ich heiße Johanna Martha.

Ach, sag doch nicht immer wieder Dicker zu mir!
Nein, ich will das nie mehr wieder, nie mehr wieder hören von dir!
Mach' mir doch das sowieso schon saure Leben damit nicht schwer!
Denn wenn du mich immer wieder Dicker nennst, das kränkt mich so sehr.
Ach, sag doch nicht immer wieder Dicker zu mir!

Musik: Hans Arno Simon
Text: Peter Ström

Ich habe auf mein Äußeres geachtet, war aber nie modisch. Es gibt Leute, die kommen schon alt auf die Welt und ich habe immer gesagt, ich war schon immer alt. Ich war immer klassisch angezogen, habe nie etwas Modernes mitgemacht. Wenn ich die falsche Farbe von Strümpfen hatte, dann musste ich wechseln und zum Kleid passende Strümpfe tragen. Und wenn ich heute zum Arzt gehe und habe die falschen Strümpfe an, dann gehe ich zurück und ziehe andere an. Das ist alles eingeimpft.

Als ich dann einen Bekannten hatte, mit dem ich abends mal ausgegangen bin, ein Bier zu trinken, wurde mein Arbeitgeber schwierig. »Wollen Sie den mal heiraten oder was?« Ich durfte kein Eigenleben haben. Ende 1946 hatte ich dort angefangen und 1950/51 habe ich aufgehört. Da musste ich dort gehen.

In der Nachbarschaft hatte ich dann aber gleich eine neue Stelle. Die hatten vorher schon gesagt: »Wenn Sie da aufhören, wir nehmen Sie sofort.« Das war eine Bäckerei, ich habe morgens gekocht und nachmittags im Geschäft geholfen. Die Leute waren katholisch, die Bäckersfrau vor allem war sehr katholisch und sehr fromm und irgendwann sagte sie: »Ich habe ja gar nicht gewusst, dass Sie evangelisch sind, ich hätte Sie nicht genommen.« Da bin ich gegangen zum nächsten 15.

Ich war dann noch bei weiteren Leuten in Stellung, immer habe ich gekocht und den Haushalt gemacht. Meine Zeugnisse waren Romane, die Zeugnisse waren alle gut und es hätte auch keiner krumm genommen, wenn ich mal richtig meine Meinung gesagt hätte. Meine Mutter hat mir immer eingebläut: Wenn dir einer was erzählt, das geht hier rein und da raus, dann ist das für dich erledigt. Und das war es auch.

»Das muss doch jetzt mal gut sein!«

Die Erfahrungen von Nazipolitik und Krieg wurden an die nachfolgende Generation vorwiegend als individuelle Erlebnisse weitergegeben, mit Stolz und Dankbarkeit unterfütterte Anekdoten über die besonderen Begabungen des Überlebens einzelner Familienmitglieder. Da stand dann die weibliche Fähigkeit, noch aus Brennnesseln eine dünne Suppe hinzukriegen, neben dem männlichen Wunder, den Granatsplitter im Kopf durch die Hilfe eines versierten Arztes überlebt zu haben. Antworten auf die Fragen nach Einzelheiten waren ausweichend oder blieben ganz aus. Die Eltern und Großeltern schwiegen, die Kinder und Enkel stießen sich an diesen Mauern ihre Neugier und Anteilnahme wund und retteten sich fast zwangsläufig in Misstrauen und Meutern.

Denn es war nicht durchschaubar, auf welcher Seite die Eltern und Großeltern gestanden hatten. Sie waren, so als sei nichts gewesen, zusammen mit den kleinen und den großen Tätern, sofern sie nicht erwischt worden waren, zur Tagesordnung übergegangen, sie hatten mit den Mitläufern und Duldern, mit den aus der Haft entlassenen Überlebenden und Widerständlern Deutschland wieder aufgebaut. Bis heute sind sie nicht erkennbar. War dieser alte Mann mit dem Hut, der sich mit seiner Frau im Supermarkt über Pflaumen oder Apfelmus zu Pfannkuchen streitet, ein Täter gewesen? Hatte die alte Frau dort mit ihrer Krücke einen Juden angeschwärzt, war sie Blockwartsfrau, eine Nazisse gewesen? Sie leben unter uns oder sind vielleicht schon friedlich entschlafen und mit den herzzerreißendsten Nachrufen versehen worden. Keiner weiß es. Das ist und bleibt unheimlich. Ein Mitmacher, eine Täterin kann in jedem gesteckt haben, kann noch heute in ihr, in ihm, in ihren Kindern und Enkeln stecken. Zumeist wollen wir es nicht sehen, nicht wahrhaben. Unser Bild vom Menschen ist das eines guten Menschen. Angesichts dessen, was die Menschheit im 20. Jahrhundert an Verbrechen begangen und durch Dulden zugelassen hat, ist es ein antiquiertes Bild. Denn die Täter wie die Mitläufer haben Geschichte geschrieben, sie waren völlig real und haben sich 1945 keineswegs aufgelöst.

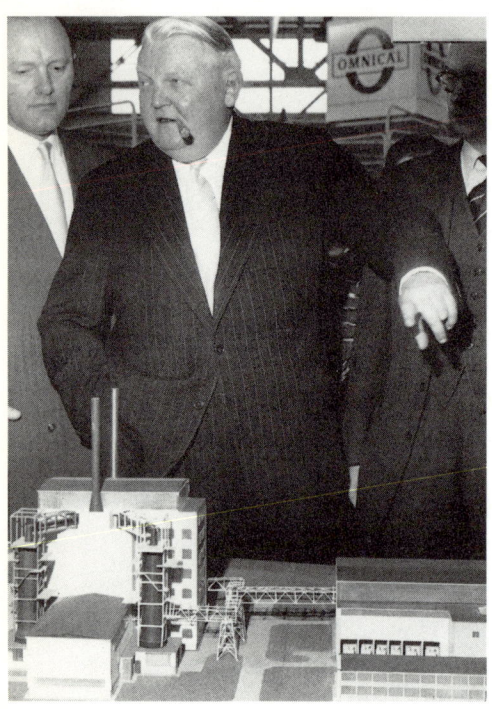

Aufbauoptimismus

Die wichtige Frage lautet: Was steckt von ihnen in uns bis heute? Wir sind gefährdet, wenn wir nicht genau hinschauen und unser Bild von uns selbst nicht danach befragen.

Im Lauf der Jahrzehnte sind die Erinnerungen verblasst, die Eindrücklichkeit mancher auch unangenehmer Ereignisse hat nachgelassen. So wird manches heute wieder unreflektierter geäußert, das früher, mit weniger großem Abstand zu den Ereignissen vielleicht sensibler gehandhabt wurde und eher im Giftschrank der Geschichte geblieben war. So zählt so manche Frau im hohen Alter ihre Jugendzeit beim BDM mit zu den eher schönen Erinnerungen ihres Lebens und blendet die unangenehmen Begleiterscheinungen der Zeit aus. Und wir Nachgeborenen sind vielleicht müde, immer wachsam sein zu müssen. So hören wir eventuell geduldig und nachsichtig zu, wenn sie in Erinnerungen schwelgen. An all die Abende, die sie gemeinsam gesungen haben, Tage, die sie gewandert sind, die fröhlichen Spiele im Zeltlager als harmlos beschwören. Na, kann denn Singen Sünde sein? Das andere, die schleichende Infiltration, die ständige Bevormundung, was man denken durfte und was nicht, gerät dabei in den Hintergrund. Sie wollen vielleicht längst vergessen haben, dass sie einst manches angeödet hatte wie die Fahnenappelle oder die stumpfsinnigen Befehle, dass sie den schalen Beigeschmack damals vielleicht noch gespürt haben, wenn gegen Juden gehetzt wurde, wenn Rassenkunde auf dem Stundenplan stand, das Pflichtfach mit dem Lernziel Antisemitismus.

Immerhin war das eine entscheidende Spanne in ihrem Leben gewesen. Die Jugend, die Jahre, in denen das Leben durch die Adern rauscht, dass es einem die Sinne nimmt. Und diese Jahre waren ihnen genommen worden, versaut, gestohlen. Nicht zu Unrecht fühlen sich viele um sie betrogen. Anderen fällt es, je älter sie werden, umso schwerer zuzulassen, dass sie getäuscht worden waren, dass auch das falsch gewesen war, was sie als schön empfunden haben. Da kommen dann gern Sätze wie: »Ach das kannst du doch gar nicht beurteilen, du warst doch da gar nicht dabei.« Oder: »Man kann natürlich alles schlechtreden.« Und – »Es muss doch mal endlich Schluss sein!«

Sie waren jung damals, aber sie wurden älter. Die Dummheiten der Jugend sind entschuldbar. Aber das Pflegen der lebenslangen Blindheit nicht. Es fällt schwer zu sagen, dass unsere Altvorderen etwas gelernt haben aus der Geschichte. Als nach dem Krieg offensichtlich war, dass Autoritätsgläubigkeit, blinde Führergefolgschaft und allzu bereitwilliges Sich-Fügen Millionen Deutscher dieses verbrecherische System erst möglich gemacht hatten, hörten beispielsweise die meisten doch noch immer nicht auf, gehorsam zu sein, sich unterzuordnen und ruhig zu verhalten. Auch die Frauen taten dann zwar das, was von ihnen verlangt wurde, sie gingen wählen. Aber sie wählten laut Statistik lange konservativer als ihre Männer, sie wagten »keine Experimente«. Konrad Adenauer hatte die Angst vor den Kommunisten geschürt und 1957 die absolute Mehrheit erlangt. Nach ihm kam auf dem Weg durchs Wirtschaftswunder der Dicke mit der Zigarre, Ludwig Erhard, dem Adenauer die Kanzlerschaft nicht zugetraut hatte. Anschließend folgte die erste große Koalition der Bundesrepublik, mit dem CDU-Mann Kurt-Georg Kiesinger an der Spitze. Und mit einem Mal knallte die Vergangenheit in die junge Bundesrepublik – in Form einer Ohrfeige. Beate Klarsfeld ohrfeigte Kiesinger

1968 wegen seiner Vergangenheit als Nazi und Parteimitglied – Sie erinnern sich? Er war Verbindungsmann zwischen dem Auswärtigen Amt und dem Propagandaministerium gewesen und bestens informiert, was geschah, militärisch und in den Vernichtungslagern. Als er gewählt wurde, war Kiesingers Vergangenheit – wie die vieler Beamter, Juristen, Staatssekretäre oder Politiker –, kaum bekannt und was schlimmer wog und wiegt, im Nachkriegsdeutschland kaum von Interesse. Eine Frau schrieb nach dem Eklat sogar an Kiesinger, dass es doch deutschen Frauen vorbehalten sein sollte, ihren Bundeskanzler zu beurteilen, nicht etwa einer Frau Klarsfeld, die als Deutsche seit 1960 in Paris lebte, was diese Frau wohl als Verrat empfand. Und dass Beate Klarsfeld mit einem Juden verheiratet war, dessen Eltern die Nazis im KZ ermordet hatten, nahm diese Frau ihr vermutlich auch übel.

Der Besuch des Schahs 1967 und der Tod Benno Ohnesorgs markierten schließlich einen Wendepunkt, den Beginn der 68er. Mit ihm kam Willy Brandt. Er hatte die Nazizeit unter falschem Namen im norwegischen und schwedischen Exil verbracht und war als Widerständler für die nun mündige und wahlberechtigte Nachkriegsjugend unverdächtig. Mit ihm änderte sich der Politikstil in Deutschland. Brandt verneigte sich mit seinem berühmt gewordenen Kniefall vor den Toten des Warschauer Ghettos und läutete das Ende der Eiszeit in der Ostpolitik ein. Er wollte mehr Demokratie wagen und die Schüler und Studenten von '68 woll-

1966–1975 Nach leidenschaftlicher Debatte über Verjährung von NS-Verbrechen hebt Bundestag 1969 Verjährung für Völkermord und Mord gänzlich auf. ++ Martin Luther King wird in Memphis, USA ermordet. ++ Regimekritischer Wissenschaftler Robert Havemann wird aus Ost-Berliner Akademie der Wissenschaften ausgeschlossen. ++ 21.7.1969: Mondlandung der US-amerikanischen Landefähre »Eagle« – Astronaut Neil Armstrong: »Ein kleiner Schritt für einen Menschen, aber ein gewaltiger Sprung für die Menschheit.« ++ 100. Geburtstag Lenins wird in Ost-Berlin groß begangen. ++ Zweites Fernsehprogramm in DDR. Unterhaltung nimmt gegenüber Politik zu. ++ In Ost-Berlin wird Film ›Spur der Steine‹ mit Manfred Krug uraufgeführt. Film schildert freimütig Konflikte auf Großbaustelle in DDR. Kurz nach der Premiere wird der Film aus den DDR-Kinoprogrammen genommen und erst 1990 wieder aufgeführt. ++ ++ Uraufführung des Theaterstückes ›Publikumsbeschimpfung‹ von Peter

ten genauer wissen, wer welche Geschichte hatte, sie fragten nach – und sollten doch, wenn es nach Volkes Stimme ging, die Klappe halten: »Geh doch rüber, wenn es dir hier nicht passt!« Die roten Socken hatten ja nun einen eigenen Staat, die DDR, und dort hätte ja, wer den Mund aufmachte, nun eine Heimat.

Es sollte noch zwei Jahrzehnte dauern, dann ging der DDR die Puste aus. Was kaum jemand geglaubt hatte, wurde Wirklichkeit. Deutschland wurde wieder zu einem Land. Lange verloren geglaubte Stückchen alter Heimat wurden wieder zugänglich. Bei so manchen rissen alte Wunden auf, bei anderen konnten sie endlich heilen, weil man nun »hinfahren« konnte.

Veränderungen geschahen nur langsam, wenn es nach dem Willen so mancher Eltern und Großeltern damals gegangen wäre, hätte man kollektiv in Deutschland eine dicke Decke über die jüngste Vergangenheit gezogen und alle Fragen gleich mit erstickt. Viele lebten weiter nach dem Motto, es sei besser, den Mund zu halten, als nachzufragen oder gar aufzubegehren. Und das gaben sie an ihre Kinder und Enkel weiter. Wer Kritik äußerte, sollte selbst eine Lösung vorschlagen können – für Heranwachsende die Lähmung aller Kritikfähigkeit schlechthin. Aber die anderen, der Staat, die Ämter, die Lehrer, sie alle säßen doch am längeren Hebel, der Einzelne sei zur Ohnmacht verurteilt. Und wer dennoch den Mund aufmache, gelte schnell als Revoluzzer und sei von vornherein verdächtig: »Also sei still und versperr

Handke, des Films ›Katzelmacher‹ von Rainer Werner Fassbinder in München. Stück thematisiert Hetzjagd auf griechischen Gastarbeiter in bayerischem Dorf. ++ Christa Wolfs Roman ›Nachdenken über Christa T.‹ wird in DDR wegen »Individualismus« verurteilt. ++ Diskussion um Wiedereinführung der Todesstrafe anlässlich der Verurteilung des vierfachen Mörders Jürgen Bartsch. ++ Numerus clausus, Zugangsbeschränkung zum Studium nach Abiturnoten, wird eingeführt. ++ ARD und ZDF treten in Farbfernseh-Zeitalter ein. Live-Fernsehshow ›Der Goldene Schuß‹ ist erste Farbsendung. ++ Krimiserie ›Der Kommissar‹ mit Erik Ode und ›Aktenzeichen XY ungelöst …‹ starten im ZDF. ++ Deutschland unterliegt England bei Fußball-Weltmeisterschaft 1966 mit 2:4. ++ Olympische Spiele 1968 in Mexico City. Erstmals nehmen zwei deutsche Mannschaften an den Spielen teil. ++ Filme von Oswalt Kolle klären Nation-West auf, in ›Zur Sache, Schätzchen‹ von May Spils tänzelt junge Uschi Glas. ++ Ehebruch

dir doch nicht deinen eigenen Weg!« Sie hatten aus dem Desaster anscheinend nichts gelernt, noch nicht einmal Rache verspürt für die Vergewaltigung ihrer Seelen, nicht das Bedürfnis, nun endlich eher zu früh als nie NEIN zu sagen. Ihr Fazit lautete weiterhin:»Du hast eh keine Chance, die da oben machen, was sie wollen, also verhalte dich ruhig.«

Frauenpower

Marthel hat, als sie schon in Rente und über 70 war, überraschend Kontakt bekommen mit der neuen Frauenbewegung. Ihr jüngerer Sohn Gerhard hatte Maschinenbau studiert und war, um nicht zum Bund, zum Wehrdienst zu müssen, nach Berlin gegangen und dann dort geblieben. Eines Tages hatte ihn Marthel besucht. Er wohnte in einer Wohngemeinschaft mit zwei anderen Männern und zwei Frauen zusammen. Die eine wurde bald Marthels Schwiegertochter. Doch damals war Renate noch nicht einmal mit Gerhard zusammen. Sie erzählte später immer, sie habe sich zuerst in die Mutter und erst danach in den Sohn verliebt. Sie hatte kurz bevor Marthel nach Berlin kam, eine Abtreibung gehabt und konnte das nur schwer überwinden. Renate war weder besonders religiös, noch ging es ihr körperlich sonderlich schlecht und sie hatte das Recht in Anspruch genommen, für sich selbst entschei-

und Homosexualität werden in BRD straffrei. Uneheliche Kinder werden ehelichen gleichgestellt. ++ ARD und ZDF zeigen auf Wetterkarte ab 1970 nicht mehr Deutschland in Grenzen von 1937. ++ Papst Paul VI. erlässt die Enzyklika ›Humanae vitae‹, in der Auffassung, dass Geschlechtsverkehr und »gottgewollte Fortpflanzung« untrennbar miteinander verknüpft seien, festgelegt wird. Damit ist Katholiken die Antibabypille verboten. ++ Heinz Schenk wird zuverlässiger Oberkellner im ›Blauen Bock‹. ++ Frauenzeitschrift ›Constanze‹ wird von ›Brigitte‹ abgelöst. ++ Modetrend schwankt zwischen Mini, Midi und Maxi. ++ Freddy Quinn ist erfolgreichster deutscher Schlagersänger, auf seiner Spur Heintje. ++ Scheckkarte erleichtert bargeldlosen Zahlungsverkehr. ++ Erfindung des Mikroprozessors erlaubt Bau von Taschenrechnern.

den zu können: »Mein Bauch gehört mir!« Aber der Gedanke, sich von einem Kind verabschiedet zu haben und es nun nie kennenlernen zu können, machte ihr, für sie selbst überraschend, zu schaffen. Dann kam Marthel, kochte für die ganze Mannschaft, putzte zum Entsetzen des Sohnes mal eben alles durch und kümmerte sich auch um die junge Frau, die sich in ihrem Zimmer verkroch. Die Frauen kamen ins Gespräch – und Marthel sah das Ganze pragmatisch, wie das so ihre Art war. Wovon hätte denn das Kind leben sollen, die Mutter verkracht mit den eigenen Eltern, ohne Beruf, mitten im Studium, der Kindsvater auf und davon? Das wäre doch kein Leben. Renate sei jung, es sei alles gut gegangen, sie sei Gott sei Dank gesund, das sei nicht selbstverständlich, wenn sie da an früher denke. Renate und Sohn Gerhard heirateten ein Jahr später und die Vermutung, dass Marthel selbst einmal abgetrieben hatte, machte die Runde durch die Familie. Von Marthel wurde das nie bestätigt.

In den letzten Jahren hat sie eine alte Freundin bis zu deren Tod gepflegt und sich um ihre acht Enkelkinder gekümmert. Mein Freund Wolfgang erinnert sich nicht, dass sie irgendwann untätig gewesen wäre. Flicken, Strümpfestopfen, das ging auch noch ganz zuletzt. Nur gehört hat sie am Ende nicht mehr gut und kam mit ihrem Hörgerät wohl nicht besonders zurecht. So saß sie des Öfteren dabei, bekam nichts mehr mit, doch amüsierte sie sich königlich, wenn sie annahm, die anderen lachten über sie. Marthel starb 1987, eine kleine weißhaarige zähe Frau.

Die 50er und 60er Jahre hatten kleine Veränderungen für die Frauen gebracht, wenn es aber nach der Mehrheit ging, sollten sie weiterhin vor allem den Haushalt führen und Kinder großziehen. Und gegen Sorgen oder Frust half »Frauengold« oder mal eine HB – »Wer wird denn gleich in die Luft gehen«. Tilly tauchte gestresste Frauenhände in Palmolive und Klementine wusch die Wäsche, wenn auch zeitgemäß in Latzhosen: »Nicht nur sauber, sondern rein.« Als mit Beginn der 70er Jahre endlich die Liberalisierung einsetzte, die Frauen lauter und selbstbewusster wurden und begannen, mehr und mehr Rechte für sich einzufordern und die Männerbastionen zu erobern, da lag für unsere Groß- und Urgroßmütter der entscheidende Teil ihres Lebens bereits hinter ihnen. Die Generation war übers Warten älter geworden, die Vorteile des Wertewandels, die großen Verbesserungen erfuhren die Frauen vielfach nur noch aus zweiter Hand, über ihre Kinder.

Es war ihnen nun möglich, allein in ein Café zu gehen oder ein Restaurant zu besuchen. Aber allein so etwas zu unternehmen, musste auch gelernt sein – genießen konnten sie es dann unter Umständen kaum richtig. Was sollten sie da allein? Sie brauchten nicht länger die Einwilligung ihrer Männer, weder um zu arbeiten, noch um den Führerschein zu machen oder ein Konto zu eröffnen. Doch auch diese Neuerungen kamen vielfach zu spät. Profitieren konnten sie davon kaum mehr. Falls ihr Mann noch am Leben war, lief die Ehe seit langer Zeit so dahin wie sie lief, die großen Fragen und Verwerfungen lagen schon lange hinter ihnen, man hatte sich arrangiert und zusammen eingerichtet. Oder für ein eventuelles Ausbrechen war es auch bereits zu spät – der Mann, den man eventuell rausgeworfen hätte, war vielleicht längst nicht mehr am Leben.

Diese Generation hat vielfach bewiesen, wie überlebensfähig sie ist. Doch das, was sie auszeichnete, dass so gut wie jede Frau Pullover stricken oder häkeln und Kleider nähen konnte und selbst aus nichts noch etwas machte, ist heute kaum mehr gefragt. Und als sie es tat, nahm es oft genug kaum jemand wahr. Die Frauen haben die Kinder versorgt, die Wäsche gemacht, pünktlich mittags und abends das Essen auf den Tisch gestellt. Sie haben die meisten Jahre ihres Lebens als unermüdliche Arbeitstiere verbracht, häufig mit eingeschränktem Horizont. Sie haben Hintern gewischt, Brei gekocht, gefüttert, gewickelt, haben Essen warm gehalten, haben gestopft, gebügelt, gewaschen, geputzt und getröstet und darüber selbst Rock'n Roll und später die Beatles verpennt. Sie haben das Haushaltsgeld verwaltet und oft genug wundersame Geldvermehrung betrieben, denn ob es reichte oder nicht, hing doch fast immer von ihren haushälterischen Fähigkeiten ab. Die Freiheiten, die ihre Männer hatten, Kneipe, Sportverein oder Arbeitstreffen, hatten sie oft genug nicht. Neben Einkaufen, dem nachbarschaftlichen Ratsch über den Gartenzaun, war nicht selten der Elternsprechtermin in der Schule die aufregende Abwechslung des Monats. Für sie war es selbstverständlich, Obst in Kompott zu verwandeln, verschiedene Sorten Marmelade zu kochen und Bohnen einzulegen. Sie sehen jetzt flott aus, modern, aber von ihren Fähigkeiten und ihrer Grundeinstellung her, »das werden wir irgendwie schon hinkriegen«, gehören sie einer heute scheinbar weit zurückliegenden Zeit an. Die Fähigkeiten der Generation Strick-und-Näh haben sich überlebt. Was sie leisteten, holen wir uns heute – ohne nachzudenken – aus dem Kaufhaus. Von ihren Enkeln werden sie mild belächelt, wenn sie mit ihrer Einstellung, ihren Bedenken, Befürchtungen oder Erwartungen daherkommen. Manchmal auch bewundert ob ihrer Fähigkeiten, für praktische Probleme einfache Lösungen zu finden. Von ihren lange erwachsenen Kindern werden sie mittlerweile eher nachsichtig behandelt. Denn vieles, was heute selbstverständlich ist, steht in direktem Gegensatz zu dem, was die alten Damen einst gelernt haben. Auch damit müssen sie zurechtkommen. Leicht zu ertragen ist das nicht unbedingt.

IRMA KÜHN,
geboren 1921 in Spremberg bei Cottbus

Nachdem mein Mann abgeholt worden war, ging ich wieder nach Spremberg, denn die Versorgung war da viel besser. Außerdem war meine Mutter sehr krank.

Aus den Tuchfabriken, die wir in Spremberg hatten, haben die Leute die Garne, die noch herumlagen, aus den Ruinen herausgeholt, und dann haben sie aus zwei oder drei Fäden gestrickt. Das waren keine hellen Farben, sondern Tuchfarben, dunklere, aber das war egal. Wir haben Pullover und Strickjacken gestrickt, manchmal für ein Brot, meistens für Naturalien.

1966–1975 Starfighter fallen vom Himmel – 1965 bereits 26 Abstürze, 15 Piloten gestorben. ++ Studentenproteste für Studienreform »Unter den Talaren – Muff von 1000 Jahren«, Anti-Vietnam Demonstrationen, Schah-Besuch und Tod des Studenten Benno Ohnesorg durch Polizeikugel; Gegner sind Konservative bis Alt-Nazis und Springer-Presse mit antikommunistischer Hetze. Mündet in Mordanschlag auf SDS-Sprecher Rudi Dutschke (Sozialistischer Studenten Bund), Brandanschlägen auf Kaufhäuser und Springer-Verlag und Protestwelle gegen Notstandsgesetze. ++ FDP beendet Koalition, Ludwig Erhards Regierung wird von Großer Koalition unter Kurt Georg Kiesinger, CDU abgelöst. Vizekanzler und Außenminister wird Willy Brandt. ++ Wirtschaftliche Rezession, Wirtschaftsminister Karl Schiller erfindet »Konzertierte Aktion«. ++ Bundespräsident

Und dann traf ich meine ehemalige Klassenlehrerin, Studienrätin Pitsch, und sie sagte: »Das brauchst du doch nicht, du warst doch gut in der Schule, du kannst doch Lehrerin werden. Ich weiß, dass du auch mit Kindern umgehen kannst.« Sie vermittelte mir ein Gespräch mit einer alten Freundin am damaligen DPZI, dem Deutschen Pädagogischen Zentralinstitut, heute ist das die Pädagogische Hochschule. Anscheinend war das Gespräch gut, ich musste auch zwei Stunden etwas schreiben zu einem Thema, das war wohl auch gelungen. Innerhalb von vierzehn Tagen erhielt ich Bescheid, dass ich am Lehrerbildungsinstitut in Cottbus und später in Dresden zugelassen bin. Was ich im Krieg an fachlichem Wissen bereits erlangt hatte, würde anerkannt.

Für wen habt ihr Hunger gelitten
Und im Winter gefroren?
Für wen habt ihr Kinder erzogen
Und im Krieg sie verloren?
Für euch oder für die Herrn?

Kleine Anfrage an unsere
Westdeutschen
Komposition: Grigori Schneerson;
Text: Helmut Klose
Gesungen: Ernst Busch

Da bin ich dann fast zwei Jahre jeden Tag nach Cottbus gefahren und habe noch Pädagogik und Didaktik gemacht. Und jeden Tag hat mich Heidi vom Bahnhof abgeholt. Wir wohnten damals in der Stadt und meine Mutter brachte sie bis zur Spreebrücke und wartete dort und die Kleine lief bis zum Bahnhof und kam angerannt.

Es gab zwei Kategorien von Lehrern damals: die ganz neuen, die von der Pike auf alles lernten, die waren jünger,

Heinrich Lübke soll als Architekt am Bau von KZs beteiligt gewesen sein – Mitarbeiter des Ministeriums für Staatssicherheit, MfS, gestehen erst 1992, dass sie Akten gefälscht haben, um Lübke zu verleumden. ++ Andreas Baader und Gudrun Ensslin, Mitglieder der Außerparlamentarischen Opposition, APO, werden wegen Brandstiftung zu Haft verurteilt, zwei Jahre später von Ulrike Meinhof gewaltsam befreit. Gilt als Geburtsstunde der Baader-Meinhof-Gruppe, die sich später Rote Armee Fraktion, RAF nennt. Nach Bombenanschlägen und Attentaten wird Kerngruppe Meinhof, Baader, Ensslin, Meins und Raspe verhaftet und verurteilt. Angst vor Anschlägen beherrscht BRD, Bundestag reagiert mit Änderung des Grundgesetzes und Hochsicherheitsgefängnis Stuttgart-Stammheim. ++ Volkskammer beschließt Einführung der Pass- und Visapflicht im Reise-

und wir, die wir schon zur Hälfte eine Ausbildung hatten und nur das ganze Fachliche oder Pädagogische noch benötigten. Wir waren 12 Leute und machten im Oktober 1949 die Lehrerprüfung. Und dann bin ich hier in Spremberg als Schulamtsbewerber angekommen – so hieß das –, mit hundertachtzig Mark Gehalt und sollte erst mal bis zum Februar mit einem alten Lehrer zusammen eine Klasse kennenlernen und führen. Das war eine fünfte Klasse, aber da waren alle Jahrgänge vertreten. Fünfzig Schüler, die ganzen Umsiedlerkinder aus Schlesien, auch welche, die schon vierzehn waren, große Jungs. Gott, wenn ich an die Klasse denke. Und der alte Lehrer, Herr Seidel, war sehr lieb, aber ziemlich krank und fehlte sehr oft. Ich habe Blut und Wasser geschwitzt. Manchmal hätte ich heulen können. Ich habe gedacht, warum bist du bloß Lehrerin geworden?! Im Februar ging Herr Seidel in Pension, die Klasse wurde geteilt und dann ging es besser.

Heidi war im Kindergarten, vom dritten Lebensjahr an. Das ist ja alles nicht so einfach, wenn man alleine für das Kind sorgen muss. Man musste ja alles organisieren. Meine Mutter lebte dann auch nicht mehr, aber mit der Hilfe von einer lieben Nachbarin, zu der Heidi gehen konnte, wenn ich nicht da war, klappte das ganz gut. Ich habe ja nicht immer frühmorgens Unterricht gehabt. Dann habe ich entweder in der Früh schon alles gemacht oder wenn ich kam, das war alles kein großes Problem. Ich wusste, sie kriegt im Kinder-

und Transitverkehr zwischen BRD und West-Berlin. ++ Gewaltsame Beendigung des »Prager Frühlings« durch Truppen des Warschauer Pakts. ++ Gründung der Deutschen Kommunistischen Partei (DKP) als Nachfolgeorganisation der verbotenen KPD. ++ BRD schließt mit Jugoslawien Anwerbevereinbarungen für Gastarbeiter ab. ++ Beate Klarsfeld ohrfeigt Kurt Georg Kiesinger wegen dessen NS-Vergangenheit als stellvertretender Abteilungsleiter der Rundfunkabteilung des Reichsaußenministeriums. ++ Willy Brandt wird Bundeskanzler einer SPD-FDP-Koalition. Umfangreiches Reformprogramm – unter anderem: Bereitschaft zu gleichberechtigten Verhandlungen mit DDR: »Zwei Staaten – eine Nation«. Brandt trifft Willi Stoph in Erfurt – begeisterter Empfang der DDR-Bürger.

garten oder später in der Schule ein gutes Essen, und sie war dann auch schon sehr selbstständig. Mein späterer Mann hat immer bloß gestaunt, nachdem wir zusammen waren, dass ich kochen kann und dass ich genau wie seine Mutter richtige Berliner Küche machte. Er hatte mich bis dahin immer bloß stehend am Herd, eine Suppe löffelnd, gekannt.

Was ich erlebt hab', das kann nur ich erleben.
Ich bin ein Vagabund.
Selbst für die Fürsten soll's den grauen Alltag geben.
Meine Welt ist bunt
Meine Welt ist bunt
Tja da da da da da da da da da

Fred Bertelmann
›Der lachende Vagabund‹, 1957

INGE TSCHETSCHORKE,
geboren 1931 in Hilden

Meine Eltern haben sich immer zu helfen gewusst. Heini und mein Vater haben nach Feierabend noch verschiedene Sachen gemacht, zum Beispiel Seife, die Mutter in der Eifel verschachert hat. Das war Seife, mit der man sich prima waschen konnte, aber vor dem nächsten Waschen musste man die oberste Schicht erst abkratzen, weil sie ganz hart war. Dann hatten sie ein komisches Öl aufgetrieben, das wurde für Lacke gebraucht. Da haben sie rausgekriegt, wenn man das Öl auskocht mit Schwarzbrot, kommen die Stoffe oder das Gift, das drin war, raus. Das Öl war ja für die Lacke gedacht und nicht zum Essen. An dem Tag, an dem der Vater das Öl zum ersten Mal mitgebracht hat, kam die ganze Familie zum Reibepufferessen. Das war bestimmt nicht gesund und hat auch nicht gut geschmeckt, aber wir hatten wenigstens das. Meine Mutter hat auch, als der Vater in Gefangenschaft war, aus Obst selbst Schnaps gebrannt, die hat alles gemacht. Das war '45, das weiß ich noch. Denn der Nikolaus kam aus dem Mundharmonikaclub zu den kleinen Kindern. Meine Mutter hat ihm von dem Schnaps angeboten und meine Schwester war ja erst 1943 geboren, sie war also zwei Jahre alt. Und als der Vater aus der Gefangenschaft kam, war das Erste, was die Kleine sagte: »Mama hat dem Nikolaus Schnaps gegeben.«

LISA KÜHNE,
geboren 1921 in Hannover

Wir wohnten immer noch in Schwiegermutters Wohnung. Meine
Schwägerin hatte eine Tochter, ich mit meinen dreien — das
gab Reibereien. Zu dem Kino meiner Schwiegermutter gehörte
auch eine Wohnung, die bekamen wir dann und sind endlich
ausgezogen. Neben dem Kino in Recklinghausen blieben wir
dann wohnen für 15 Jahre. Meine Schwiegermutter war be-
tucht. Ihr Sohn und meine Schwägerin waren Teilhaber an
dem Kino und ich war als Geschäftsführerin eingetragen,
das tat mir dann bei der Rentenberechnung gut. Mein Mann
leitete das Kino und hat richtig was draus gemacht in den
50er Jahren. Wir hatten ein sehr schönes Kino. Wir hatten
einen Plakatmaler, der malte uns die Kinoplakate über dem
Eingang. Beim ›Dritten Mann‹ hatten wir drei große schwarze Männer dort. ›Vom Winde verweht‹, der lief in zwei Teilen. Da kamen sie alle in der Pause zum Süßwarenstand, und
der lief alleine auf meinen Namen, das war meine Extra-
Einnahme. Meine Kinder durften sich dort auch immer mal
was aussuchen. Wir sind jede Woche einmal in Düsseldorf gewesen. Da war die Interessentenvorstellung vom Filmverleih.
Er hat dort die Filme gekauft. Da haben wir auch Schauspieler getroffen. Das war eine sehr schöne Zeit.
    Das ging lange gut, dann gab es Krach in der Familie und
mein Mann ließ sich auszahlen. Er hat sehr viel Geld bekommen und hat es dann durchgebracht, mehr oder weniger aus
Leichtsinn. Er ging nach München — »Wenn wir schon wegzie-
hen, dann gehen wir aus dem Ruhrgebiet weg.« Heute ist das
Ruhrgebiet ja schön, das war früher nicht so. Wir sind öf-
ter mal durch München gekommen, wir waren am Comer See in
Italien. Mein Mann wollte sich in München selbstständig machen.
    Ich blieb mit den Kindern noch in Recklinghausen, bis er
was gefunden hatte. Eines Tages rief er an, ich solle alles
Geld überweisen, er brauche das. Dann bin ich zur Bank, ich
sehe den Beamten dort noch vor mir stehen. Ich kannte ihn
ja recht gut, denn damals haben wir die Einnahmen morgens
noch zur Bank hingetragen. Dem sagte ich nun, ich möchte
alles Geld — das von den Konten von den Kindern, von uns,

das festgelegte Geld, alles überwiesen haben: »Mein Mann hat irgendetwas gefunden, er braucht das.« Da hat er gefragt: »Alles?« Ich habe gesagt: Alles. Da hat er mich angeguckt, angeguckt und hat gefragt: »Frau Kühne, wissen Sie eigentlich, was Sie da tun?«

Nach München sind wir 1960 gekommen. Das ist aber alles danebengegangen. Da war ich nun mit drei Kindern. In einer neuen Wohnung, kannte keinen Menschen, als Preußin in Bayern. Und dann ging mein Mann weg, nach einem halben Jahr! Er war in schlechte Gesellschaft geraten, er ist einfach abgetaucht. Und ich stand mutterseelenalleine da und wusste nicht, was ich machen sollte und wovon ich leben sollte.

Über einen Bekannten aus Recklinghausen fand ich dann eine Stelle beim Landeskriminalamt. Da war ich dann wieder bei der Polizei. 1972 habe ich mich scheiden lassen, er hat alle Schuld auf sich genommen. Es war schwierig mit den drei Kindern allein. Ich habe immer mal etwas von ihm gehört, später. Aber ich wollte nie etwas wissen und ihn auch nie mehr sehen. Das Einzige, was ich wollte, war zu wissen, falls er gestorben wäre, weil es dann wirklich vorbei gewesen wäre. Das wollte ich wissen, sonst nichts. Ich habe ihm nie was Schlechtes gewünscht. Was mein Mann mitgemacht hatte, in den Kriegsjahren und danach mit den drei Kindern. Ich habe meinen Mann so gerne gemocht und er mich. Und es ist uns so gut gegangen, mit dem Kino, wir waren jede Woche in Düsseldorf, wir hatten ganz früh ein Auto, wir haben in den 50er Jahren schöne Reisen gemacht. Die ältere Tochter war einmal vier Wochen in Bad Wörishofen im Kinderheim, das haben wir privat zahlen müssen, die kleinere im Sauerland im Kinderheim. Wir haben immer versucht, jedem das bestmögliche zu geben. Ich war wirklich sehr gut gekleidet, er schaute drauf, dass ich mir schöne Sachen kaufen konnte. Man war jung, hatte eine schöne Figur. Wir haben das schon genießen können.

Ich konnte ihm alles sagen, er war wirklich das, was man einen idealen Ehemann nennt. Vielleicht war es für ihn so schwer, weil es vorher so schön gewesen war, als dann nichts mehr da war. Er hat mir ja keine Schwierigkeiten gemacht, na ja, Schwierigkeiten schon, aber keine direkt.

Ja, so war das.

INGE TSCHETSCHORKE,
geboren 1931 in Hilden

Ich wurde schwanger und dann mussten wir heiraten. Geplant war das nicht, ich war neunzehn. Mein Mann war nicht ganz einundzwanzig. Eine Schulkameradin hat mit sechzehn ihr erstes Kind gekriegt. Das war normal in dem Alter. Aber vorgestellt hatte ich mir das so nicht. Pläne habe ich eigentlich nicht gehabt. Wir waren froh, dass wir gelebt haben, dass der Krieg zu Ende war und dass wir uns ein bisschen was erlauben konnten. Wie es kam, so kam es.

Ich habe meinen Eltern nicht gesagt, dass ich schwanger bin. Das hat mein Mann gemacht: »Lass mal, das mache ich.« Als ich von der Arbeit nach Hause kam, sagte meine Mutter: »Na?« Das fand ich ganz toll, manche Männer sagen, schau mal, wie du damit klarkommst. Weil wir ja auch so jung waren, aber er hat voll dazu gestanden. Als wir uns verlobt haben, haben wir uns nur die Ringe angesteckt. Das war unsere Verlobung. Am nächsten Tag hat mein Vater für sich und meinen zukünftigen Mann eine Flasche Bier geteilt. Als wir geheiratet haben, da haben wir auch gespart, dass die Arbeitskollegen von meinem Mann und von mir kommen konnten. Auf einmal kam der ganze Mundharmonika-Club von meinem Vater rein, und wir hatten Angst, »Mein Gott, morgen ist Hochzeit, die trinken uns jetzt alles weg.« Aber meine Eltern hatten denen Bescheid gesagt und alles, was weg war, wieder aufgefüllt. Sonst hätten wir auf unserer Hochzeit nichts zu trinken gehabt. Das kann man sich überhaupt nicht mehr vorstellen. Das war 1951.

Mein Mann hat bei der Post hundertachtzig Mark verdient, und als wir unser Schlafzimmer gekauft haben, das vergesse ich nie — das hat zwölfhundert Mark gekostet. Wie viele Monate hat der nur für das Schlafzimmer arbeiten müssen! Wir hatten den ersten Kühlschrank in der Familie, einen Bollermann von Bauknecht, das war eine Sensation. Das kann man sich heute nicht mehr vorstellen, das gehört alles heute selbstverständlich dazu. Wir haben unseren ersten neuen Kochherd gekriegt, als unser Sohn zur Kommunion gegangen ist, bis dahin hatten wir immer ausrangierte Sachen. Hatten die Schwiegereltern Lastenausgleich gekriegt, bekam jedes Kind fünfhundert Mark. Davon haben wir uns bei Neckermann einen Elektroherd gekauft und einen Ofen zum Heizen. Da waren wir glücklich!

Häuptling schrie ziemlich laut
Fuhr fast aus roter Haut
Seine Frau nahm sich Pfeil
Stach ihn ins Hinterteil
Da sprach der alte Häuptling der Indianer
Wild ist der Westen, schwer ist der Beruf

Gus Backus: ›Da sprach der alte Häuptling‹
Text: Wehle
Musik: Scharfenberg

KARIN KALF,
Tochter von Inge Tschetschorke, geboren 1951 in Hilden

Den alten Herd kenne ich noch. Auf dem wurde im Winter abends Brot geröstet und dann gab es das mit Butter und Salz drauf. Das mache ich manchmal heute noch, zwar nicht auf dem Herd, aber im Toaster. Und abends gab es immer, das hat der Papa gemacht, Haferflocken mit Kakao, Büchsenmilch, Zitronenaroma und etwas Zucker. Das wurde zu einer Pampe verrührt und ach, lecker! Das kann man sich heute gar nicht mehr vorstellen, wer packt denn Zitronenaroma auf so ein Haferflockengericht drauf?

INGE TSCHETSCHORKE,
geboren 1931 in Hilden

Wir haben im Februar geheiratet und im Mai ist Karin, die
Tochter, geboren. Wir haben die ersten drei Jahre bei meinen
Eltern gewohnt, da hatten wir zwei kleine Zimmerchen. Dann
bekamen wir eine Wohnung von der Post, die war auch nicht
sehr groß, heute würde man dazu »asozial« sagen, aber wir
konnten keine andere Wohnung nehmen, weil wir die Miete
nicht bezahlen konnten. Und in der Wohnung habe ich fast 49
Jahre gewohnt und heute wohnt meine Enkelin drin.

IRMA KÜHN,
geboren 1921 in Spremberg bei Cottbus

Meine Mutter und ich mit Heidi, wir kriegten 1953 eine Wohnung zugeteilt in einem Haus, das zuvor russisches Lazarett
gewesen war. In der Wohnung wohne ich noch immer. Nachbar
Kühn kriegte die Wohnung daneben. Die Toiletten hatten wir
beide extra, aber das Badezimmer in der Mitte gehörte uns
beiden, sodass ständig ein Durchgang war. Von beiden Seiten
war eine Tür, so haben wir uns schon gleich in den ersten
Jahren angefreundet. Ich war immer »Frau Nachbarin«, er
war viel unterwegs. Wir, die beiden Familien haben nächte-
lang Rommé gespielt, dann wurde '56 der Thomas geboren.
Seine Frau fühlte sich damals ein bisschen zu alt für das
Kind, ihr hat es gefallen, dass ich den Thomas viel genommen habe, und ich habe ihn von Anfang an gemocht.
Wir hatten ein besonderes Verhältnis, wir beiden. Als er
noch ein kleiner Junge war, gab es Zeugnisse. Er war immer
ein sehr guter Schüler, die Heidi auch. Damals muss er in
der zweiten oder dritten Klasse gewesen sein, da ist er
nicht nach Hause gegangen nach der Schule, sondern kam zu
mir. Da wusste ich schon, da ist was. Er stand vor der Tür
und weinte: »Ich habe eine vier gekriegt.« — »Thomaschen
komm rein, wir kucken mal nach.« Und er kam rein und heul-
te, da schaute ich das Zeugnis an, da hatte er vier Tage gefehlt! Och Gott, war das süß. Da hatte er bloß die Zahl ge-

sehen! Aber er konnte damit nicht zu seiner Mutter gehen.
Ich bin mit ihm sechs-, siebenmal in den gleichen Indianer-
film gegangen, ›Die große Schlange‹, ich konnte die große
Schlange nicht mehr sehen. Ich habe mit ihm alle Indianer-
filme gesehen.
Wir haben bis nachts um eins Rommé gespielt und irgendwann ging seine Ehe nicht mehr. Das war ein Drama. Das war
in den sechziger Jahren. Ich kam vom Urlaub zurück und der
Nachbar Kühn hatte mir zwei so liebe Briefe geschrieben und
er holte mich ab, dann stand er fein angezogen im hellen
Sommeranzug und Schlips, ich war so verlegen. So fing es mit
uns beiden an. Dann haben wir uns beide zusammengetan. Wir
sind beide Stiere, die stoßen sich ja manchmal anständig
die Köpfe, aber es geht.

GISELA BÖHNLEIN,
geboren 1918 in Kattowitz, heute Katowice/Polen

Im Februar 1958 haben wir unser Haus beziehen können. Vorher bin ich jeden Tag mit einer großen Tasche mit Briketts
und Kohlen hierher gelaufen, der Maler hat immer gesagt:
»Sie müssen tüchtig einheizen, damit das trocknet.« Die Tasche habe ich durch den Englischen Garten getragen, hier
war ja noch keine U-Bahn und nichts, da standen da nur drei
Häuser. Wir wollten ja einziehen und hatten die Maler noch
drin. Das war mühsam.
Meine Mutter hatte mir, bevor ich nach Nördlingen ging,
ein Kochbuch mit der Hand geschrieben, wie ich aus nichts
etwas machen kann. Wie macht man Haferflockensuppe oder so
etwas. Ich konnte nicht sagen, heute mach ich Spaghetti und
morgen Brokkoliauflauf. Wenn es etwas gab, dann kochte man
das. Man kann sich das nicht mehr vorstellen, es gab nichts.
Als mein Sohn auf die Welt kam, hat mein Vater mir damals
von Bekannten aus Sachsen, die eine Textilfirma hatten,
eine ganze Rolle Mullverband besorgt. Das habe ich zwölf
Mal zusammengelegt und mit der Maschine abgesteppt. Aber
bei meiner Tochter waren das schon keine Windeln mehr, da
habe ich bloß noch Fetzen gehabt. Ich hatte das Glück, ich

war ja kein Flüchtling, ich habe immer noch mehr gehabt als die anderen. Auch später hatten wir nicht viel Geld, es musste noch so viel angeschafft werden.

Das mit den Kindern, die Schule, war dann bald meine Aufgabe. Mein Mann war in der Bank sehr eingespannt und so blieb das für mich. Mein Mann hat immer gesagt, ich bin der Außenminister, du bist der Innenminister. Als die Kinder größer wurden, mussten sie mithelfen. Wir hatten ja keine Spülmaschine, keine Waschmaschine. Und ihre Zimmer in Ordnung halten. Einmal habe ich meiner Tochter die Bügelwäsche hochgebracht und da sah ihr Schrank aus! Alle Pullover husch husch, die Socken husch husch. Ich habe den ganzen Schrank leer gemacht. Wenn sie in ihr Zimmer wollte, musste sie erst drübersteigen. Dann hat sie oben rumgepoppert und schön eingeräumt. Ich habe nichts gesagt, aber das hat geholfen bis heute. Das sind die besten Mittel. Worte helfen oft nichts. Die beiden mussten ja helfen und haben sich dabei aber immer prima verstanden, viel rumgekichert.

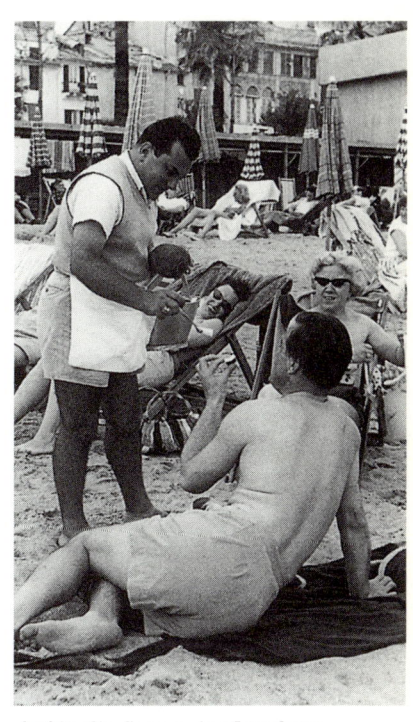

Auf in die Sonne, ins Land, wo die Zitronen blühn

Ich habe drauf geachtet, dass sie gleich behandelt wurden. Aber na ja, der Ekkehard war zwei Jahre älter und der Sohn, also der Mann, da hat sie sich oft nach ihm gerichtet.

Mein Mann hat mich nie als Hauspüttel betrachtet. Er wollte immer gleich vermitteln. Wenn ich gesagt habe, du, ich bin aber anderer Meinung, ging er raus, die Tür ging bissel lauter zu, kam wieder rein, »du hast schon recht«, und hat mich in den Arm genommen. Mein Mann ist am Herzinfarkt gestorben von einer Minute auf die andere, das war nicht schön.

Wenn ich heute noch mal jung wäre, würde ich das ähnlich wieder machen. Die Kinder halbtags in den Kindergarten, damit sie unter Kindern sind, und den halben Tag arbeiten, das würde mich befriedigen. Ich habe ein zufriedenes Leben gehabt und wir haben immer irgendwie Glück gehabt. Bis heute.

Plakat zum Film, 1958

INGE TSCHETSCHORKE, geboren 1931 in Hilden

Erst war ich in der Strickerei, dann in einer Packerei in einer anderen Firma und anschließend bei der Post über zwanzig Jahre. Das war eine schöne Zeit. Dann habe ich Putzstellen gehabt, erst eine und als der Papa gestorben ist, habe ich noch zwei andere gekriegt. Die erste fiel weg, weil die zumachten und ich war fast neunundsechzig und da bin ich einmal in der Woche bügeln gegangen.

Bei uns war es so, mein Mann ging arbeiten und ich habe zu Hause mit der Strickmaschine gearbeitet oder drei Vormittage geputzt. Ich kann mir nicht vorstellen, richtig fest arbeiten zu gehen und meinen Mann zu Hause zu haben.

Mein Mann hat mitgemacht, als er musste. Ich hatte mal einen Unfall und habe beide Arme gebrochen, und da war er der Meinung, »also auch, wenn du wieder gesund bist, ich mach das weiter«, Bügeln oder Kochen. Ich habe ihm gesagt, das musst du so und so machen, und als es mit meinen Armen besser ging, da wurde es immer weniger. Aber die Bereitschaft war grundsätzlich da. Bei uns war das so, wir haben die Kinder fertig gemacht, Fläschchen gegeben, neu gewickelt, ins Bett gelegt zum Schlafen, damit wir unseren Haushalt machen konnten. Heute wird das Kind rumgetragen, mein Urenkelchen will richtig gucken. Wir haben die Kinder lange weggelegt — natürlich nicht, wenn sie geschrien haben —,

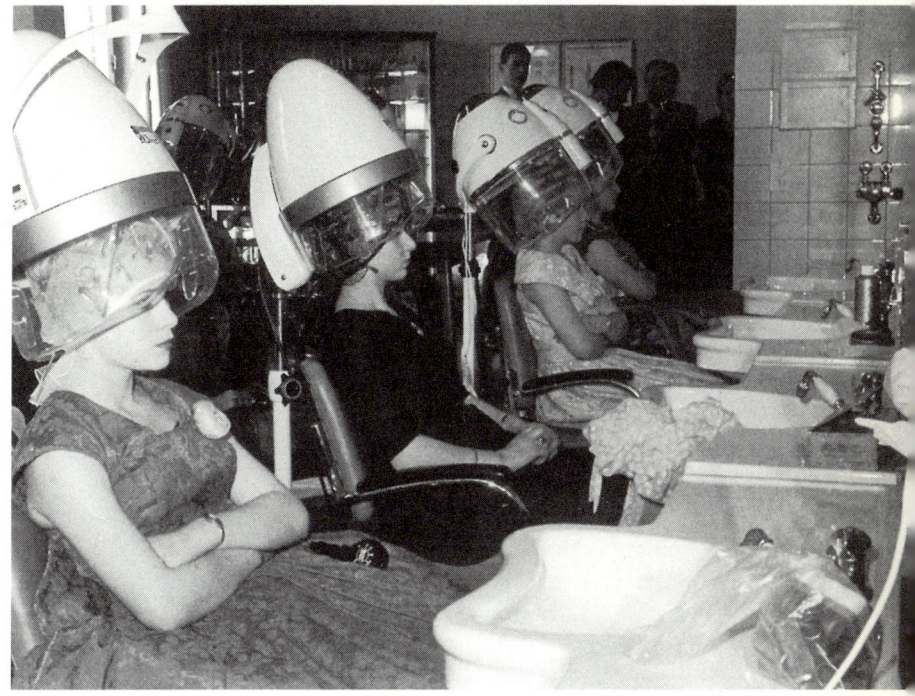

Wer schön sein will, muss unter die Haube

aber bei meiner Enkelin ist das heute ganz anders. Über Kindererziehung oder so etwas hat man sich keine Gedanken gemacht. Man hat einfach so in den Tag reingelebt. Ich wusste, die kamen durch, die konnten sich beide durchsetzen und die waren auch hilfsbereit, das war ja auch wichtig. Wir waren konsequenter damit. Vielleicht mussten wir das auch sein. Um eins kam der Papa zum Essen, dann musste das Essen auf dem Tisch stehen. Da musste das Kind ins Bett, wenn es auch geschrien hat. Früher mussten die Kinder jeden Tag gebadet werden, heute, wenn es hoch kommt, einmal die Woche.

Die Frauen heute sind viel selbstständiger. Aber wenn ich ein Kind habe und es soll in eine Krippe oder zur Pflegemutter, ja, wofür habe ich denn dann ein Kind? Ich kann keine Kinder in die Welt setzen und meinen Beruf voll erfüllen, das geht nicht. Ich kann nicht zwei Herren dienen! Wir haben nachmittags sehr viel zusammen gemacht, gebastelt oder irgendetwas, die Zeit haben wir uns genommen. Micky Maus oder Fix und Foxy Hefte vorgelesen.

Hab'n Sie nicht, hab'n Sie nicht, hab'n Sie nicht 'ne Braut für mich?
Ja, ja, ja, wir hab'n Verschiednes da! Eine, die mir gefällt, mit 'nem großen Haufen Geld?
Ja, ja, ja, das haben wir alles da.
Sie muß schick sein, ja, ja, ja; nicht zu dick sein, nein, nein, nein;
mit viel Zaster, ja, ja, ja; keine Laster, nein, nein, nein;
schön solide, ja, ja, ja; nicht so müde, nein, nein, nein.
Kurz und klein: Sie muß ein Engel sein! Ja!

Bully Buhlan
Text und Musik: Heino Gaze 1951

KARIN KALF,
Tochter von
Inge Tschetschorke,
geboren 1951 in Hilden

Sie hat abends gearbeitet, wenn wir im Bett waren.

INGE TSCHETSCHORKE,
geboren 1931 in Hilden

Das ist doch ein großer Fortschritt heute: Wir haben früher mit der Hand gewaschen, heute mit Maschine. Putzen, Staubsauger, früher mit der Hand, die Wäsche kochen im Keller unten im Bottich und dann zig mal ausspülen. Karin war dreieinhalb Jahre älter als mein Sohn, die spielte schon draußen und der Bub saß auf einer alten Matratze in der Waschküche in der Ecke und ich war mit der kochenden Wäsche beschäftigt. Wir konnten jede dritte Woche in die Waschküche, da fiel eine Masse von Wäsche an. Das war ein Waschtag von morgens bis abends, aber eine halbe Woche lang von Montag bis Mittwoch. Man ist Sonntagabend runtergegangen und hat die Wäsche eingesetzt in den großen Kessel, hat schon ein bisschen Feuer gemacht, damit das warm wurde und Montag morgens dann meistens um fünf habe ich mich leise runtergeschlichen und richtig drunter Feuer gemacht. Mit den Kindern bin ich dann runter, die Wäsche war am Kochen und dann ging das Waschen los. Dann wurde auf dem Brett gerubbelt und zigmal ausgespült und dann wurde auf der Wiese draußen aufgehangen oder, wenn schlechtes Wetter war, musste ich bis auf den Speicher mit der ganzen Wäsche und die zwei Kinder mit, das war nicht einfach. Und im Winter war das kalt. Dann war die Wäsche auf dem Speicher erst mal eine Stunde richtig gefroren.

Damals wurde in vielem ganz anders gewirtschaftet, die Wäsche konnte man nicht so häufig wechseln. Wir hatten zwar auch riesige Berge, aber wenn ich mir vorstelle, ich würde heute mit der Wäsche von vier Personen drei Wochen warten, da würde man ja überhaupt nicht mehr fertig.

JOHANNA DÜLMEN,
geboren 1922 im Rheinland

Ich war immer in Stellung, ich habe immer gearbeitet. Einen Mann habe ich eigentlich

Gojko Mitic reitet für die Indianerfans der DDR

nie vermisst, vielleicht weil mein Vater sehr früh gestorben ist und meine Schwester auch mit vierzig Jahren den Mann verloren hatte, der war im Krieg gefallen. Bei uns gab es keine Männer.

Natürlich hatte ich Bekanntschaften, auch welche, die lange dauerten, aber richtig glücklich war das nie. Einmal, die Geschichte ging über zehn Jahre und endete ganz furchtbar, mit aussperren aus der gemeinsamen Wohnung, und meine Mutter, die mit dort im Haus wohnte, wurde rausgeworfen. Es war schrecklich. Da wurde ich sehr krank, da kriegte ich so einen Hals, kein Arzt wusste, was das war. Es war wie ein Hühnerei, die Haut war seidig, dass man dachte, es würde platzen.

Weil der Mann in dem Haus blieb, mussten wir erst mal eine neue Wohnung haben. Über die Zeitung habe ich eine bekommen, aber es war nur eine Zwei-Zimmer-Wohnung. Meine Mutter war bei meinem Bruder, obwohl da eigentlich kein Platz war, und meine Mutter hatte ein bisschen Angst vor der Schwiegertochter. Vermutlich war ich deshalb auch krank geworden. Dann habe ich meine Mutter zu mir geholt und wir haben wieder zusammengewohnt, jeder hatte sein Zimmer. Dann hatte ich auch ein paar Möbel besorgt und eine Stelle bei einer Versicherung bekommen. Angefangen habe ich dort als Kontoristin — ich hatte ja nichts gelernt. Doch der mich da reingeholt hatte, hat dafür gesorgt, dass ich kaufmännische Angestellte wurde. Bei der Versicherung war ich von einundsechzig bis sechsundsechzig und habe ich mich ganz schön hochgearbeitet. Als ich zur Versicherung ging, war ich vierzig. Ich wollte weiterkommen, da ich ja nun schon mal den Sprung gemacht habe. Ich hatte dann eine ganze Abteilung unter mir. Dann habe ich gesagt, so, jetzt ist Schluss, jetzt bin ich nicht mehr die graue Maus und habe mir die Haare blond gefärbt. Ich hatte eine Hochfrisur, da gab es so Teile zum Reinstecken. Aber dann wollte der Chef was von mir und das hat mir nicht gefallen, er war verheiratet.

Oswalt Kolle bringt den Deutschen die Liebe bei

SILKE GRÜNEBERG,
Enkelin von Frau Knabe, geboren 1963 bei Frankfurt an der
Oder

Ich hatte schon mal einen Versuch gemacht mit der Ehe und
habe mich dann scheiden lassen. Das ist auf dem Dorf sehr
schwierig, man überlegt sich, was sagt das Dorf dazu. Und
meine Mutter konnte gar nicht damit umgehen. Ich bin dann
zu meiner Oma gegangen, sie hat eine Flasche Metaxa auf den
Tisch gestellt und ich habe ihr alles erzählt. Sie hat es
verstanden und hatte überhaupt keine Berührungsängste. Sie
hat es besser verstanden als meine Mutter.

ERNA KNABE,
geboren 1911 in Wiesenau bei Frankfurt an der Oder

Wenn man heute liest oder hört, was es alles für sexuelle
Praktiken gibt, so was hat es bei uns nicht gegeben. Meine
Enkelinnen erzählen mir so was. Bei uns war das doch so:
Nachthemd hoch und nachher Nachthemd wieder runter. Und
das alles im Dunkeln.
    Ich wurde auch nicht aufgeklärt von zu Hause. Ich habe
gedacht, wenn mir ein Mann einen Kuss gibt, dann kriege ich
ein Kind, so aufgeklärt war ich! Und wenn wir uns mal alle
abends getroffen haben, bei den anderen in der Wohnung,
wenn die Eltern vielleicht auf einem Ball waren, haben die
anderen gefeiert. Mich haben sie aber nicht mitgenommen zum
Feiern, weil ich zu naiv war. Aber Bücher haben sie mir zum
Lesen mitgegeben und die habe ich mir angeguckt.

JOHANNA DÜLMEN,
geboren 1922 im Rheinland

Dann habe ich meinen Mann kennengelernt bei meiner Schwester, die hatte eine Wirtschaft und wenn sie Hilfe brauchte,
rief sie mich. Das war für mich auch gar nicht so schlecht,

ich hatte dann mal Abwechslung. Da habe ich meinen Mann kennengelernt. Er hatte die Frau verloren, '64 und '65 lernte ich ihn kennen. Am liebsten hätte er sofort geheiratet. Da habe ich gesagt: »Das geht nicht, wer mich heiraten will, muss meine Mutter mit heiraten.« Dann hat er gesagt: »Wenn die Mutter wie die Tochter ist, dann kann man das doch tun.«

Sommerschlussverkauf in den 60er Jahren

Er war 29 Jahre älter gewesen, mit Jungen konnte ich nie. Dann haben meine lieben Leute gesagt, das geht nicht! Die hatten sich schon so daran gewöhnt, dass ich immer verfügbar war. Die Mutter rief im Büro an, sie hätte einen Rohrbruch, dann rief sie an, wir müssen Kohlen bestellen, und das machte ich alles so nebenbei. Dann hatte ich mich am Herd gestoßen, weil sie unten die Klappe aufgelassen hatte, und das Schienbein war kaputt. Ich war einfach fertig, ich konnte nicht mehr. Ich war 43. Da habe ich gedacht, ich bin das jetzt leid, ich heirate den Erstbesten, der kommt!

Wir heirateten, aber es war wieder schwierig. Er hatte seiner Tochter nichts davon erzählt. Ich aber dachte, sie will nicht, dass wir heiraten. Und ich wollte mir das nicht kaputt machen lassen, weil er kein herrschsüchtiger Mann war.

Sie hat es dann aus der Hochzeitsanzeige erfahren und hat getobt. Das war dann lange sehr schwierig. Mein Mann war dann sehr krank und ich habe ihn gepflegt. Irgendwann wollte er nicht mehr essen. Morgens um vier bin ich aufgestanden und habe ihm den Brei frisch gekocht und die Spritzen, die er brauchte, habe ich ihm gegeben. Das schmeckte ihm, vor allem, weil er mittags nicht mehr essen wollte. Dann habe ich gelesen, dass man von Haferflocken leben kann, am Tag fünf Esslöffel Haferflocken, mehr braucht man nicht. Wir waren dreieinhalb Jahre verheiratet, wir hatten im Oktober geheiratet und im Mai ist er gestorben.

Und als mein Mann tot war, habe ich gesagt, ich will keine Socken und keine Oberhemden mehr waschen und will nicht mehr benutzt werden. Nicht noch mal.

Aber ich habe noch meine Mutter versorgt, dreieinhalb Jahre lang.

Dann war ich alleine. Irgendwann bin ich abends spät nach Hause gekommen und am anderen Morgen hatte ich einfach keinen Mut mehr. Das Alleinsein, die Wohnung alleine, das war nichts für mich. Dann habe ich mir eine alte Zeitung genommen und die

Vorbilder waren auch gleich wieder da

Anzeigen durchgelesen und fand eine kleine Anzeige: »Suche eine Wirtschafterin«, mehr nicht. Und dort bin ich dann fünfzehn Jahre geblieben.

Danach war ich alt und musste aufhören, ich hatte es mit meinen Knien und konnte nicht mehr. Wenn ich heute auf mein Leben zurückblicke, bin ich eigentlich immer nur enttäuscht worden. Ich habe mir früher keine Gedanken gemacht. Es war für mich immer klar, ich bin für die Mutter da, sie war für mich da und jetzt bin ich für sie da. Mein Motto war, ich stehe mit beiden Beinen auf der Welt und ich weiß mir zu helfen und ich lass mir auch die Butter nicht vom Brot nehmen. Aber ich muss sagen, ich habe mein Leben nicht gelebt. Ich habe es nie so richtig schön gehabt, das sehe ich jetzt manchmal. Ich glaube, weil ich zu gutmütig war. Ich denke, ich habe sehr viel versäumt. Ich war immer nur für andere da.

Kellnerinnen und Köche in der britischen Waldkaserne, Hilden, 1963

ELISABETH COSMANN,
geboren 1918 im Hessischen

Wir waren jung, wir wollten leben. Und es zeigte sich überall um uns herum, dass wir Frauen flexibler waren als die Männer. Wir Frauen, die wir von der Welt abgeschnitten gelebt hatten, wir deutschen Frauen, die keinen Lippenstift benutzten, uns nicht schminkten, die Haare nicht färbten, so gut wie die Aufforderung in der Tasche hatten, in der Ukraine Bäuerin zu werden, wir, die wir als germanische Frauen zur Aufnordung der Deutschen Kinder gebären sollten und für Schwerstarbeit so geeignet waren, entpuppten uns nun als »Fräulein-Wunder«. Es war herrlich und toll. Als ich das erste Mal wählen durfte in der Bundesrepublik, zur Landtagswahl 1946 in Bayern, hat mich das sehr gefreut. Ich dachte: »Na, dafür biste ja jetzt alt genug.« Ich war immerhin schon 28. Das Leben ging wieder weiter und alles war offen. Die Ankündigung, dass Thomas Mann nach Deutschland käme und in der Paulskirche in Frankfurt sprechen würde, löste eine ungeheure Welle von Gefühlen

> *Wäre es da nicht einfacher, die Regierung löste das Volk auf und wählte ein anderes?*
>
> Bert Brecht, 1953

aus. Es war herzabdrückend, denn man stand ja doch, ob man wollte oder nicht, unter Schock. Alles war zu Ende und Deutschland ein Trümmerhaufen. Alle Deutschen standen unter Schock, das kann man sich heute gar nicht mehr vorstellen. Und nun war er zurück, den man nie hatte im Radio hören können, man hatte nur heimlich mit halbem Ohr aus Amerika seine Reden für Deutschland gehört. Thomas Mann war zurück, obgleich er gesagt hatte, dass er nie mehr zurückkommen würde. Er stand da und sprach. Die Kirche war gerammelt voll. Die Stimmung war ungeheuer, die Menge lauschte ihm in angespannter Erwartung. Eine Sternstunde in der damaligen Zeit.

Bayern hielt noch lange an der Praxis in der Schule fest, dass Kinder geschlagen werden durften. Meine Tochter ging bereits zur Schule. Sie litt dort und ich zu Hause. Ich zog, mittlerweile mit zwei Kindern, nach Stuttgart. Meine Tochter fühlte sich dort vom ersten Tag an glücklich, die Atmosphäre war wesentlich aufgeschlossener. Ich musste dann für mich und die Kinder sorgen und wurde Schulsekretärin. Später, als ich wieder in München war, arbeitete ich als Sekretärin im Patentamt. Ich hätte gern wieder Stoffmuster entworfen, als Musterzeichnerin gearbeitet, aber ich musste Geld verdienen.

Mein Leben war bunt, ich bin viel herumgekommen, jetzt lebe ich schon wieder viele Jahre in München. Ich bin alt geworden. Alt werden, das sind immer Stufen. Da geht man eine Stufe und es verändert sich nichts, aber dann kommt eine Stufe, da merkt man, dass man in etwas anderes hineingerutscht ist und sich weiterentwickelt hat.

Aber eigentlich hätte ich aus diesem Land weggehen sollen — wegen der Uneinsichtigkeit der Deutschen, sie bedauerten und bedauern sich bis heute mehr als jene, denen sie das alles angetan haben.

ERNA KNABE,
geboren 1911 in Wiesenau bei Frankfurt an der Oder

Mein Mann ist gestorben, als ich 53 Jahre alt war. Ich war nicht alt. Danach hatte ich Angebote, mich wieder mit jemandem zusammenzutun, aber ich habe gedacht, das kannst du den Kindern nicht antun.

Mein Mann hat zu Hause gar nichts gemacht. Der konnte das nicht, der konnte keinen Nagel in die Wand hauen, das habe alles ich gemacht. Er hatte nach dem Krieg nur noch einen Arm, aber, einen Teller zur Seite räumen, hätte er auch mit einem Arm können. Der hat seine Zigaretten geraucht und ein bisschen diskutiert, hat auch den Bürgermeister mal für ein paar Wochen vertreten, aber im Haushalt geholfen? Gar nicht! Er war ein Einzelkind, hat als Kind schon nichts machen müssen. Das Geschäft ging gut, aber er hat gerne getrunken. Er hat viel Geld versoffen.

Als mein Mann tot war, habe ich alles Mögliche gemacht, um zu überleben. Ich habe eine Wäscherolle, eine Mangel, gehabt, die Leute haben ihre Wäsche gebracht oder kamen mangeln, ich habe Wäsche zum Waschen angenommen. Dann war ein Getränkestübchen dabei, um das sich mein Sohn gekümmert hat, und ich habe Gemüse für eine Großfirma aufgekauft, das die dann weiterverkauft haben.

Ich wundere mich heute noch, wie ich das alles mit vier Kindern geschafft habe. Ich hätte mich scheiden lassen, aber ich konnte nicht, Unterhalt und was man heute kriegt als Frau bei einer Scheidung, das gab es doch alles nicht. Ich war ja drauf angewiesen. Wenn ich jetzt jünger und in der gleichen Situation wäre, ich würde mich scheiden lassen, ich würde den doch zum Teufel jagen!

IRMA KÜHN,
geboren 1921 in Spremberg bei Cottbus

Ich kann mir das, was ich brauche, leisten, aber was nicht sein muss, muss ja nicht sein. Das geht nicht aus einem raus. Ich kaufe beispielsweise ein Kassler, um es in Eierteig zu tun. Das ziehe ich durch und brate es leicht an und dann ist das innen schön saftig, das ist ein Rezept von seiner Mutter. Dann habe ich ja noch den Knochen, den werf ich ja nicht weg. Mit dem koche ich dann grüne Bohnen. Das ist drin in einem, dass wir sparsam umgehen mit dem allem. Unsere Generation ist so, wir werfen nicht so schnell etwas weg. Schrauben oder Draht oder so was alles, das heben wir alles auf, das könnte man ja mal gebrauchen. Wir sind durch den Krieg und vor allem durch die Nachkriegszeit sparsam geworden und in der DDR war auch nicht immer alles da. Wir sind heute noch halbe DDR-Bürger.

Klementine wollte die Wäsche nicht nur sauber, sondern rein

Aber vor allem ist das die Nachkriegszeit, als wir wirklich alles gemacht haben. Bekamen wir meinetwegen als Zuteilung Heringe, pro Person vielleicht einen, da haben wir den Heringskopf abgeschnitten und ausgekocht und das zur Soße oder Suppe oder sonst was gemacht. Kartoffeln haben wir klein und wie Plätzchen gebacken. Es gab ja nichts. Wir haben gespart mit dem Essen, wir mussten ja. Nicht bloß mit Lebensmitteln, sondern auch mit Bekleidung und mit allem haben wir gespart. Wir mussten auch aus allem immer wieder was machen. Meine Mutter hat immer gesagt, wir sind so geschickt, wir machen aus Vaters Unterhosen Tüllgardinen!

Wir haben manchmal schöne Zeiten gehabt, manchmal auch andere. Das Leben war manchmal auch ein bisschen schneller, manchmal ein bisschen weniger. Es ging eigentlich alles ziemlich glatt.

Gerackert haben sie ihr Leben lang

INGE TSCHETSCHORKE,
geboren 1931 in Hilden

Ich habe das alles geschafft, ich kann mich nicht beklagen, ich kann nicht sagen, mein Leben war schlecht. Wir haben viele Entbehrungen gehabt, wir haben auf vieles verzichten müssen, aber das gehörte einfach dazu und man hat es nicht anders gekannt und das wurde akzeptiert.

Ich war einmal in der Situation. Da haben wir unheimlich Streit gehabt und hinterher war alles wieder gut. Ich habe meinen Mann ein paar Wochen kaum angekuckt und kaum geredet. Heute wäre die Situation ganz anders, vielleicht hätte ich ihn rausgeschmissen. Die Frauen heute stehen finanziell ganz anders da und nehmen sich ein Zimmer. Das war ja damals alles nicht. Dann wärst du mit zwei Kindern alleine dagestanden, der Mann hätte zwar für die Kinder zahlen müssen, aber kuck, wo du für dich was zum Leben herkriegst, wenn die Kinder noch klein sind.

Als mein Mann gestorben ist, das war so plötzlich, von einer Minute zur anderen, Herzschlag. Da war nichts zu machen. Der Arzt hat gesagt, ich hätte mit der Spritze daneben stehen können, ich hätte ihn nicht retten können. So plötzlich ging das. Er war erst einundfünfzig.

Ich habe Bekannte, die sagen: »Wenn unsere Mutter noch mal geheiratet hätte, da hätten wir aber Stunk gemacht.« So was kann ich nicht verstehen. Man soll doch froh sein, dass dann einer wieder eine Bekanntschaft hat und einen Sinn im Leben. Man unternimmt mal was zusammen. Da hätte ich mir von den Kindern nie was sagen lassen, wenn die auch dagegen gewesen wären. Ich hätte die Situation tatsächlich zweimal haben können, zweimal hatte ich jemanden kennengelernt. Ich wollte aber nicht. Ich kann unheimlich gut tagelang für mich alleine in der Wohnung sein und höre und sehe keinen. Das macht mir nichts aus. Ich bleib für mich alleine.

ERNA KNABE,
geboren 1911 in Wiesenau bei Frankfurt an der Oder

Ich versorge mich vollständig alleine. Ich mache mir meinen Haushalt selber, bis auf Treppe oder Wohnzimmerteppich saugen. Dafür kommt vom Enkel die Frau. Die kriegt fünf Euro, und die Wäsche macht meine Schwiegertochter. Sonst mach ich alles alleine. Einwecken mache ich auch noch, Tomaten, Salat und Apfelmus, das mache ich alles. Ich koche mir auch, ich muss auch für Weihnachten kochen. Zu Heiligabend gibt es bei uns Karpfen in Biersoße und den Karpfen koche ich. Für sechs bis sieben Personen.

Und ich nähe bis heute. Jeden Tag sitze ich ein paar Stun-

den in der Nähstube. Da stehen drei Nähmaschinen. Nur das
Einfädeln geht jetzt schlechter, wenn der Faden schwarz ist.
Wenn etwas geändert werden muss, kommen sie noch immer
alle zu mir. Das Brautkleid meiner Urenkelin habe ich erst
neulich noch genäht. Es geht nicht mehr so schnell, aber
wenn ich es rechtzeitig weiß, dann kann ich das noch immer.
Ich bin eigentlich im Tun und im Denken mit der Zeit gegangen, ich bin nicht stehen geblieben. Aber jetzt will man
keine Aufregung mehr haben, man will den Tag in Ruhe verbringen.

GISELA BÖHNLEIN,
1918 geboren in Kattowitz, heute Katowice/Polen

Ich hatte großes Glück. Ich hatte wunderbare Eltern und
einen wundervollen Mann. Mein Mann war ein Zahlenmensch.
Ich habe mich weder um das Haus, noch um die Finanzen, die
Versicherungen oder das Auto, ich habe mich überhaupt um
nichts zu kümmern brauchen. Heute macht das mein Schwiegersohn. Er macht auch viele schriftliche Sachen für mich,
wenn ich nicht weiter weiß. Er hat mir angeboten: »Omi,
ich mach dir die Steuererklärung«, ich habe das nie gemacht.
Ich habe einen guten Mann gehabt, das muss ich sagen. Es
gab auch manchmal ein Tief, aber wir haben immer gesagt,
wir rappeln uns wieder hoch und mit den Kindern ging es
gut, mit beiden. Wir haben immer irgendwie Glück gehabt.

CHARLOTTE SCHLANG,
geboren 1924 in Waldstetten bei Schwäbisch Gmünd

Ende der 50er Jahre kauften wir unseren Lloyd. Das war ein
Holz- und Spanplattenauto und war überzogen mit einem
blauen Plastikmaterial. Innen musste mein Mann oft mal etwas abkleben mit Leukoplast. Wir machten mit den Kindern
häufig Ausflüge, vor allem die Kirchen im oberschwäbischen

Barock haben wir erobert. Die Tochter saß während der Fahrt auf dem Schoß und der Kleine lag im geflochtenen Waschkorb auf dem Rücksitz, den wir bei den Besichtigungen miteinander trugen.

Wir haben viele Reisen durch fremde Länder mit den Kindern unternommen, bevor sie sich später selbstständig gemacht haben. Ich habe viel Zeit mit den Kindern mit dem Lernen verbracht. Mein Mann hat immer zu mir Mutti gesagt und ich habe ihn Papa genannt. Ich denke, wir haben damit angefangen, als wir Kinder bekamen.

Über Kinderkriegen, Aufklärung und so, ich bin nicht von der Zeit, wo man darüber groß gesprochen hätte. Auch nicht mit meinen Töchtern. Ich bin christlich erzogen, da hätte man sich geschämt. Ich habe auch, wenn sonntags alle daheim waren, lieber vorher bissel was hergerichtet, damit wir miteinander in die Kirche gehen konnten. Und heute denke ich, wenn Frauen in der Nachbarschaft am Sonntagmorgen Wäsche aufhängen, die sind selber schuld, die haben keinen Sonntag. Wenn alle Tage gleich sind, hat man doch keinen Sonntag. Hier am Land würden die Leute am Sonntag nicht im Garten arbeiten, umgraben oder was auch immer. Da würde dann schon ein Nachbar fragen: »Willst du den Sabbat schänden?«, auch wenn sie keine Kirchgänger sind. Am Sonntag macht man keine knechtliche Arbeit.

Aber ich denke, der Herrgott hat's schon recht gemacht. Ich bin zufrieden mit meinem Leben. An manche Stunde denke ich mit Wehmut zurück, weil unser Papa hat so abrupt sterben müssen. Aber es ist eben so. Aber er fehlt schon. Er fehlt schon.

In Omas kleinem Zimmer
sitz ich so gern bei ihr.
Sie weiß die schönsten Märchen,
und die erzählt sie mir.
Ich streichle ihre Hände –
und schaut sie mich dann an –
und sagt, das ist mein Junge,
sag ich ganz leise dann:
Oma so lieb, Oma so nett,
ach wenn ich dich, meine Oma nicht hätt,
wär's auf der Welt
so traurig und leer,
denn eine Oma wie dich gibt's nie mehr.

Heintje
Musik/Text: Hans Hee van Dam,
Addy Kleyngeld, 1968

Nie wieder autoritär und ahnungslos

Wir Jüngeren sind dieser aberwitzigen Hingabe an einen Führer entkommen. Zu verurteilen ist leicht, aber wären wir auch so verführbar gewesen? Was wappnet dagegen? Wie können wir unsere Kinder schützen, damit sie nicht auf den ersten besten Rattenfänger hereinfallen? Reichen eigenständiges Denkvermögen und Zivilcourage aus? Erinnern Sie sich? »Folgst du wohl«, so hieß das in unserer Kindheit. Unsere Eltern und Großeltern sind gefolgt, blind, bedingungslos, ahnungslos. Damals war es der starke Mann, der Deutschlands Wiedergeburt nach der großen Schmach versprach. Und heute könnte es der charmante Global Player sein, der Wohlstand und Sicherheit verspricht, doch Willigkeit und Kontrolle meint.

Sie wurden geködert mit Anstand und Liebe. Man hatte den Kaiser zu lieben, das Vaterland, später den Führer. Wie sagte Theodor Heuss, der spätere Bundespräsident, er liebe nicht den Staat, er liebe seine Frau. So unabhängig konnten die wenigsten denken. Bei vielen war es tatsächlich tiefe innige Liebe gewesen, aber nicht zu einer Frau, einem Mann, sondern zum Staat, zum Führer. In dieser Liebe war es ganz natürlich, dafür auch in den Krieg zu ziehen, zu sterben, den Vater, den Gatten, den Sohn und sich selbst der großen Idee zu opfern. Es war normal, zu folgen, sich zu fügen. Unterordnung unter ein Prinzip, eine Person war das Normalste der Welt. Der Druck kam weniger von außen als von innen. Denn Freiheit haben sie nicht gekannt, so wie wir sie heute kennen, weder die äußere, geschweige denn eine innere.

Man nahm alles so hin, wie es kam. Den Führerbefehl genauso wie den Aufruf, es nun der ganzen Welt zu zeigen. Das Furchtbare und Unrecht zu empfinden in dem Vorhaben, Polen, die Sowjetunion, Frankreich und die ganze Welt anzugreifen, war der Mehrheit damals offensichtlich nicht möglich. Oder die Ungeheuerlichkeit, Menschen zu lebensunwerten Wesen zu erklären und ihre Vernichtung billigend in Kauf zu nehmen. Das bleibt das Unbegreifliche bis heute. Denn immer noch darf dieses Gefühl bei so vielen kaum an die Oberfläche. »Es war halt so« – so ist noch heute die Argumentation und »Was hätten wir denn tun sollen?« die

Demonstrantin im Gespräch mit GI vor dem
Atomwaffenlager Mutlangen, 1987

ewig alles rechtfertigende Frage. Noch heute ist selten Entsetzen oder Empörung zu spüren darüber, wie sehr sie sich alle haben missbrauchen lassen, ohne das Werkzeug des inneren Widerstands besessen zu haben. Und so mancher alte Mensch trauert

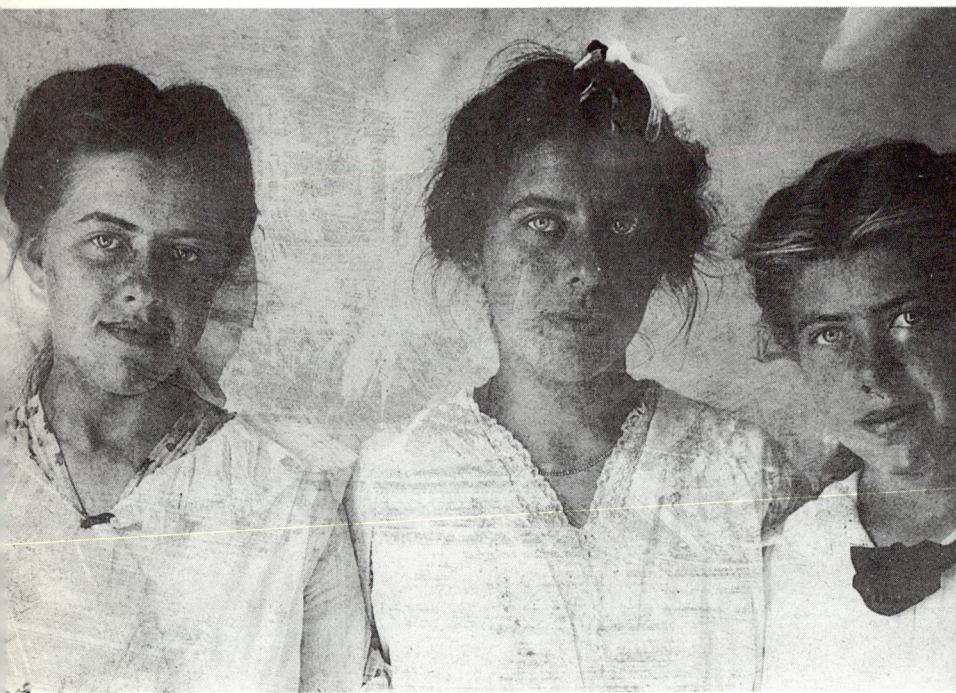

Wenn wir gewusst hätten, was auf uns zukommt, hätten wir es nie geschafft

schon sein Leben lang um die eigene Unfähigkeit damals widerstanden zu haben, darum, getäuscht worden zu sein – ohne daraus den Rückschluss zu ziehen, wenigstens irgendwann später widerständiger zu werden oder den eigenen Kindern den Rücken zu stärken.

Ausnahmen gab es, die sich darüber hinwegsetzten, den Schreiner Georg Elser, den Pastor Niemöller, Soldaten wie Stauffenberg oder Studenten wie Hans und Sophie Scholl und ihre Freunde. Auch viele, die namenlos geblieben sind. Uns schützt heute unser Grundgesetz vor allzu mächtigen Übergriffen des Staates. Und den Einzelnen die Möglichkeit, Informationen zu nutzen, Bildung zu erwerben und dadurch die eigene Urteils- und Kritikfähigkeit zu schulen. Doch wenn jetzt wieder Ewiggestrige versuchen, aus Furcht vor der Unübersichtlichkeit der Welt, unsere Kinder auf blinden Gehorsam, falsch verstandene Disziplin und »Gehirn aus!« zu drillen, dann fallen wir zurück in Zeiten, die glücklicherweise überwunden zu sein schienen. Die Nazis haben die Gleichschaltung der Hirne wie der Sinne perfekt betrieben und in den Menschen den primitivsten Bodensatz freigesetzt, bis heute kranken wir daran. Unsere Vorfahren haben grausame Fehler begangen – gut für uns. Wenn wir die Lektion im Kopf behalten.

Danksagung

Ohne die tatkräftige Unterstützung meiner Familie und kritische Begleitung guter Freunde wäre dieses Buch nicht zustande gekommen. Gedankt sei hier besonders meinen zwei Männern für ihre Geduld mit mir, Anastasia Kantzeloglou für ihre Ausdauer, sich durch ihr unbekannte Dialekte der vielen Interviews zu tippen. Renate Winkler-Schlang danke ich für ihre Nachsicht, ihre wohl begründete Kritik und immer hilfreichen Überlegungen.

Was in der eigenen Familie manchmal nicht klappt, gelingt oft mit Fremden. Ich habe sicher von so mancher Frau etwas aus ihrem Leben erfahren, das ihren Kindern oder Enkeln bisher unbekannt war. Ich danke all meinen Gesprächspartnerinnen für unsere langen Gespräche und ihr Vertrauen.

Literaturhinweise

Ingeborg Bayer, *Ehe alles Legende wird*, Würzburg 1995

Ulrich Bröckling, *Disziplin, Soziologie und Geschichte militärischer Gehorsamsproduktion*, München 1997

Gudrun Brockhaus, *Schauder und Idylle, Faschismus als Erlebnisangebot*, München 1997

Micha Brumlik, *Vom Missbrauch der Disziplin – Antworten der Wissenschaft auf Bernhard Bueb*, Weinheim und Basel 2007

Sigrid Chamberlain, *Adolf Hitler, die deutsche Mutter und ihr erstes Kind, Über zwei NS-Erziehungsbücher*, Gießen 1998

Betty Friedan, *Mythos Alter*, Reinbek 1995

Rebecca Heinemann, *Familie zwischen Tradition und Emanzipation*, München 2004

Werner Hinze, *Schalmeienklänge im Fackelschein, Ein Beitrag zur Kriegskultur der Zwischenkriegszeit*, Hamburg 2002

Walter Kempowski, *Das Echolot, Abgesang '45, Ein kollektives Tagebuch*, München 2007

Arno und Irmgard Klönne, *Jugend in der deutschen Gesellschaft von 1900 bis in die Fünfziger Jahre*, Hagen o. J.

Gesa Koch Wagner, *Gefühlserbschaften aus Kriegs- und Nazizeit*, Aachen 2001

Gisela Miller-Kipp, *Auch du gehörst dem Führer, Die Geschichte des Bundes Deutscher Mädel in Quellen und Dokumenten*, Weinheim, München 2001

Agnes Moosmann, *Die Bagatelle Als Arbeitsmaid im Reichsarbeitsdienst*, Sigmaringen 2001

Nach Hitler. Der schwierige Umgang mit unserer Geschichte, Beiträge von Martin Broszat, hg. v. Hermann Graml und Klaus-Dietmar Henke, München 1986

Henning Pietzsch, *Die Fronterfahrungen der deutschen Soldaten im Ersten Weltkrieg und ihre Ideologisierung zum ›Fronterlebnis‹ in den 20er Jahren*, Stuttgart 2005

Ulla Roberts, *Starke Mütter – ferne Väter, Über Kriegs- und Nachkriegskindheit einer Töchtergeneration*, Gießen 2003

Werner Seifert, *Chronik des Gymnasiums Alexander von Humboldt*, Werdau 2000

Leonie Wagner, *Nationalsozialistische Frauenansichten*, Frankfurt/Main 1996

Renate Wiggershaus, *Frauen unterm Nationalsozialismus*, Wuppertal 1984

Charlotte Wolff, *Augenblicke verändern uns mehr als die Zeit*, Weinheim und Basel 1983

Zitate

S. 58 ›In meiner Badewanne bin ich Kapitän‹, © Koch Musikverlage GmbH, Planegg

S. 60 ›Was macht der Maier am Himalaya?‹ © Dreiklang-Dreimasken Bühnen- und Musikverlag/Universal Music Publishing Group, Berlin

S. 79 ›Ausgerechnet Bananen‹ © Melodie der Welt, J. Michel KG Musikverlag, Frankfurt am Main

S. 81 Aus: Erich Kästner, ›Fabian. Die Geschichte eines Moralisten‹ © Atrium Verlag AG, Zürich

S. 85 ›Ene Adrienne hat eine Hochantenne‹ © Wiener Bohème Verlag GmbH/Universal Music Publishing Group, Berlin

S. 92 ›Ich hab das Fräulein Helen baden sehn‹ © Wiener Bohème Verlag GmbH/Universal Music Publishing Group, Berlin

S. 157 ›Du hast Glück bei den Frau'n, Bel Ami‹ © Cineton Verlag GmbH/Hans Sikorski, Hamburg

S. 158 ›Was machst du mit dem Knie lieber Hans‹ © Wiener Bohème Verlag GmbH/Universal Music Publishing Group, Berlin

S. 163 ›Oh Donna Clara‹ © Wiener Bohème Verlag GmbH/Universal Music Publishing Group, Berlin

S. 174 ›Ich lass mir meinen Körper schwarz bepinseln‹ © Sony/ATV Music Publishing, Berlin und Universal Music Publishing Group, Berlin

S. 184 Melodie und Text: Hans Baumann, 1938

S. 194 ›Am Sonntag will mein Süßer mit mir segeln gehn‹ © Dreiklang-Dreimasken Bühnen- und Musikverlag/Universal Music Publishing Group, Berlin

S. 205 Melodie und Text: Hans Baumann, 1936

S. 225 Aus: Bertolt Brecht ›Kriegsfibel‹ © Suhrkamp Verlag, Frankfurt a. M.

S. 260 ›Schaffe, schaffe, Häusle baue‹ © Presto Musik Verlag Hans Gerig KG, Bergisch Gladbach

S. 263 ›Auf Cuba sind die Mädchen braun‹ © Edition Rialto Hans Gerig KG, Bergisch Gladbach

S. 266 ›Ach, sag doch nicht immer wieder Dicker zu mir‹ © Edition Simon Musikverlag bei Musik + Media Siegi Pleyer, Germering

Bildnachweise

S. 10 Privates Foto

S. 14 Bilderbogen ›Das Stufenalter der Frau‹, Entwurf F. Leiber, Verlag Gustav May, Frankfurt am Main, um 1900, Deutsches Historisches Museum Berlin

S. 15 Kaiser Wilhelm II., Deutsches Historisches Museum Berlin

S. 16 Die letzten Stunden vor dem Weltuntergang am 19. Mai 1910, Postkarte mit Karikatur zum Halleyschen Kometen 1910, Deutsches Historisches Museum Berlin

S. 18 Filmplakat 1929

S. 23 Schautafel Milchflasche mit Sauger, aus: Leo Langstein, Fritz Rott, Atlas der Hygiene des Kindes, Berlin 1918, Deutsches Historisches Museum Berlin

S. 24 Privates Foto

S. 25 Gruppenfoto zu Erinnerung an die Taufe, um 1900, Deutsches Historisches Museum Berlin

S. 27 Aus: Chronik der Frauen, wissenmedia, Gütersloh

S. 28 Foto Emil Schröter, Potsdam, 1910, Deutsches Historisches Museum Berlin

S. 33 Foto Karl Stehle, München

S. 39 Foto um 1917, Deutsches Historisches Museum Berlin

S. 45 Aus: Kunst Kommerz Visionen, Deutsches Historisches Museum Berlin

S. 51 Privates Foto

S. 54 Aus: Kunst Kommerz Visionen, Deutsches Historisches Museum Berlin

S. 56 Aus: Bernd Haunfelder, Rolf Schorfheide, Westfalen. Zwei Jahrhunderte in Bildern. Von der preußischen Provinz bis in die Gegenwart, Verlag Aschendorff, Münster 1999

S. 57 Aus: Bernd Haunfelder, Rolf Schorfheide, Westfalen. Zwei Jahrhunderte in Bildern. Von der preußischen Provinz bis in die Gegenwart, Verlag Aschendorff, Münster 1999

S. 59 Aus: Kunst Kommerz Visionen, Deutsches Historisches Museum Berlin

S. 63 Privates Foto

S. 64 Privates Foto

S. 65 Aus: Kunst Kommerz Visionen, Deutsches Historisches Museum Berlin

S. 67 Privates Foto

S. 68 Privates Foto

S. 72 Privates Foto

S. 75 Privates Foto

S. 77 Aus: Kunst Kommerz Visionen, Deutsches Historisches Museum Berlin

S. 80 Aus: Kunst Kommerz Visionen, Deutsches Historisches Museum Berlin

S. 82 Aus: Kunst Kommerz Visionen, Deutsches Historisches Museum Berlin

S. 84 Aus: Das Neue Universum, Bd. 45, 1924

S. 86 Aus: Kunst Kommerz Visionen, Deutsches Historisches Museum Berlin

S. 88 Süddeutscher Verlag DIZ München

S. 90/91 Aus: Chronik der Frauen, wissenmedia, Gütersloh

S. 94 Aus: Kunst Kommerz Visionen, Deutsches Historisches Museum Berlin

S. 95 Foto von Walter Ballhause, 1930, Deutsches Historisches Museum Berlin

S. 96 Aus: Kunst Kommerz Visionen, Deutsches Historisches Museum Berlin

S. 98 Prägedruck um 1909, Deutsches Historisches Museum Berlin

S. 101 Deutsches Rundfunkarchiv Wiesbaden

S. 104 Aus: Stefan Lorant, Sieg Heil, Eine deutsche Bildgeschichte von Bismarck zu Hitler, Zweitausendeins, Frankfurt am Main 1984

S. 105 Aus: Stefan Lorant, Sieg Heil, Eine deutsche Bildgeschichte von Bismarck zu Hitler, Zweitausendeins, Frankfurt am Main 1984

S. 106 Deutsche Fotothek, Dresden

S. 111 Aus: Kunst Kommerz Visionen, Deutsches Historisches Museum

S. 112 Hitlerkundgebung am 11. Januar 1933 in Lemgo, Institut für lippische Landeskunde Detmold

S. 114 Aus: Stefan Lorant, Sieg Heil, Eine deutsche Bildgeschichte von Bismarck zu Hitler, Zweitausendeins, Frankfurt am Main 1984

S. 118 Gruppenbild einer Schulklasse 1930, dem Abzug französischer Truppen aus dem Rheinland gedenkend, Deutsches Historisches Museum Berlin

der Landeshauptstadt München, Buchendorfer Verlag, München 1997; jetzt München Verlag GmbH

S. 218 Plakat 1945, Vorlage Haus der Geschichte der Bundesrepublik Deutschland Bonn

S. 222 Nürnberg im Juni 1945, aus: Tony Vaccaro, Entering Germany, Taschen Verlag, Köln 2001 © akg-images, Berlin

S. 227 Bildarchiv Preußischer Kulturbesitz, Berlin

S. 228 Landesarchiv Berlin, Fotosammlung

S. 233 Foto Friedrich Seidenstücker, Bildarchiv Preußischer Kulturbesitz

S. 239 Landesarchiv Berlin, Fotosammlung

S. 240 Foto Erich Andreas, Hamburg

S. 242 Foto Alfred Strobel, München

S. 247 Zeitschrift TWEN 11/1962, Haus der Geschichte der Bundesrepublik Deutschland Bonn

S. 248 Filmplakat DEFA 1946, Haus der Geschichte der Bundesrepublik Deutschland Bonn

S. 250 Foto-Hasse, Berlin, um 1955, Deutsches Historisches Museum Berlin

S. 257 Süddeutsche Zeitung Photo/DIZ München GmbH, München

S. 262 ARWA-Reklame, aus: Revue-Sammlung Nr. 26/1952

S. 265 Reklame aus: Revue-Sammlung Nr. 12/1952

S. 268 Landesarchiv Berlin, Fotosammlung

S. 280 Reklame für 4711 Kölnisch Wasser, aus: Revue-Sammlung Nr. 7/1952

S. 285 Foto Ursula Wiegmann, aus: Jochen Müller, Unsere Urlaubsfahrten in den 50er Jahren, Wartberg Verlag, Gudensberg-Gleichen

S. 286 Filmplakat 1958

S. 287 Stadtarchiv Wiesbaden, aus: Wir sind die Mädchen der 50er und 60er Jahre, Wartberg Verlag, Gudensberg-Gleichen 2004

S. 290 Filmplakat 1968, Haus der Geschichte der Bundesrepublik Deutschland, Bonn

S. 293 Titelbild der Zeitschrift Freundin, Nr. 11/1965

S. 294 Foto Fam. Schirra, aus: Hilden. Alte Bilder erzählen, Sutton Verlag, Erfurt 2003

S. 297 Ariel-Werbung, Johanna König alias Klementine, 1968, picture alliance/dpa

„Erinnerungsträchtiges, unsentimentales Bild
einer spannenden Zeit«
Super Illu

Claudia Seifert
Wenn du lächelst, bist du schöner!
Kindheit in den 50er und 60er Jahren
ISBN 978-3-423-24411-4

Frauen aus Ost- und Westdeutschland, alle in den 50ern geboren,
blicken zurück auf ihre frühen Jahre, auf eine Zeit, die wir gerne
im milden Licht der Tütenlampen und Heimatfilme sehen. Doch
gerade für Frauen galten Leitwörter wie Pflicht, Leistung,
Ordnung, Sauberkeit und Gehorsam.

**»Das ist ein Frauenbuch im besten Sinne des Wortes ... Man
nimmt das Buch in die Hand, um darin zu blättern, und man
liest sich fest.** Individuelle Kindheiten entstehen und gleichzeitig die Problematik einer historischen Epoche, an die man
sich mit gemischten Gefühlen erinnert ... Das Kunterbunt ist
von unwiderstehlicher Echtheit. Die Mischung reizt zum
Weiterlesen und Nachdenken.«
Ruth Klüger in ›Die Welt‹

**Aus Kindern werden Leute,
aus Mädchen werden Bräute**
Die 50er und 60er Jahre
ISBN 978-3-423-24525-8

Von den Tanzstunden mit Anstandsunterricht über die Jugend-
krawalle bis zum Aufklärungsfilm ›Helga‹: Claudia Seifert ruft die
Alltagskultur und die Rollenbilder jener Jahre wieder ins Gedächtnis.

**»Pointiert und hintersinnig beschreibt Claudia Seifert den
Zeitgeist jener idyllischen und kleinbürgerlichen Jahre.«**
buchinformation.de

Das Leben war bescheiden schön
Ein Rückblick von Frauen,
die zwischen den Kriegen geboren wurden
Durchgehend illustriert
ISBN 978-3-423-24683-5

Bitte besuchen Sie uns im Internet: www.dtv.de